J.C.オカザワの

下町を食べる

下町の名店二百選

晶文社出版

ケレンも気取りもないふぐちりは、いかにも下町的。鍋がフツフツとささやき始めたら、すかさずポン酢に取り分ける。昭和30年代の空気が色濃く残る店内は、身を置くだけでシアワセな至福の空間。(p.202)

海老フライ・メンチボール・ハム・玉子焼きを盛合わせた七福ランチ(上940円)。良質の食事を提供し続ける地元で大人気の食堂。店主夫妻の笑顔から、料理の味が容易に想像できよう。(p.131)

伊せ喜

江戸時代には隆盛を極めた小名木川の高橋。そのふもとに1軒ポツンと建つ瓦葺の名店。どぜうを丸ごと煮るマル鍋、骨を抜いたヌキ鍋、両方食べずにいられない。旨味ジンワリの鯉こくは隠れた逸品。（p.124）

よし田

滅びの美学を地でゆく街・柳橋。今も生き残る希少な老舗の1軒。白焼きよりも身の締まるうなぎの塩焼き、味噌で下味を付けた専売特許のよ多漬、ともにこの店ならではの味。(p. 144)

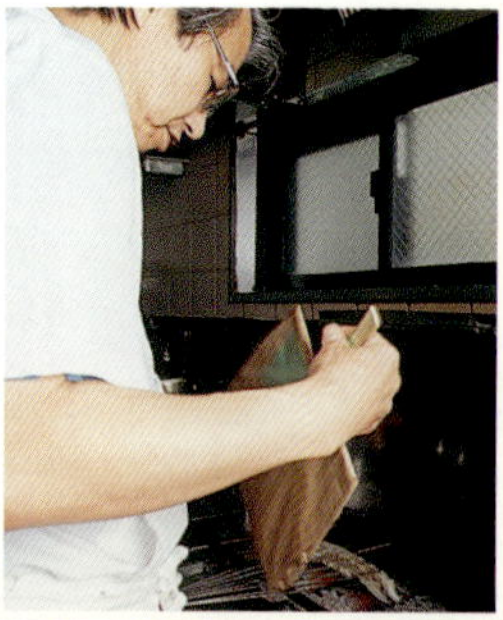

500円のもりに本わさびとは！これぞ下町の心意気。もり、あるいはかけに小ぶりの親子丼の付くランチセットも1000円でオツリがくる。(p.108)

ここにも古き良きあの時代の空気が流れている。1階はテーブルとカウンター、2階が入れ込みの座敷。焼き鳥・うなぎもさることながら、鳥モツがイチ押しの必食科目。(p.85)

Dobro

まぐろ赤身のカルパッチョ・チャバプチッチ（仔羊挽肉のグリル）・チキンとマッシュルームのテリーヌを盛込んだ前菜盛合わせ。東京、いや、日本でただ1軒のクロアチア料理専門店。（p.78）

赤坂酒場

大衆酒場のメッカ・曳舟を代表する優良酒場。日本酒・焼酎に加え、世界の珍酒の品揃えはまさに目からウロコ。豚バラ・玉ねぎをネギ間にしたロシア豚大串焼きが名物。(p.212)

松楽

店構え・内装ともに和食店の気配ながら、元はハイカラな洋食屋さん。昼の定食は刺身・煮魚のほかに昔の名残りのひれかつも。肉汁あふれる出来映えはとんかつ屋をしのぐほど。(p.101)

栄寿司

観音裏の江戸前鮨の名店。1人前2500円のにぎりは手前右から、ひらめ昆布〆め・玉子・穴子・赤身・車海老・中とろ・栄巻き（とろたく）。3点盛りは右から、赤貝・小肌・煮はまぐり。職人技が冴え渡る。（p. 160）

下町を食べる　掲載店MAP

A

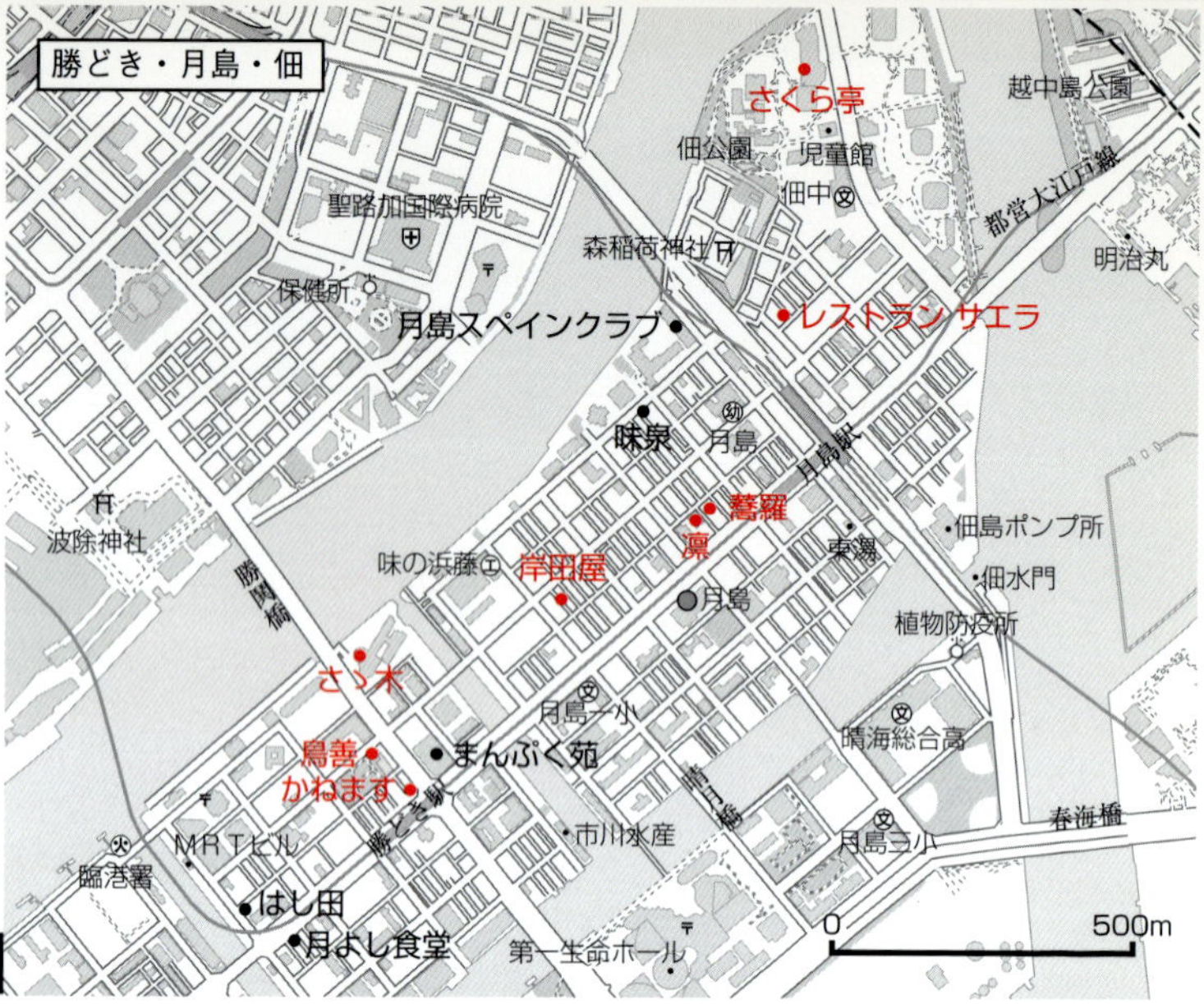
勝どき・月島・佃
さくら亭
越中島公園
佃公園
児童館
佃中
都営大江戸線
聖路加国際病院
森稲荷神社
明治丸
保健所
月島スペインクラブ
レストラン サエラ
味泉
月島
月島駅
鳶羅
凜
佃島ポンプ所
波除神社
東濱
佃水門
味の浜藤
岸田屋
勝鬨橋
月島
植物防疫所
さゝ木
月島一小
晴海総合高
鳥善
まんぷく苑
かねます
勝どき駅
晴月橋
春海橋
市川水産
MRTビル
月島三小
臨港署
はし田
0
500m
月よし食堂
第一生命ホール

B

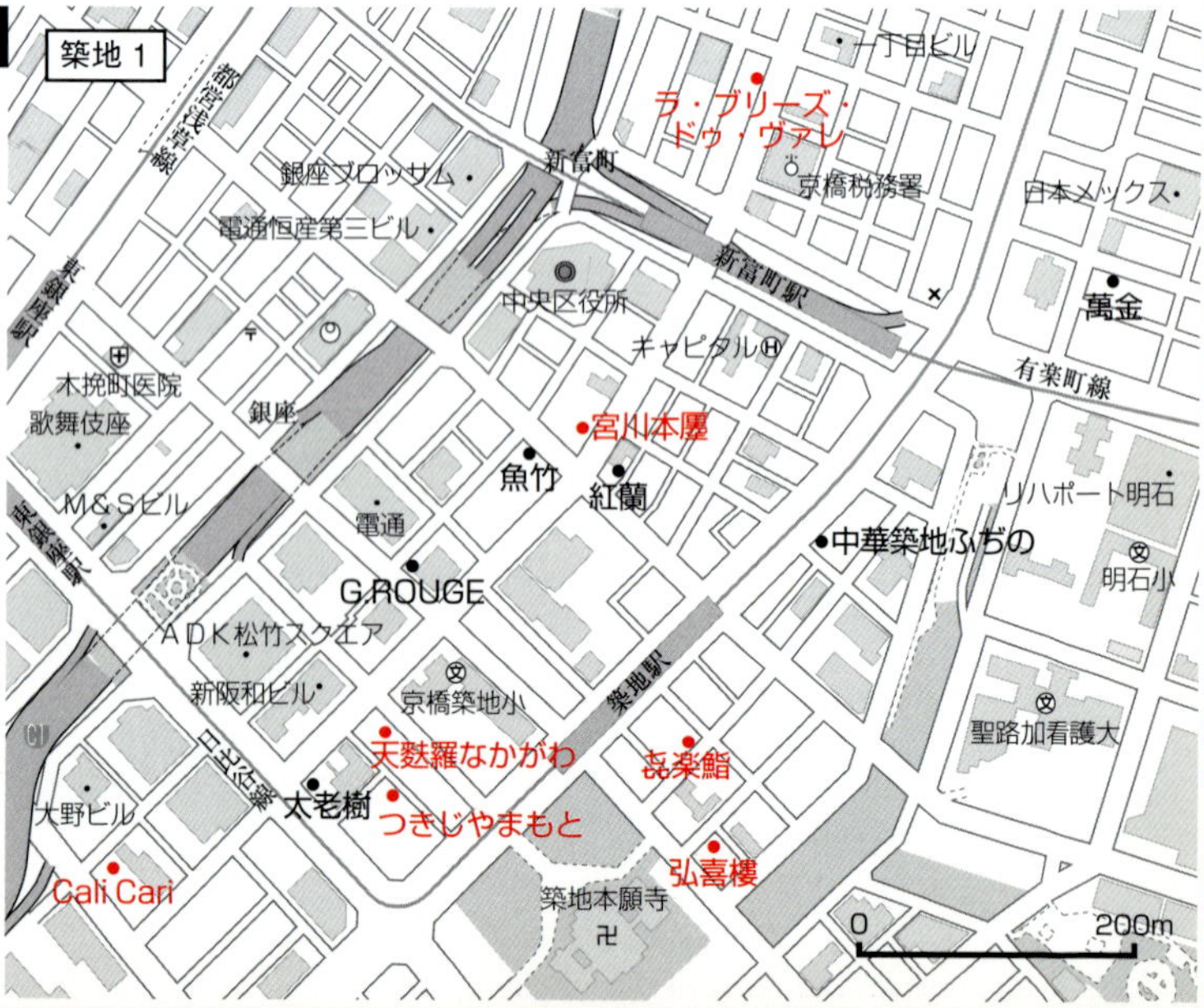
築地 1
一丁目ビル
都営浅草線
ラ・ブリーズ・
ドゥ・ヴァレ
新富町
銀座ブロッサム
京橋税務署
日本メックス
電通恒産第三ビル
新富町駅
東銀座駅
中央区役所
萬金
キャピタル
有楽町線
木挽町医院
銀座
歌舞伎座
宮川本店
魚竹
紅蘭
リハポート明石
M&Sビル
中華築地ふぢの
電通
明石小
G.ROUGE
ADK松竹スクエア
京橋築地小
新阪和ビル
築地駅
聖路加看護大
天麩羅なかがわ
喜楽鮨
太老樹
つきじやまもと
大野ビル
弘喜樓
Cali Cari
築地本願寺
0
200m

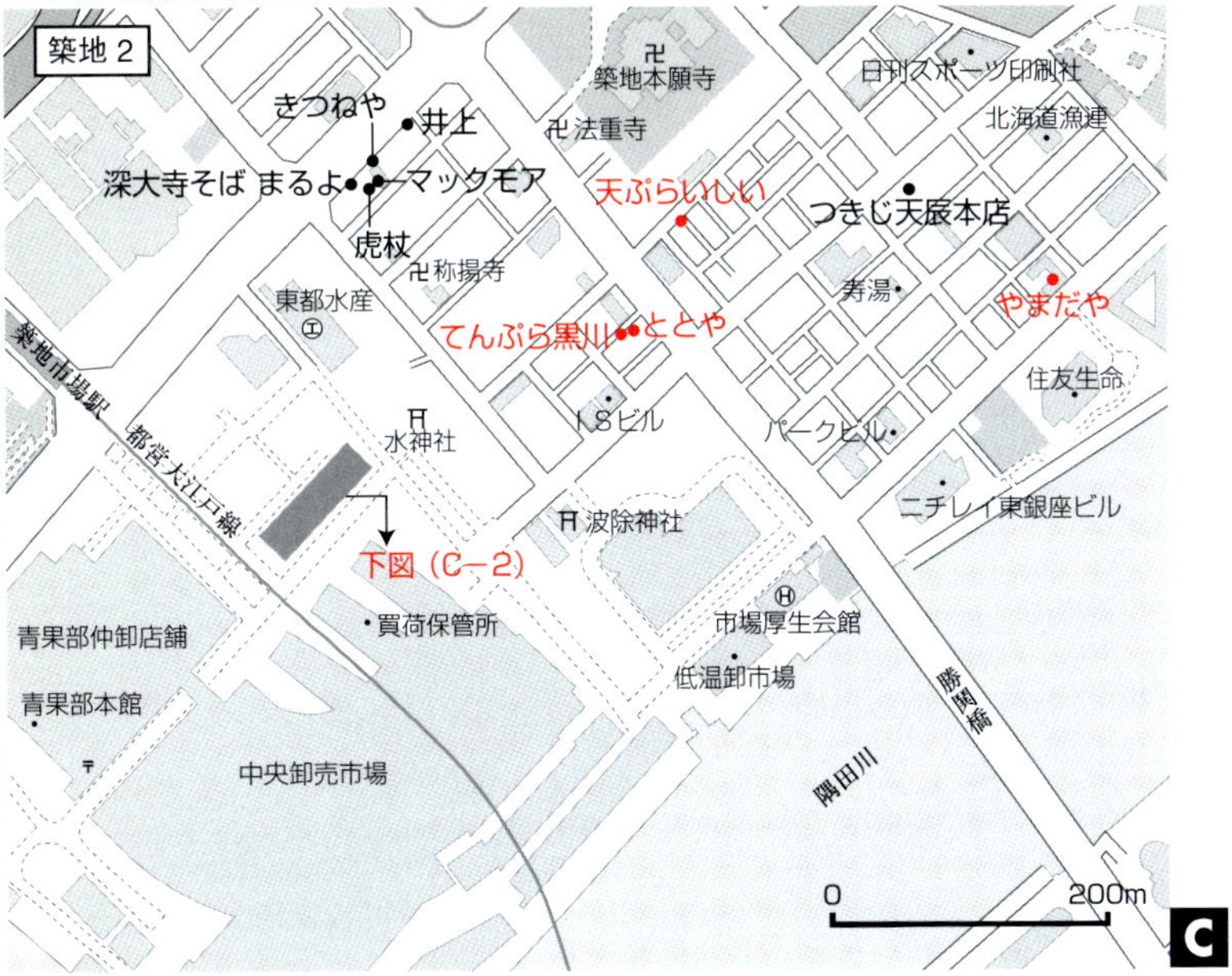
築地 2
きつねや
井上
深大寺そば
まるよ
マックモア
虎杖
築地本願寺
法重寺
称揚寺
日刊スポーツ印刷社
北海道漁連
天ぷらいしい
つきじ天辰本店
寿湯
やまだや
東都水産
てんぷら黒川
ととや
住友生命
築地市場駅
都営大江戸線
水神社
ISビル
パークビル
波除神社
ニチレイ東銀座ビル
下図（C-2）
買荷保管所
市場厚生会館
低温卸市場
青果部仲卸店舗
青果部本館
中央卸売市場
隅田川
勝鬨橋
0
200m
C

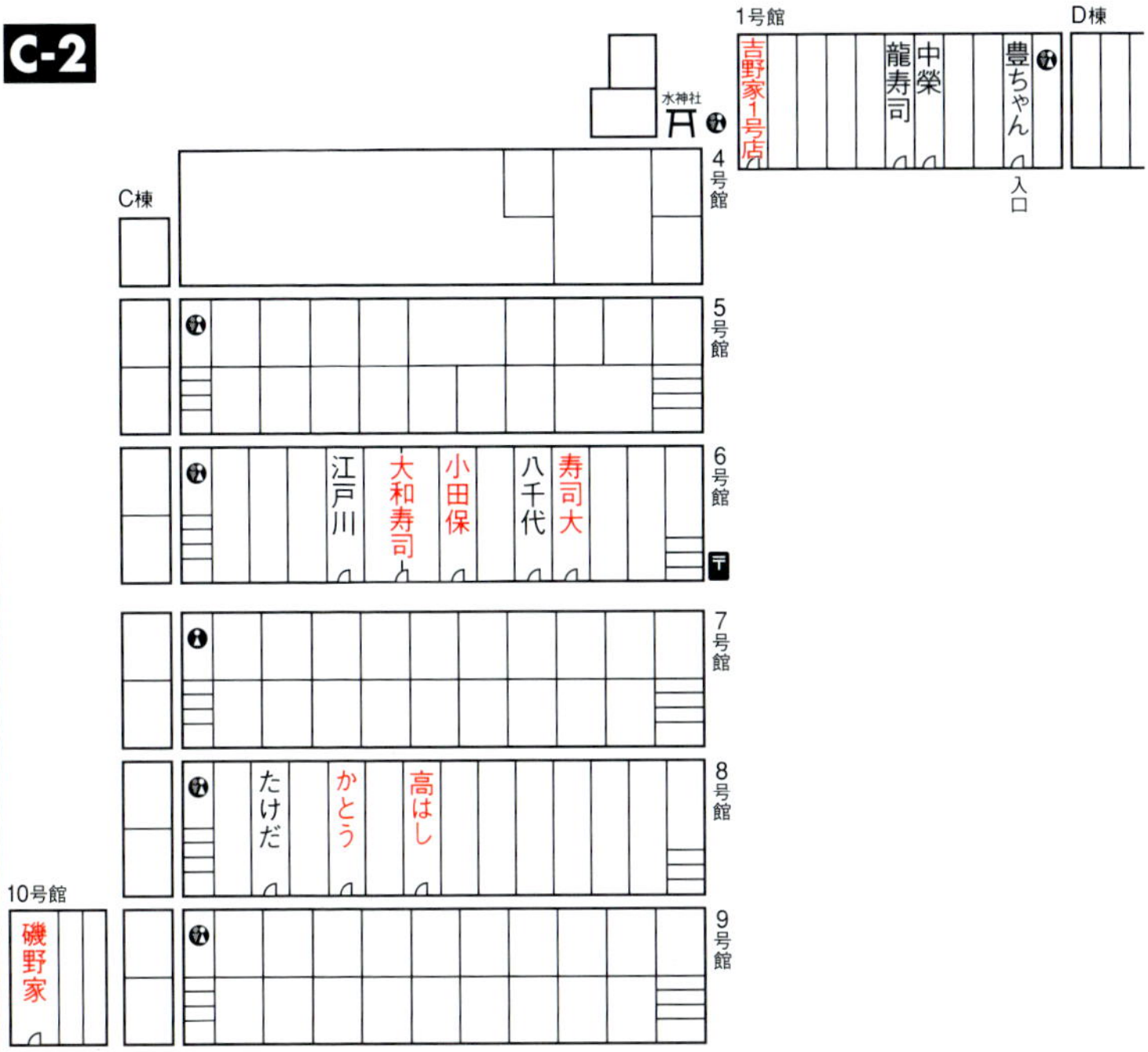
C-2
1号館
D棟
吉野家1号店
龍寿司
中榮
豊ちゃん
入口
水神社
4号館
C棟
5号館
6号館
江戸川
大和寿司
小田保
八千代
寿司大
7号館
8号館
たけだ
かとう
高はし
10号館
磯野家
9号館

D

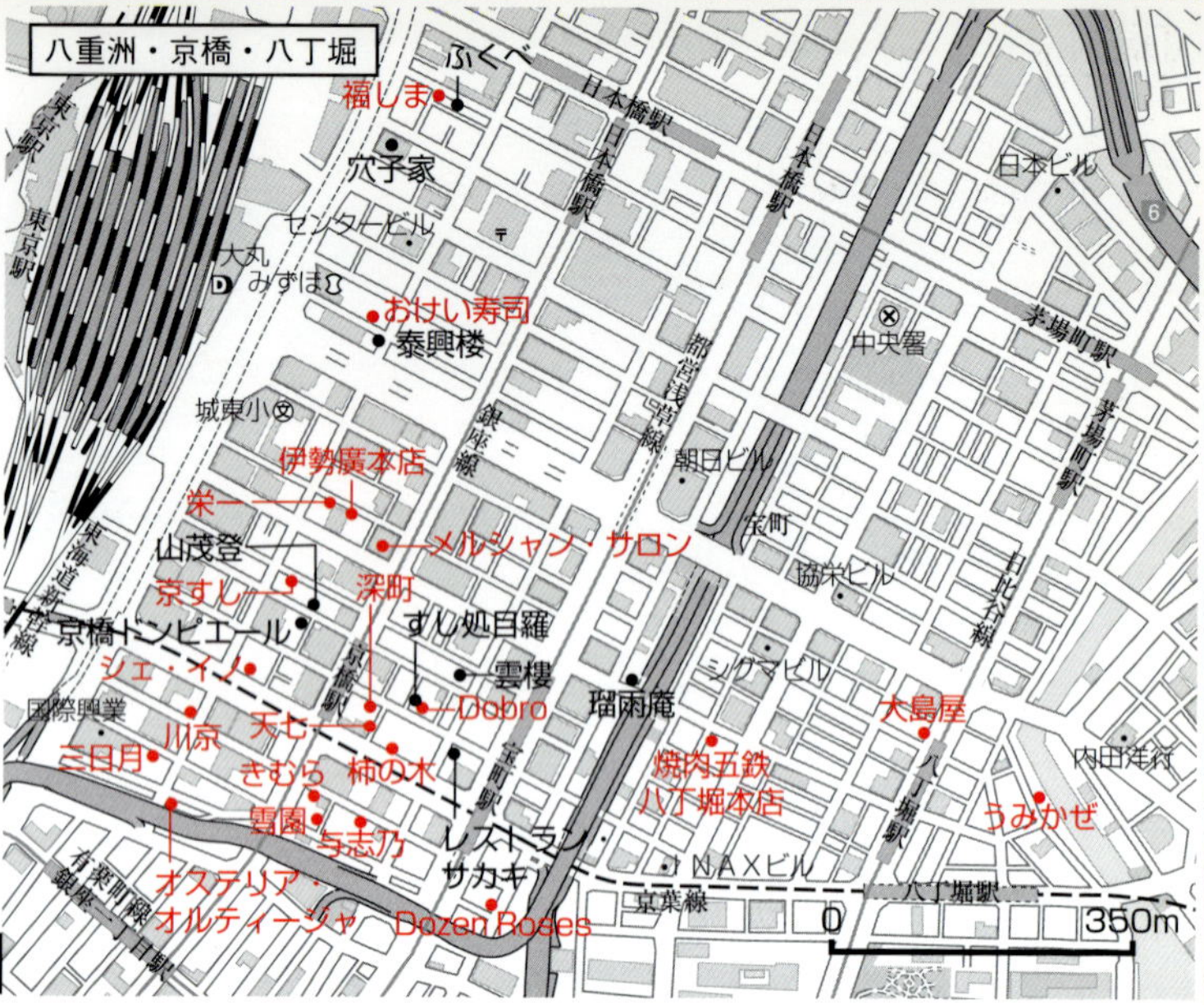
八重洲・京橋・八丁堀
ふくべ
福しま
穴子家
東京駅
センタービル
大丸
みずほ
おけい寿司
泰興楼
城東小
日本橋駅
中央署
日本ビル
茅場町駅
都営浅草線
銀座線
伊勢廣本店
栄一
メルシャン・サロン
朝日ビル
宝町
協栄ビル
日比谷線
山茂登
京すし
東海道新幹線
深町
京橋ドンピエール
すし処目羅
雲楼
Dobro
シェ・イノ
京橋駅
国際興業
川京
天七
瑠雨庵
シグマビル
大島屋
三日月
きむら
柿の木
焼肉五鉄
八丁堀本店
内田洋行
宝町駅
雪園
与志乃
八丁堀駅
うみかぜ
有楽町線
銀座一丁目駅
オステリア・
オルティージャ
レストラン・
サカキ
INAXビル
Dozen Roses
京葉線
0
350m

E

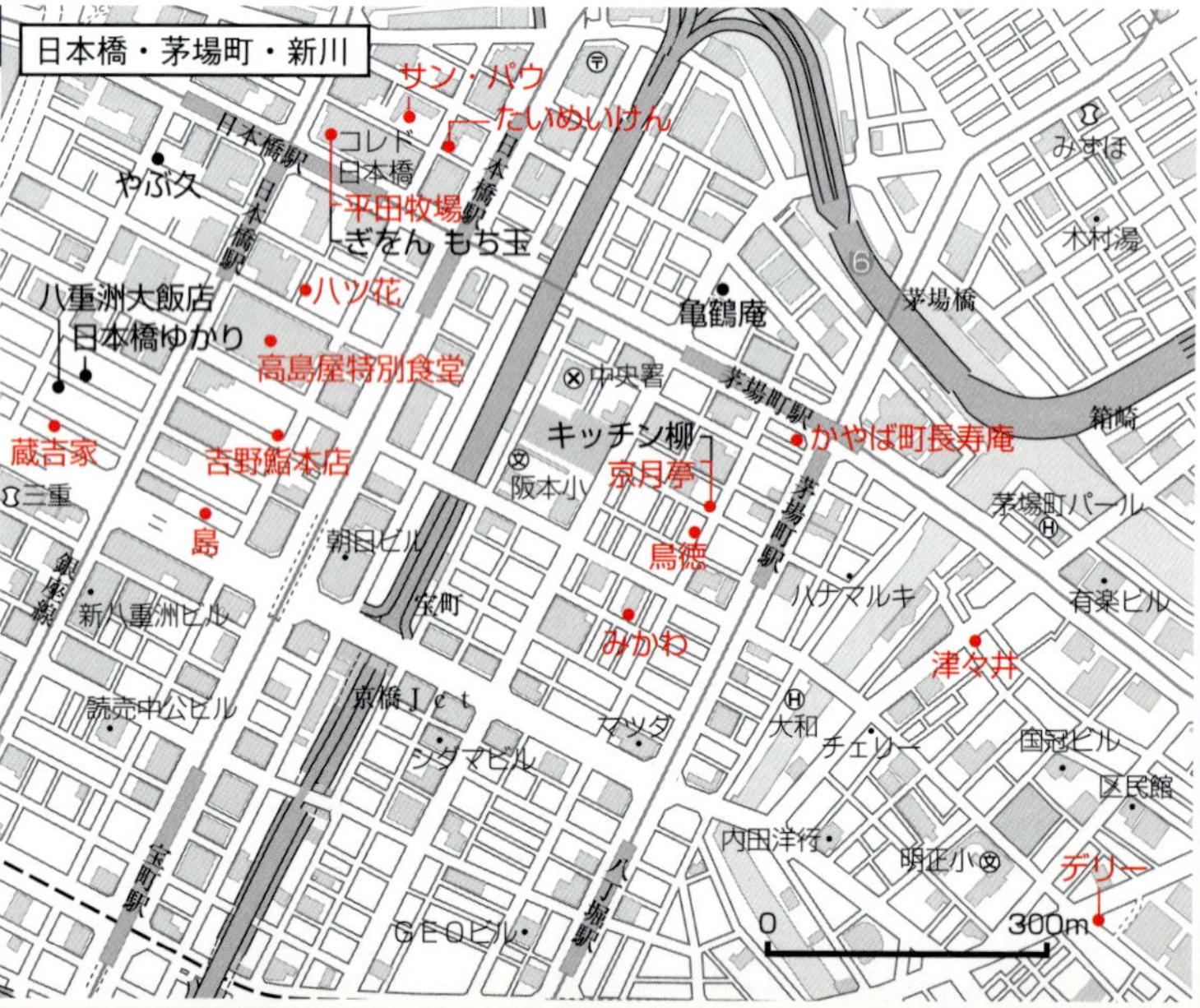
日本橋・茅場町・新川
サン・パウ
たいめいけん
みずほ
コレド
日本橋
日本橋駅
やぶ久
平田牧場
ぎをん もち玉
木村湯
ハツ花
亀鶴庵
茅場橋
八重洲大飯店
日本橋ゆかり
高島屋特別食堂
中央署
茅場町駅
箱崎
蔵吉家
吉野鮨本店
キッチン柳
かやば町長寿庵
阪本小
京月亭
三重
茅場町パール
島
朝日ビル
鳥徳
銀座線
ハナマルキ
有楽ビル
新八重洲ビル
宝町
みかわ
津々井
読売中公ビル
京橋 Ict
大和
チェリー
国冠ビル
シグマビル
区民館
宝町駅
内田洋行
明正小
デリー
八丁堀駅
GEOビル
0
300m

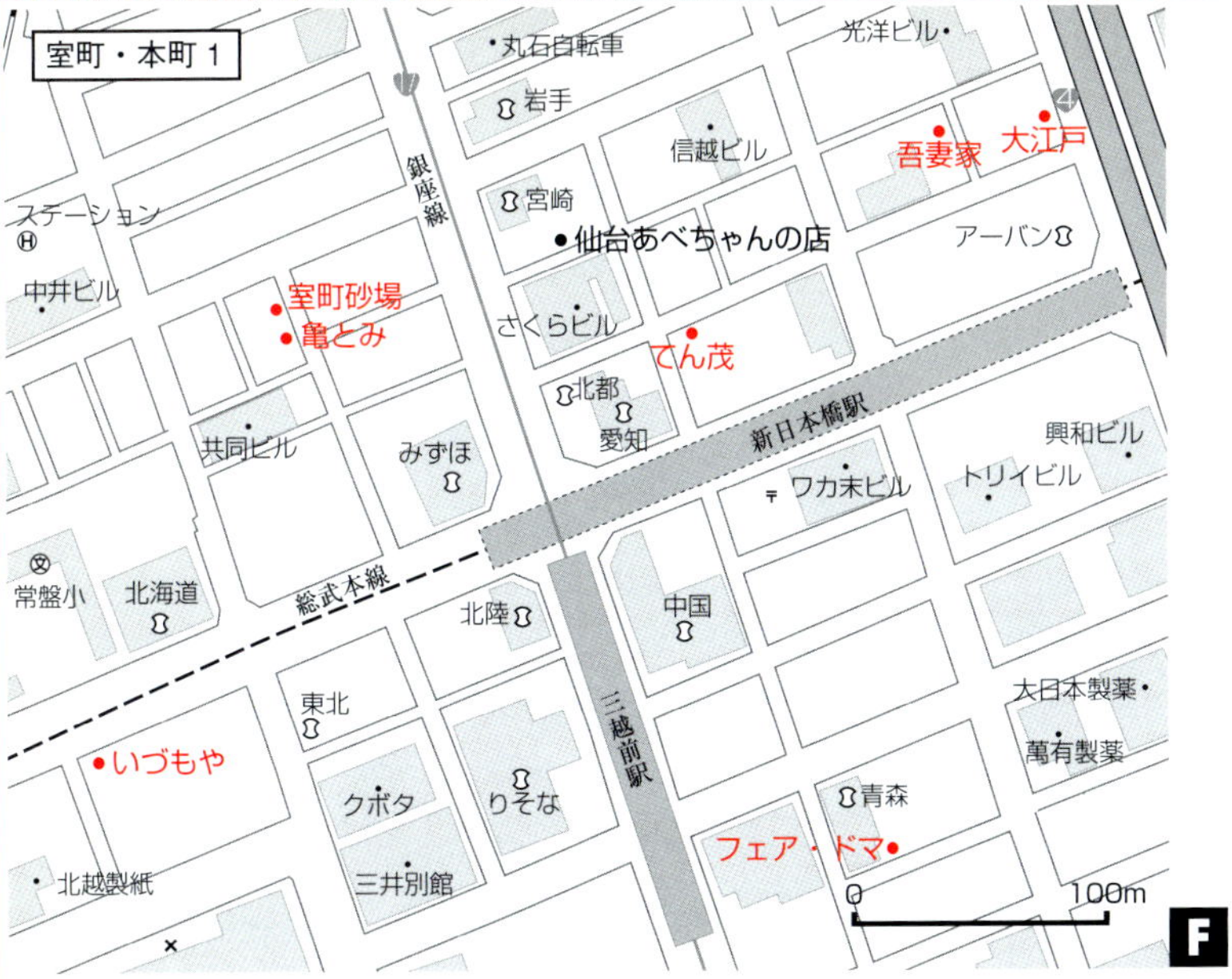
室町・本町 1
F
丸石自転車
光洋ビル
岩手
信越ビル
吾妻家
大江戸
銀座線
宮崎
ステーション
仙台あべちゃんの店
アーバン
中井ビル
室町砂場
亀とみ
さくらビル
てん茂
北都
愛知
新日本橋駅
共同ビル
みずほ
ワカ末ビル
トリイビル
興和ビル
常盤小
北海道
総武本線
北陸
中国
東北
三越前駅
大日本製薬
萬有製薬
いづもや
クボタ
りそな
青森
フェア・ドマ
北越製紙
三井別館
0
100m

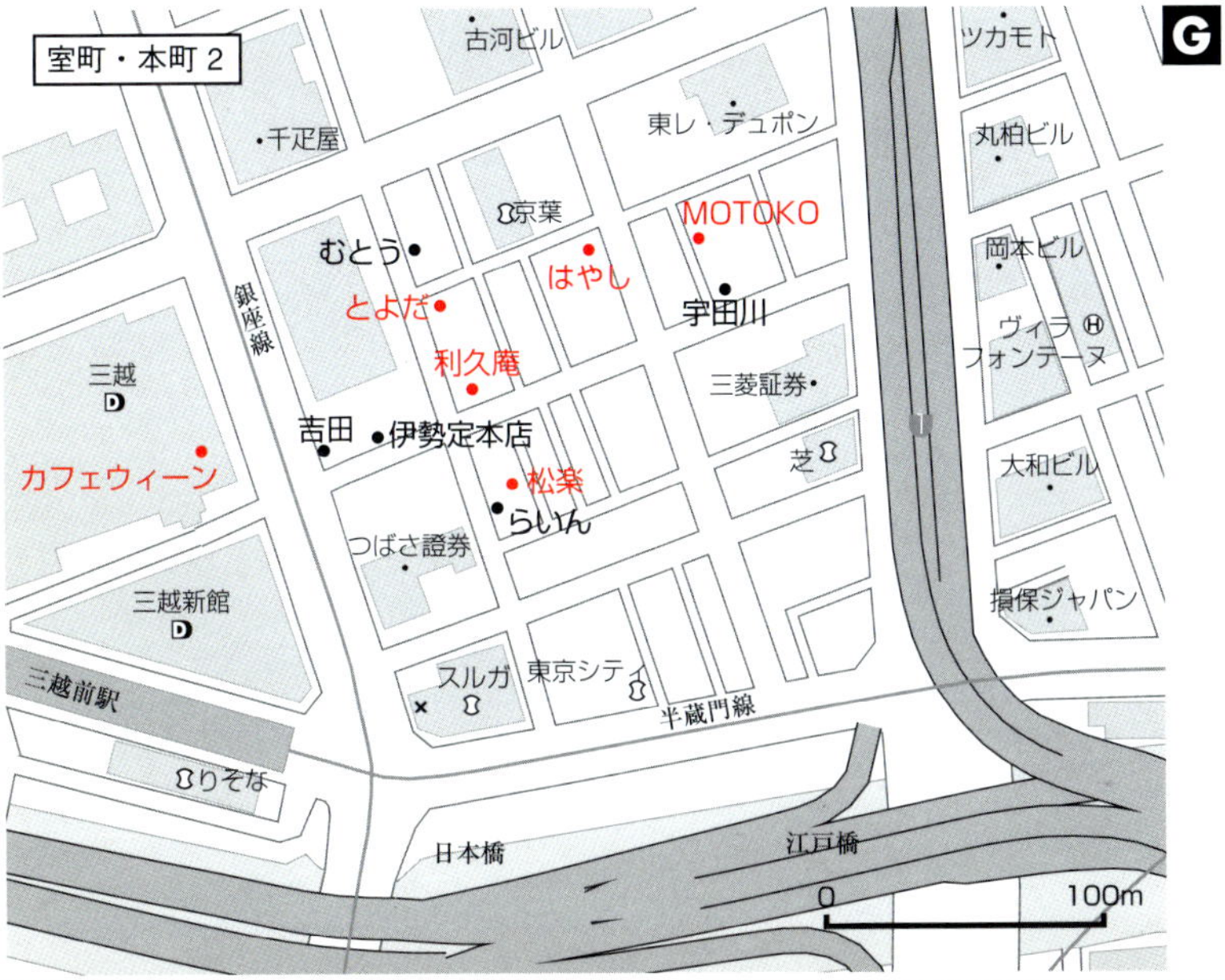
室町・本町 2
G
古河ビル
ツカモト
千疋屋
東レ・デュポン
丸柏ビル
京葉
MOTOKO
むとう
はやし
岡本ビル
銀座線
とよだ
宇田川
ヴィラ
フォンテーヌ
利久庵
三越
三菱証券
吉田
伊勢定本店
芝
カフェウィーン
松楽
大和ビル
らいん
つばさ證券
三越新館
損保ジャパン
スルガ
東京シティ
三越前駅
半蔵門線
りそな
日本橋
江戸橋
0
100m

H

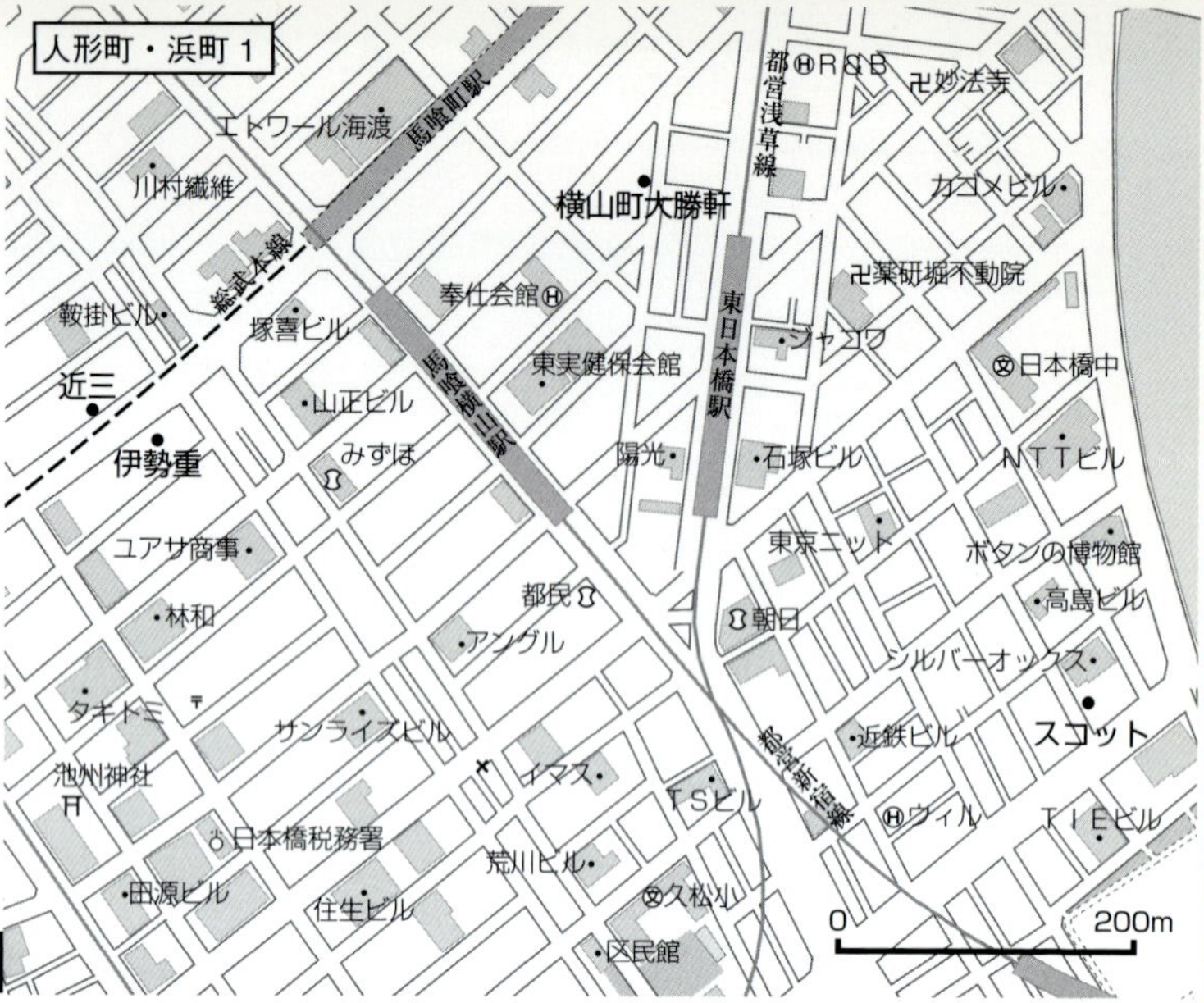
人形町・浜町 1
エトワール海渡
馬喰町駅
川村繊維
総武本線
横山町大勝軒
都営浅草線
Ⓗ R&B
卍妙法寺
カゴメビル
卍薬研堀不動院
奉仕会館Ⓗ
鞍掛ビル
塚喜ビル
東日本橋駅
ジャコワ
日本橋中
東実健保会館
近三
山正ビル
馬喰横山駅
伊勢重
みずほ
陽光
石塚ビル
NTTビル
ユアサ商事
東京ニット
ボタンの博物館
都民
朝日
高島ビル
林和
アングル
シルバーオックス
タキトミ
サンライズビル
近鉄ビル
スコット
都営新宿線
池州神社
イマス
TSビル
ウィル
TIEビル
日本橋税務署
荒川ビル
久松小
田源ビル
住生ビル
0
200m
区民館

I

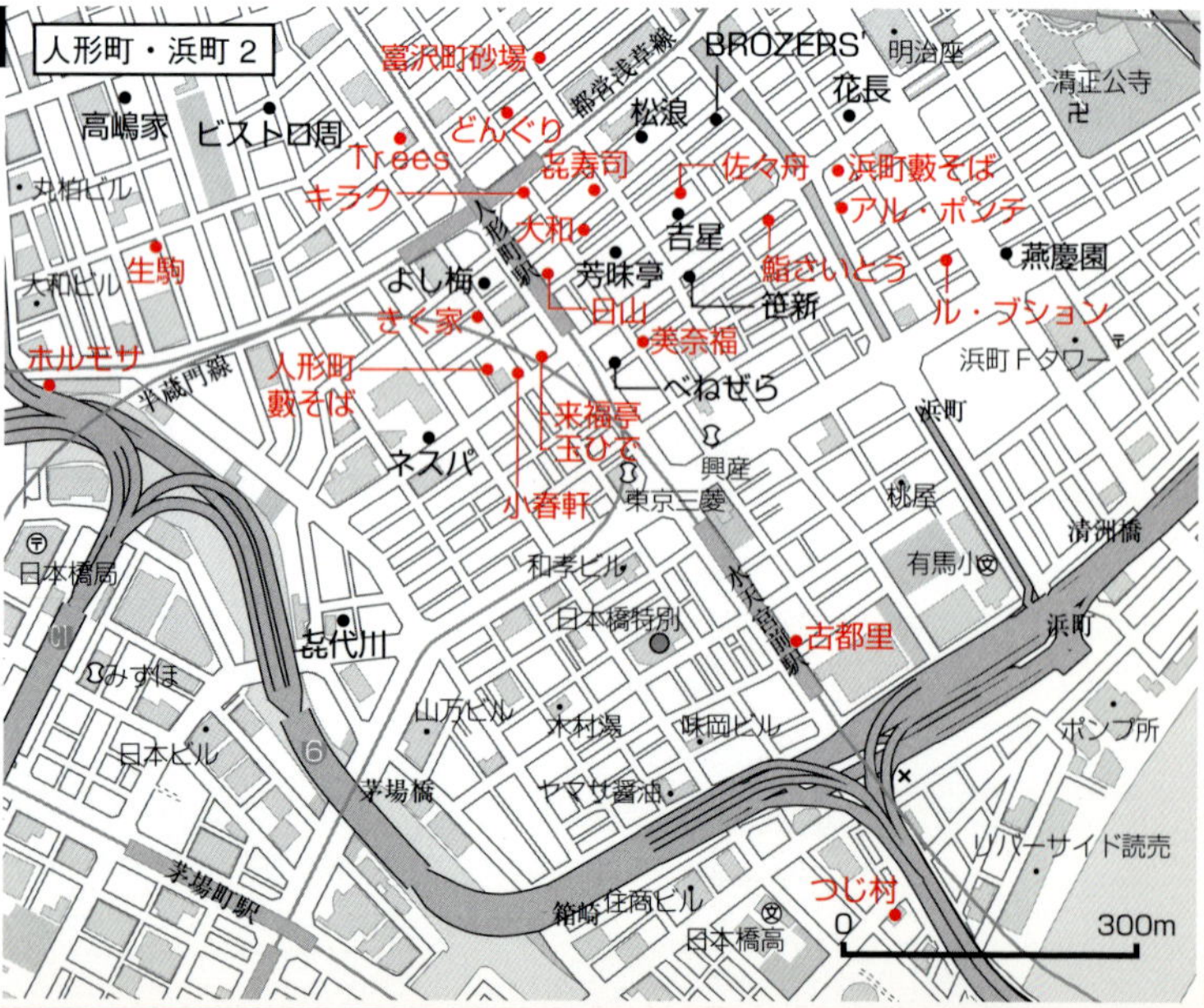
人形町・浜町 2
富沢町砂場
都営浅草線
BROZERS'
明治座
清正公寺
高嶋家
ビストロ周
どんぐり
松浪
花長
Trees
㐂寿司
佐々舟
浜町藪そば
丸柏ビル
キラク
人形町駅
アル・ポンチ
大和
吉星
燕慶園
生駒
芳味亭
鮨さいとう
大和ビル
よし梅
日山
笹新
ル・ブション
きく家
美奈福
浜町Fタワー
ホルモサ
人形町
藪そば
半蔵門線
べねぜら
浜町
来福亭
玉ひで
ネスパ
興産
小春軒
東京三菱
桃屋
清洲橋
日本橋局
和孝ビル
有馬小
日本橋特別
水天宮前駅
古都里
浜町
㐂代川
みずほ
山万ビル
木村湯
味岡ビル
ポンプ所
日本ビル
6
茅場橋
ヤマサ醤油
リバーサイド読売
茅場町駅
箱崎
住商ビル
つじ村
日本橋高
0
300m

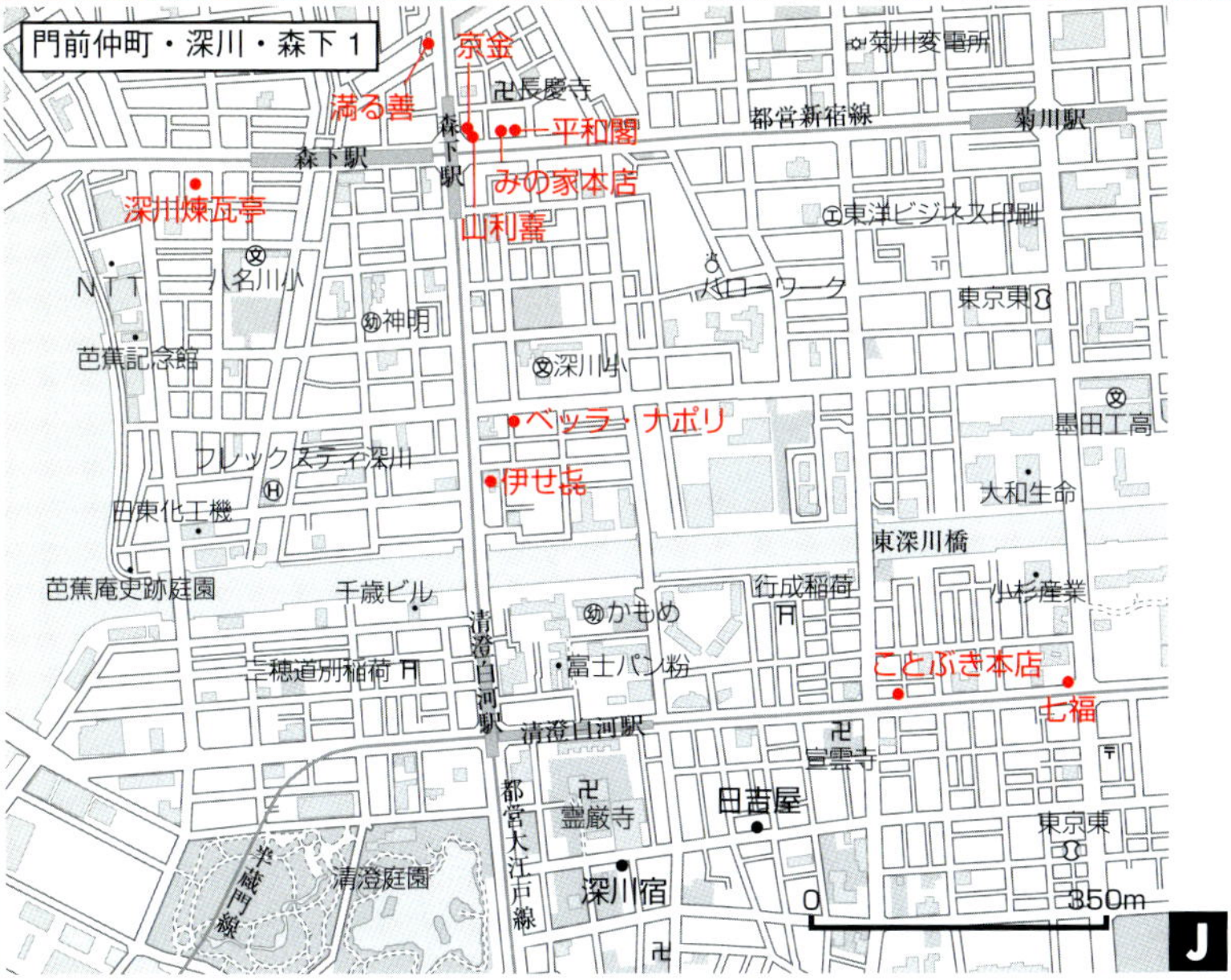
門前仲町・深川・森下 1
京金
満る善
長慶寺
森下駅
平和閣
みの家本店
山利喜
菊川変電所
都営新宿線
菊川駅
深川煉瓦亭
東洋ビジネス印刷
NTT
八名川小
ハローワーク
東京東
神明
芭蕉記念館
深川小
ベッラ・ナポリ
墨田工高
フレックスステイ深川
伊せ喜
大和生命
田東化工機
東深川橋
芭蕉庵史跡庭園
千歳ビル
行成稲荷
小杉産業
かもめ
清澄白河駅
三穂道別稲荷
富士パン粉
ことぶき本店
七福
清澄白河駅
宣雲寺
都営大江戸線
霊巌寺
田吉屋
半蔵門線
清澄庭園
東京東
深川宿
0
350m
J

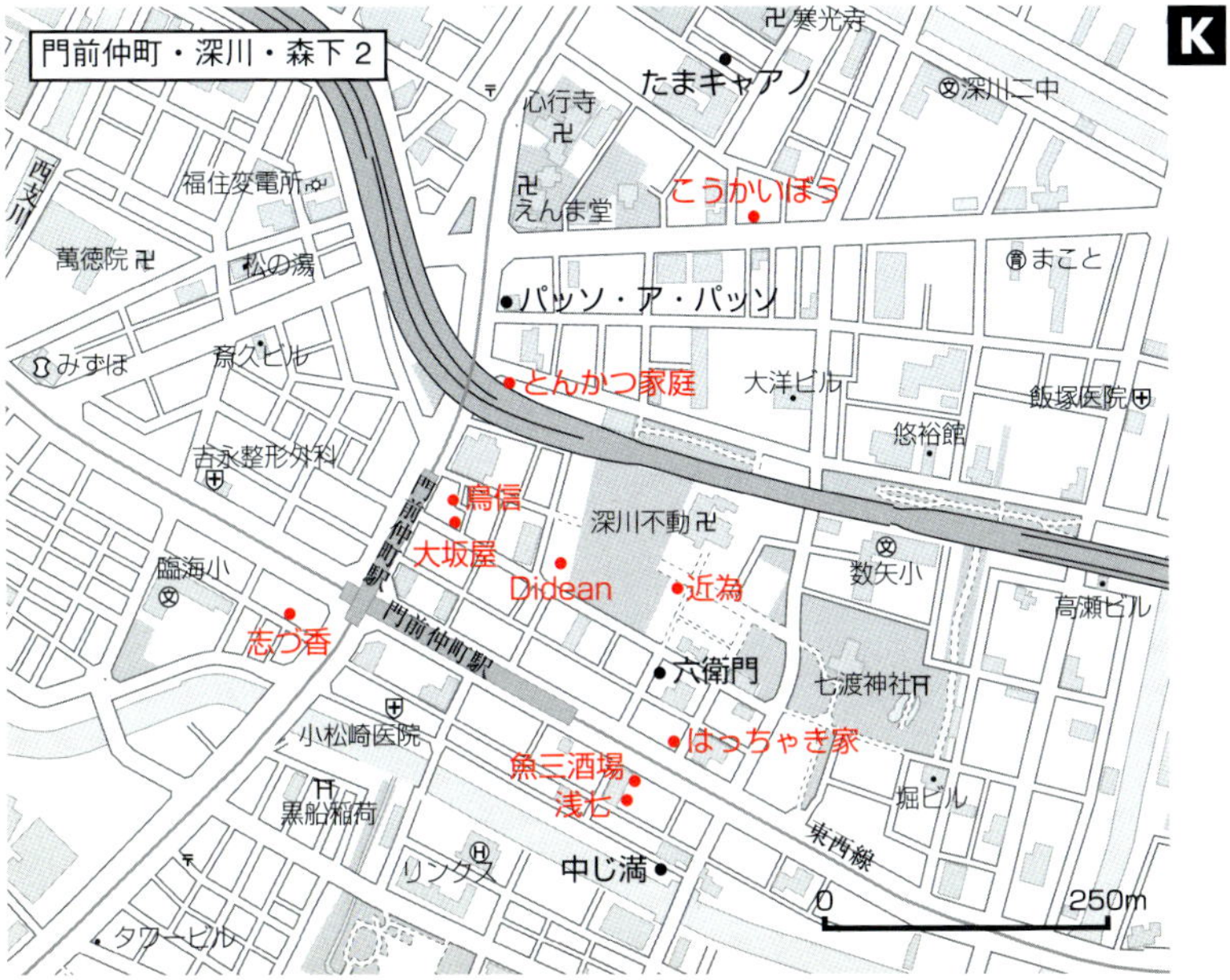
門前仲町・深川・森下 2
K
寒光寺
たまキャアノ
心行寺
深川二中
西支川
福住変電所
えんま堂
こうかいぼう
萬徳院
松の湯
まこと
パッソ・ア・パッソ
みずほ
富久ビル
とんかつ家庭
大洋ビル
飯塚医院
悠裕館
吉永整形外科
門前仲町駅
鳥信
深川不動
大坂屋
数矢小
臨海小
Didean
近為
高瀬ビル
志づ香
門前仲町駅
六衛門
七渡神社
小松崎医院
はっちゃき家
魚三酒場
浅七
堀ビル
黒船稲荷
東西線
リンクス
中じ満
0
250m
タワービル

L

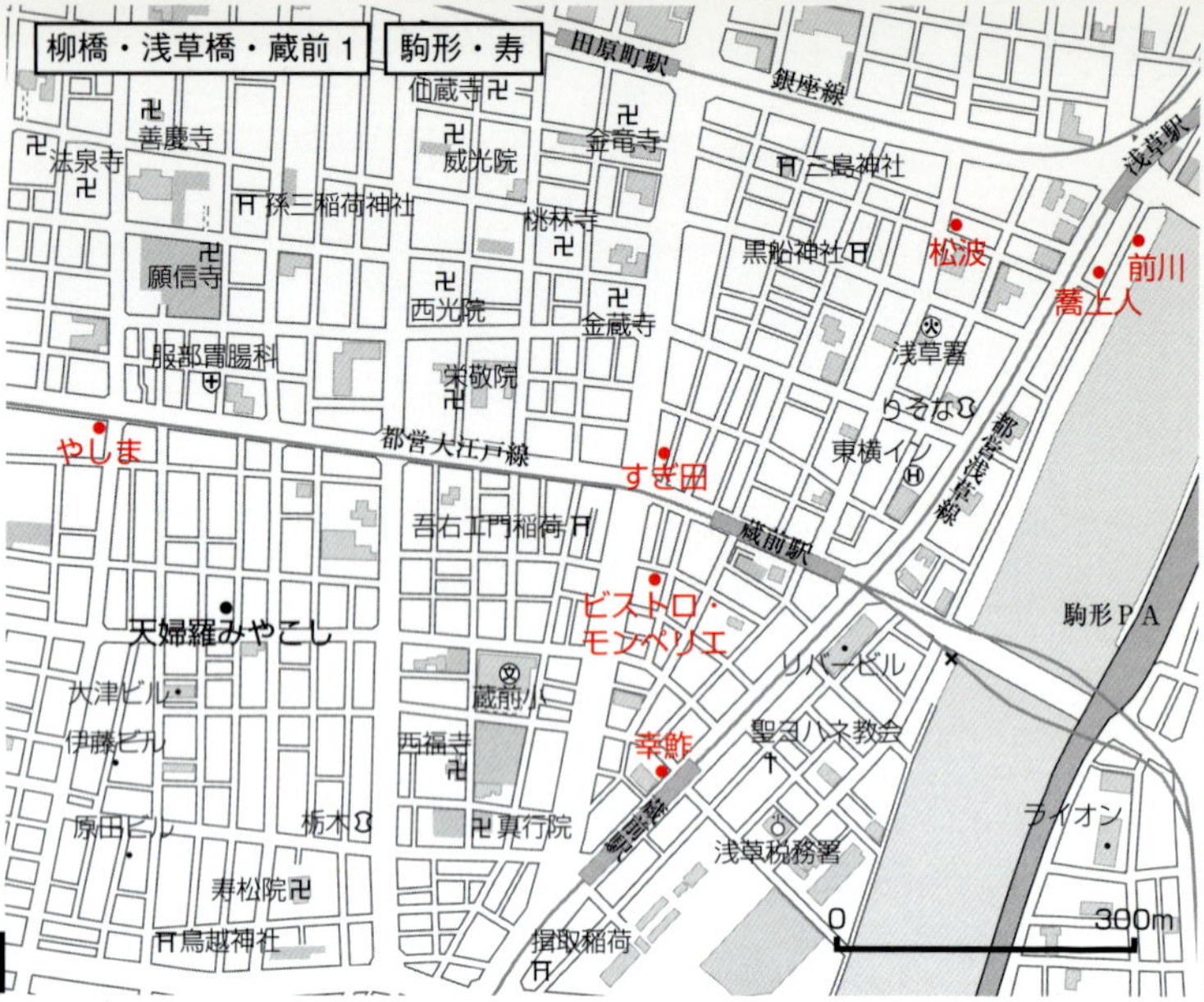

柳橋・浅草橋・蔵前 1
駒形・寿
田原町駅
銀座線
浅草駅
仙蔵寺
善慶寺
法泉寺
金竜寺
威光院
三島神社
孫三稲荷神社
桃林寺
黒船神社
松波
前川
蕎上人
願信寺
西光院
金蔵寺
浅草署
服部胃腸科
栄敬院
りそな
都営浅草線
やしま
都営大江戸線
すぎ田
東横イン
吾右エ門稲荷
蔵前駅
ビストロ・モンペリエ
駒形PA
天婦羅みやこし
リバービル
大津ビル
蔵前小
伊藤ビル
西福寺
幸鮨
聖ヨハネ教会
原田ビル
栃木
真行院
ライオン
浅草税務署
寿松院
0
300m
鳥越神社
揖取稲荷

M

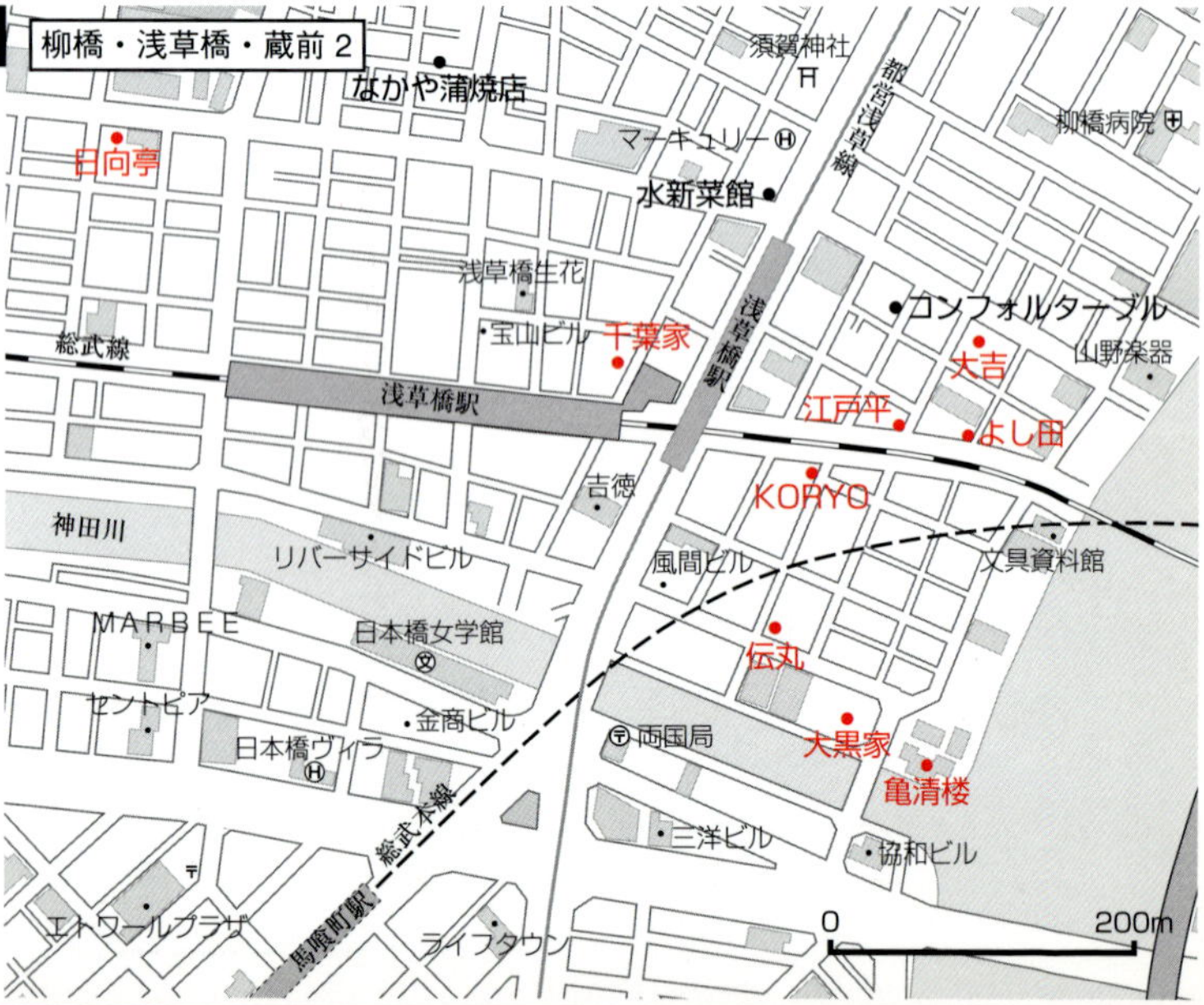

柳橋・浅草橋・蔵前 2
須賀神社
なかや蒲焼店
都営浅草線
柳橋病院
日向亭
マーキュリー
水新菜館
浅草橋生花
コンフォルターブル
宝山ビル
千葉家
浅草橋駅
山野楽器
総武線
大吉
江戸平
よし田
吉徳
KORYO
神田川
リバーサイドビル
風間ビル
文具資料館
MARBEE
日本橋女学館
伝丸
セントピア
金商ビル
両国局
大黒家
日本橋ヴィラ
亀清楼
総武本線
三洋ビル
協和ビル
エトワールプラザ
馬喰町駅
ライフタウン
0
200m

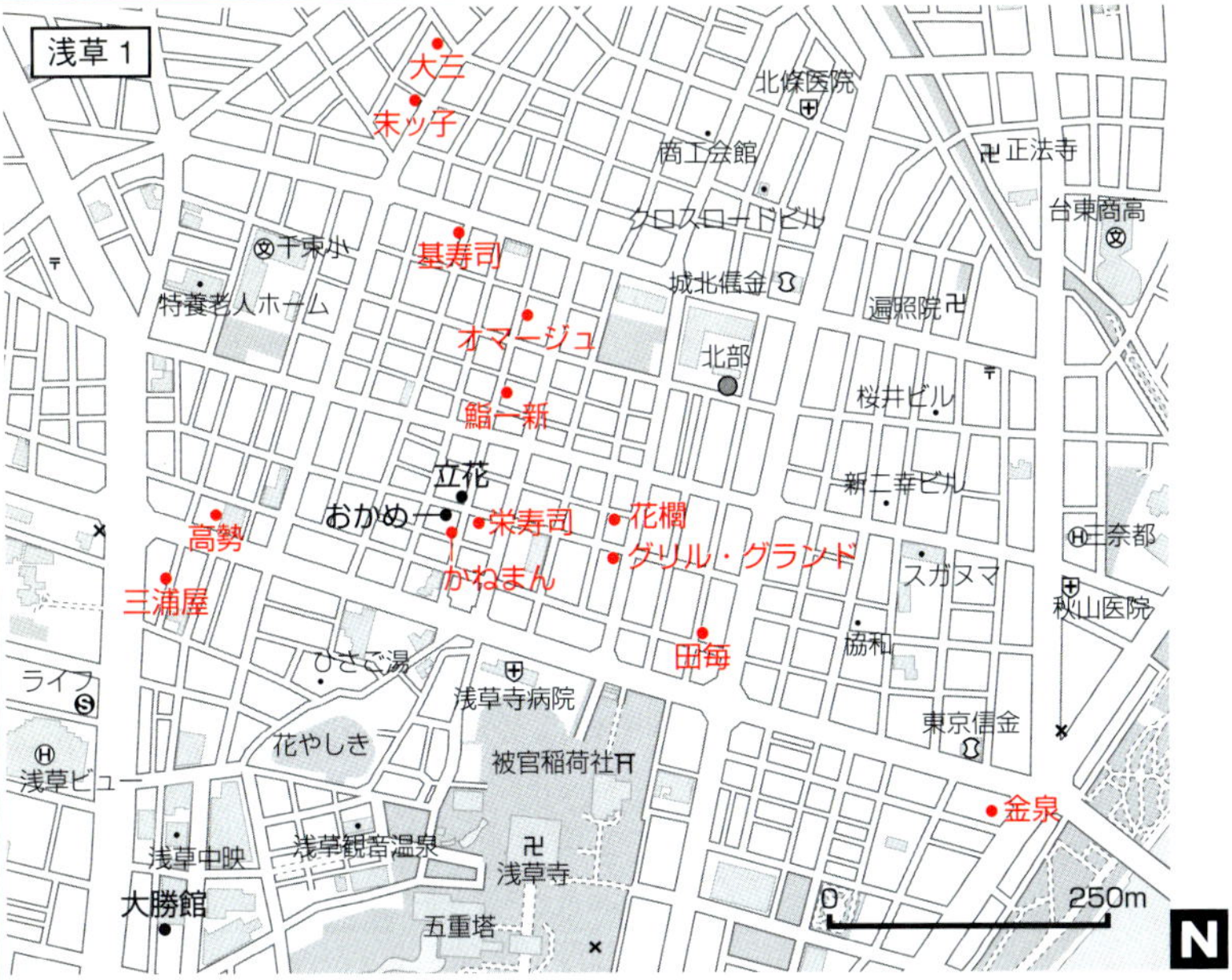
浅草 1
大三
末ッ子
北條医院
商工会館
正法寺
台東商高
クロスロードビル
千東小
基寿司
城北信金
特養老人ホーム
遍照院
オマージュ
北部
桜井ビル
鮨一新
立花
新二幸ビル
おかめ
栄寿司
花欄
高勢
三奈都
グリル・グランド
かねまん
スガヌマ
三浦屋
秋山医院
協和
田毎
ひさご湯
ライフ
浅草寺病院
東京信金
花やしき
被官稲荷社
浅草ビュー
金泉
浅草中映
浅草観音温泉
浅草寺
0
250m
大勝館
五重塔
N

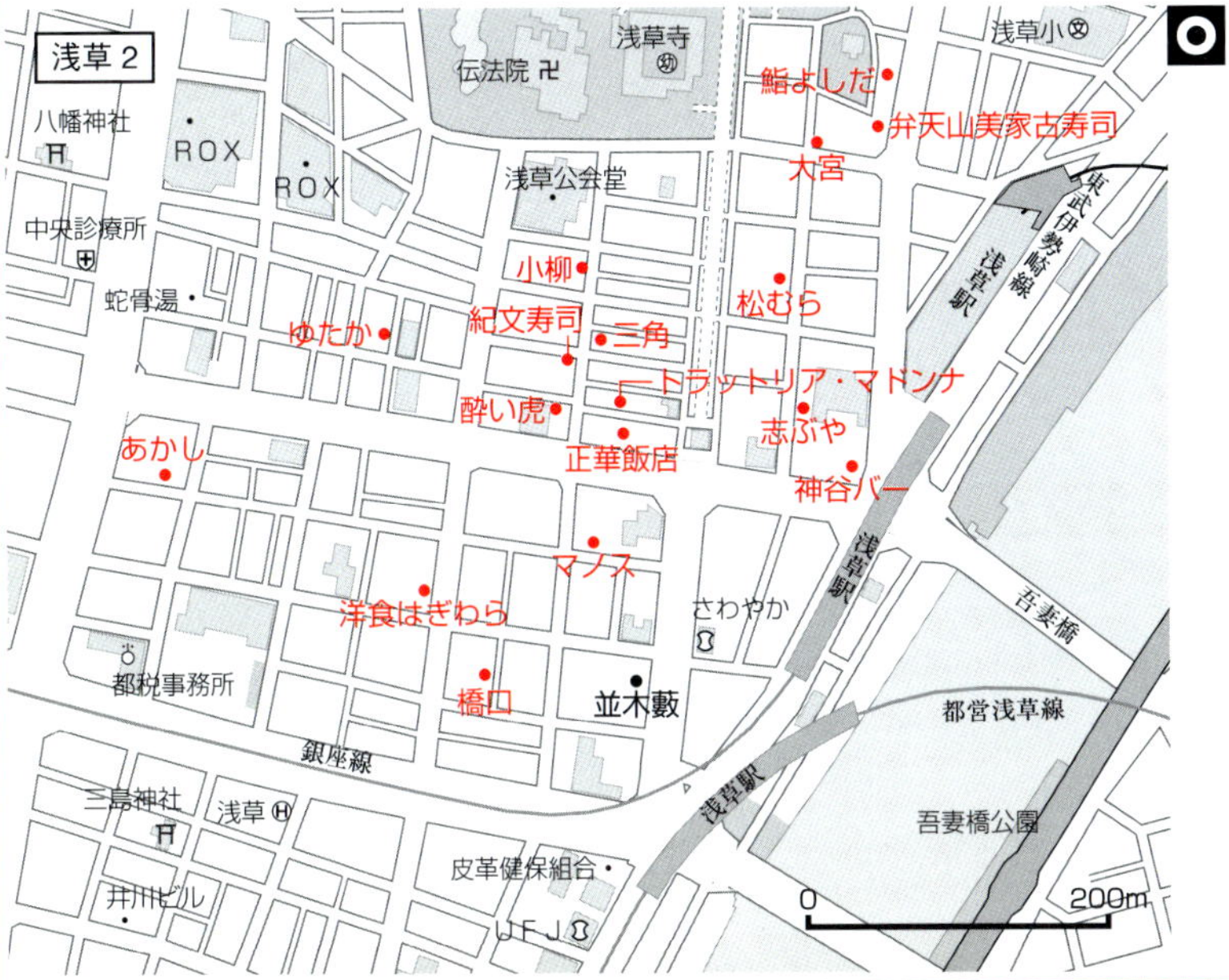
浅草 2
浅草寺
浅草小
伝法院
鮨よしだ
八幡神社
ROX
弁天山美家古寿司
ROX
大宮
浅草公会堂
東武伊勢崎線
中央診療所
浅草駅
小柳
松むら
蛇骨湯
紀文寿司
ゆたか
三角
トラットリア・マドンナ
酔い虎
志ぶや
あかし
正華飯店
神谷バー
浅草駅
マノス
洋食はぎわら
さわやか
吾妻橋
都税事務所
橋口
並木藪
都営浅草線
銀座線
三島神社
浅草
浅草駅
吾妻橋公園
皮革健保組合
井川ビル
0
200m
UFJ

P

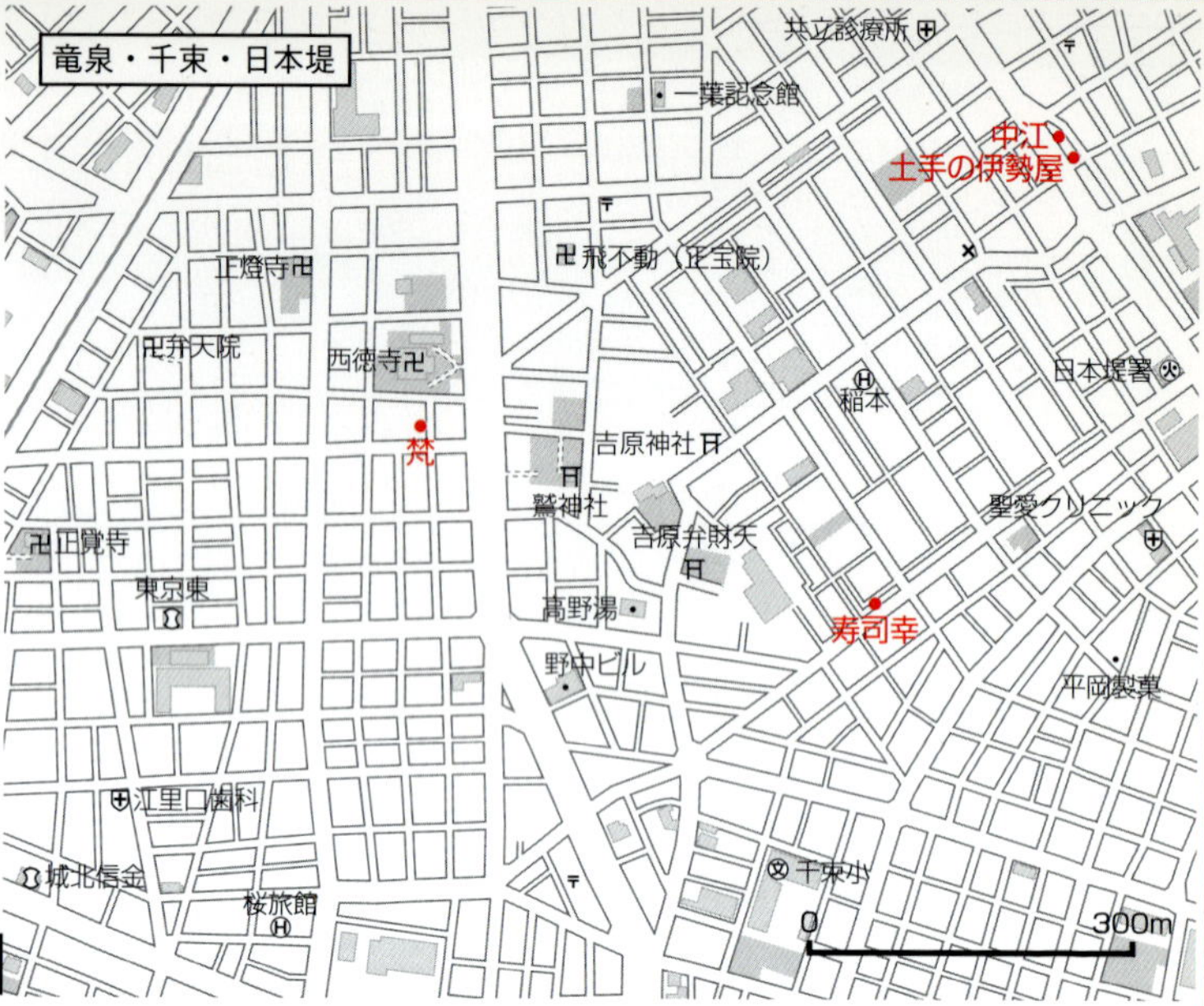
竜泉・千束・日本堤
共立診療所
一葉記念館
中江
土手の伊勢屋
飛不動（正宝院）
正燈寺
弁天院
西徳寺
日本堤署
稲本
梵
吉原神社
鷲神社
聖愛クリニック
正覚寺
吉原弁財天
東京東
高野湯
寿司幸
野中ビル
平岡製菓
江里口歯科
城北信金
千束小
桜旅館
0
300m

Q

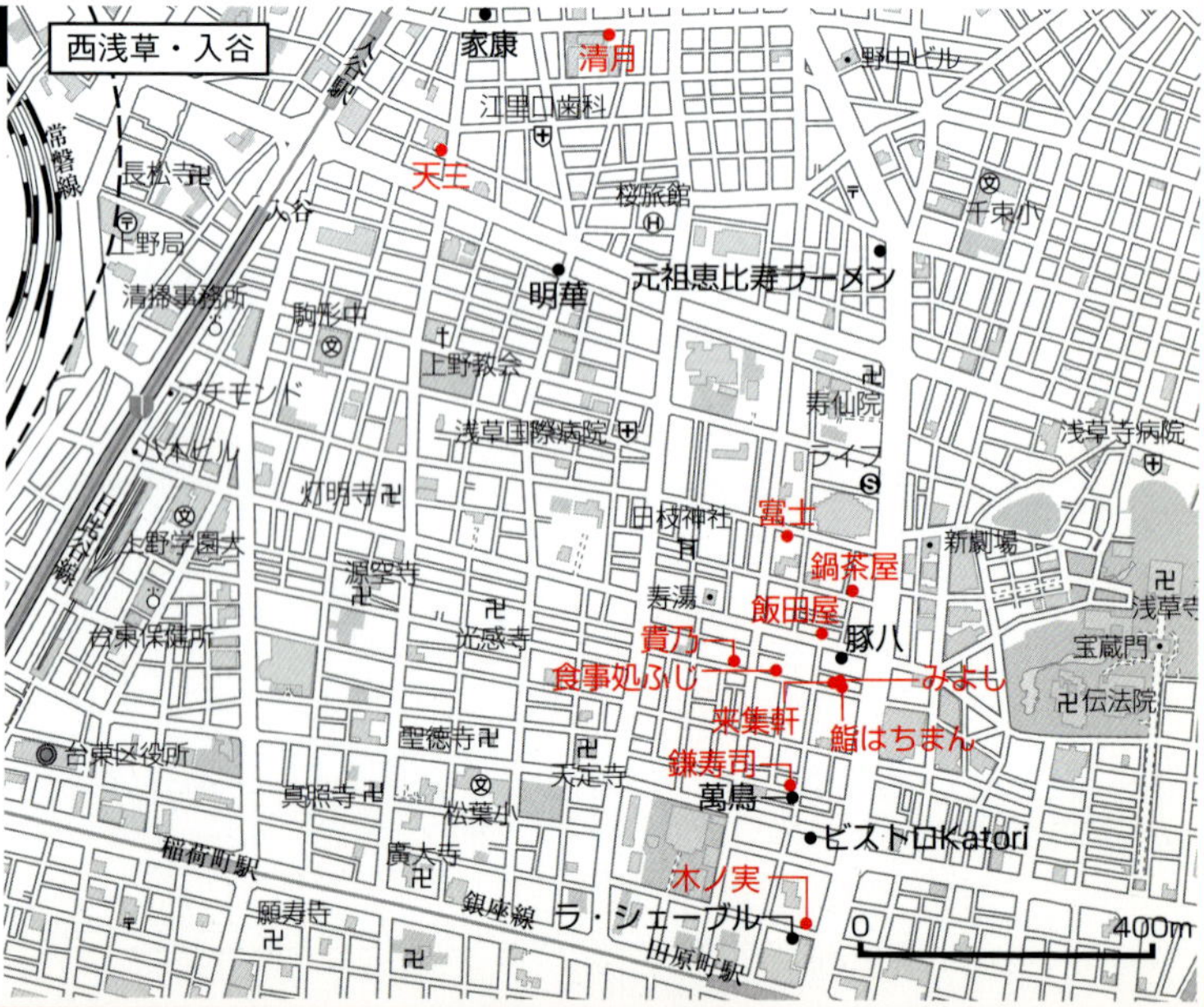
西浅草・入谷
家康
清月
野中ビル
入谷駅
江里口歯科
常磐線
長松寺
天王
入谷
桜旅館
千束小
上野局
元祖恵比寿ラーメン
明華
清掃事務所
駒形中
上野教会
寿仙院
ブチモンド
浅草国際病院
浅草寺病院
八木ビル
ライフ
灯明寺
富士
日枝神社
新劇場
上野学園大
鍋茶屋
源空寺
寿湯
飯田屋
浅草寺
台東保健所
光感寺
貫乃
豚八
宝蔵門
食事処ふじ
みよし
伝法院
来集軒
鮨はちまん
聖徳寺
台東区役所
鎌寿司
天定寺
真照寺
松葉小
萬鳥
ビストロKatori
稲荷町駅
廣大寺
木ノ実
願寿寺
銀座線
ラ・シェーブル
田原町駅
0
400m

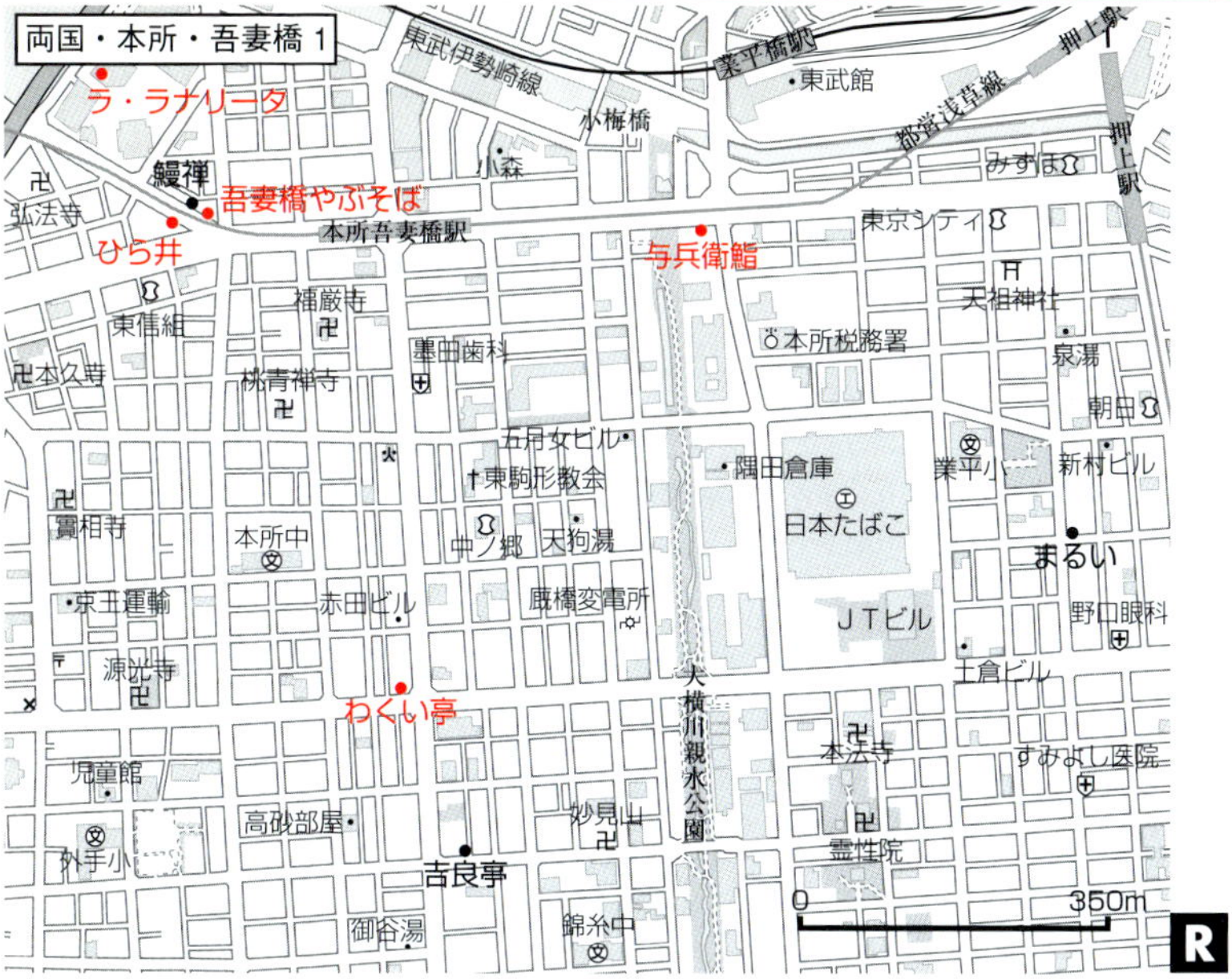

両国・本所・吾妻橋 1
R
ラ・ラナリータ
東武伊勢崎線
業平橋駅
東武館
押上駅
都営浅草線
小梅橋
小森
みずほ
鰻禅
吾妻橋やぶそば
弘法寺
ひら井
本所吾妻橋駅
与兵衛鮨
東京シティ
天祖神社
東信組
本久寺
福厳寺
桃青禅寺
墨田歯科
本所税務署
泉湯
朝日
五月女ビル
東駒形教会
隅田倉庫
業平小
新村ビル
實相寺
本所中
中ノ郷
天狗湯
日本たばこ
まるい
京王運輸
赤田ビル
厩橋変電所
JTビル
野口眼科
源光寺
土倉ビル
わくい亭
大横川親水公園
本法寺
すみよし医院
児童館
高砂部屋
妙見山
霊性院
外手小
吉良亭
御谷湯
錦糸中
0
350m

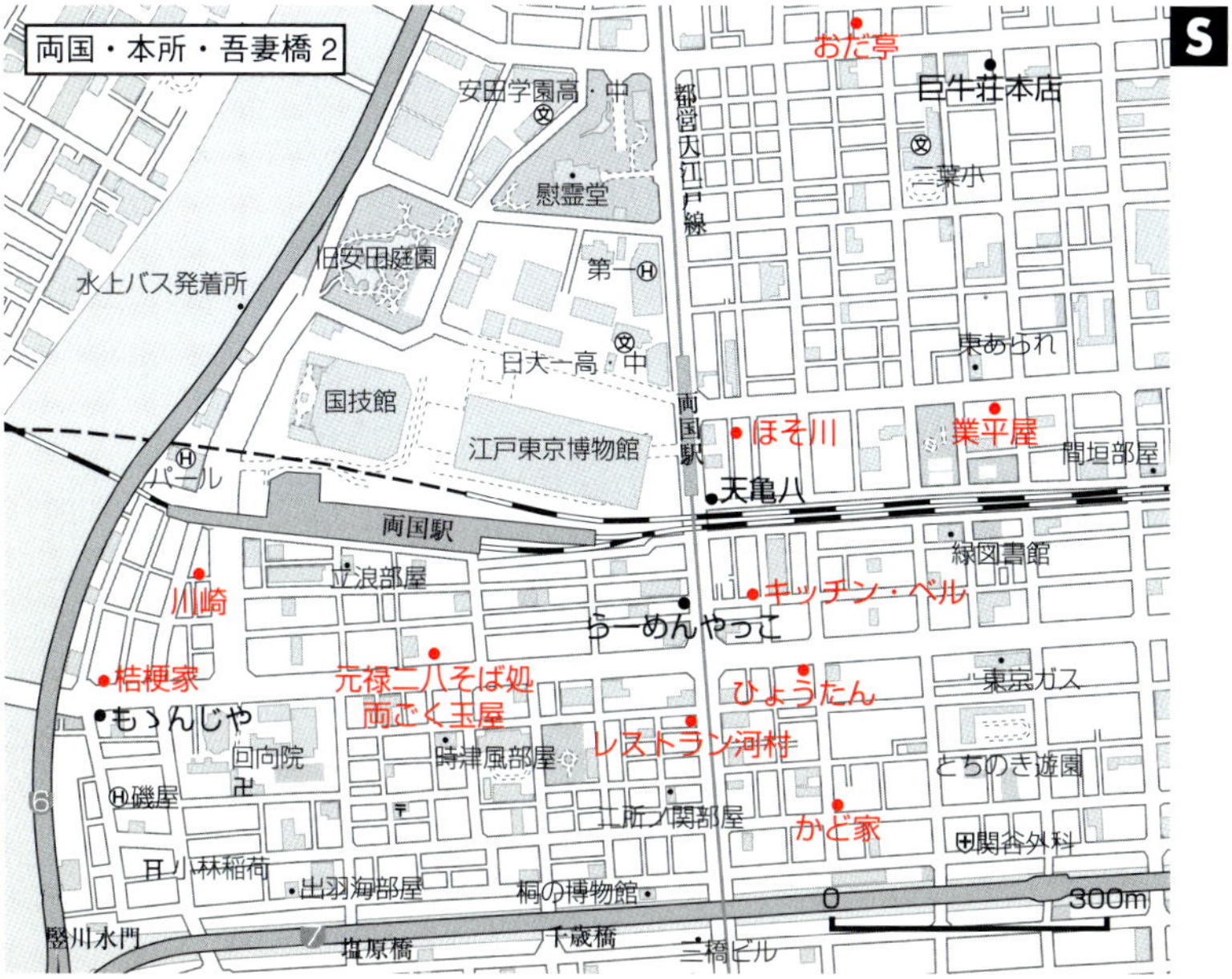

両国・本所・吾妻橋 2
S
おだ亭
巨牛荘本店
安田学園高・中
都営大江戸線
慰霊堂
一葉小
旧安田庭園
水上バス発着所
第一
東あられ
日大一高・中
国技館
江戸東京博物館
両国駅
ほそ川
業平屋
間垣部屋
パール
天亀八
両国駅
緑図書館
立浪部屋
川崎
キッチン・ベル
らーめんやっこ
桔梗家
元禄二八そば処
両ごく玉屋
ひょうたん
東京ガス
もゝんじや
回向院
時津風部屋
レストラン河村
とちのき遊園
磯屋
二所ノ関部屋
かど家
関谷外科
小林稲荷
出羽海部屋
桐の博物館
0
300m
竪川水門
塩原橋
千歳橋
三橋ビル

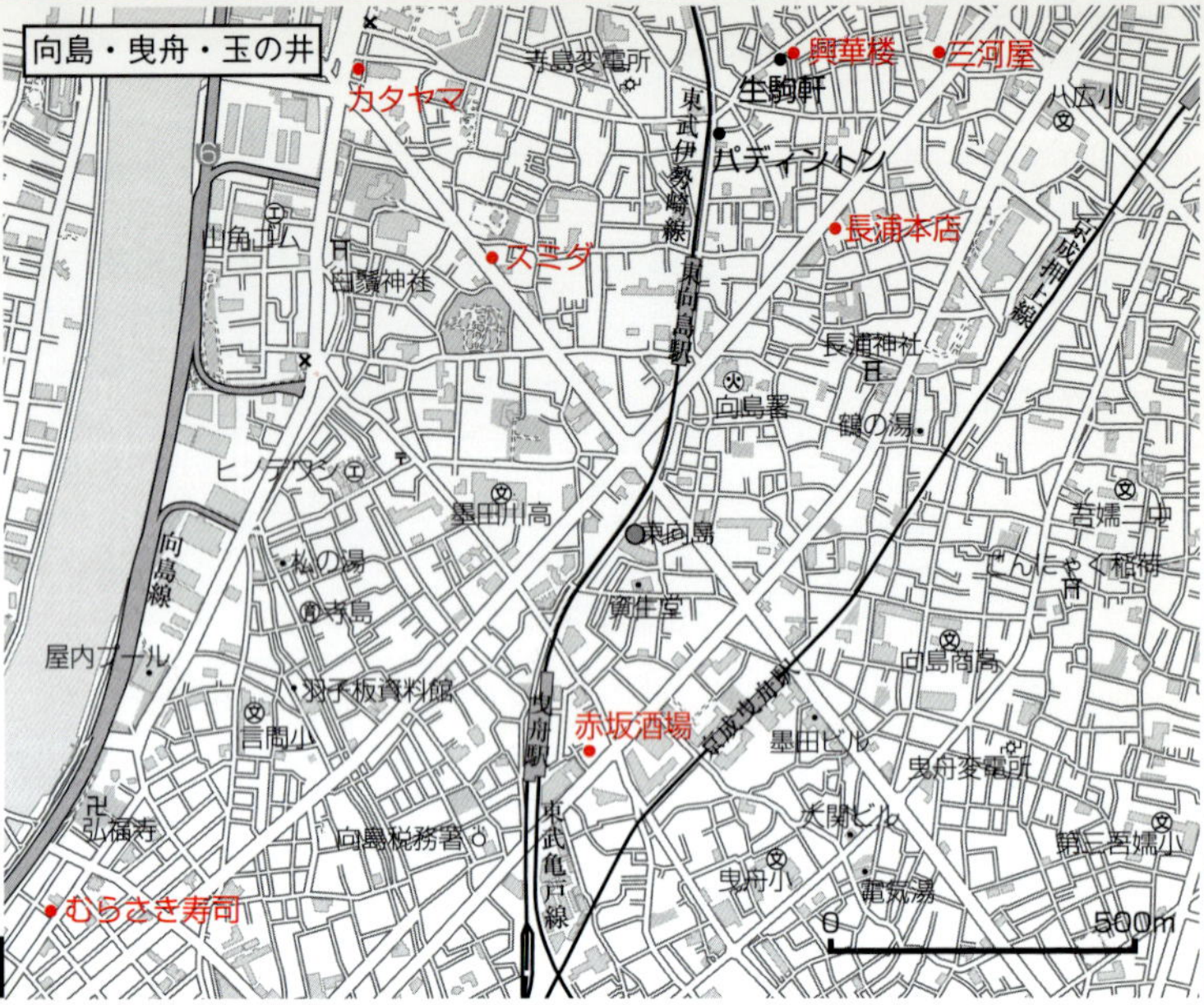
向島・曳舟・玉の井
寺島変電所
カタヤマ
興華楼
三河屋
生駒軒
東武伊勢崎線
パディントン
八広小
長浦本店
京成押上線
山角ゴム
白鬚神社
スミダ
東向島駅
長浦神社
向島署
鶴の湯
ヒノデワシ
墨田川高
東向島
吾嬬二中
こんにゃく稲荷
向島線
松の湯
寺島
寶生堂
向島商高
屋内プール
羽子板資料館
曳舟駅
赤坂酒場
京成曳舟駅
墨田ビル
言問小
曳舟変電所
弘福寺
向島税務署
東武亀戸線
大関ビル
第三吾嬬小
曳舟小
電気湯
むらさき寿司
0
500m

J・C・オカザワの下町を食べる

本書の使い方

本書は下町のすぐれた料理店を２００軒選出し、「名店二百選」として紹介するとともに、それぞれを評価したものです。ランチあるいはディナーを提供する店だけを対象とし、軽食にとどまる店は除外しました。「名店二百選」のほかに、「二百選にもれた有名店」、「二百選にあと一歩の優良店」、そして使い方によっては思わぬ魅力を発揮する「こんなときにはこの一軒」のコラムを設けました。

●地域の掲載順序は下記の通りです。

①勝どき・月島・佃
②築地
③八重洲・京橋・八丁堀
④日本橋・茅場町・新川
⑤室町・本町
⑥人形町・浜町
⑦門前仲町・深川・森下
⑧柳橋・浅草橋・蔵前
⑨駒形・寿
⑩浅草
⑪西浅草・入谷
⑫竜泉・千束・日本堤
⑬両国・本所・吾妻橋
⑭向島・曳舟・玉の井

●記号の説明は左記の通りです。

★ とてもおいしい料理を供するお店

★★ もはや最高の料理を供するお店

♥（ハート） 心あたたまるサービスと快適な居心地を兼ね備えたお店

（橋） コスト・パフォーマンスが高く、下町の食文化にも貢献しているお店

（寺） 古き良き下町の雰囲気を今も残すお店

●各店の住所、電話番号、休業日を明記しましたが、営業時間は変更されることが多いために省略してあります。ただし昼のみ、あるいは夜のみの営業の場合はその旨を記しました。営業方針の変更などにより、休業日も変わることがあるので、電話予約をおすすめします。

●価格の表記は基本的に内税です。

＊本書は、著者が２００４年４月から２００５年５月までに訪れた結果をもとに執筆したものです。また値段やメニューなどのデータは２００５年５月現在のものです。変動ある場合もありますので、ご注意ください。

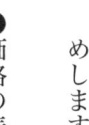

下町を食べる　目次

名店二百選

二百選にもれた有名店

こんなときには この一軒

〈扉イラスト〉花岡道子
〈章扉イラスト〉野元　愛
〈口絵写真撮影〉天方晴子

まえがき

「食べる」シリーズ第4弾は下町。漠然と下町といってもどの地域を下町と限定するのか、行政区分もなければ、ましてや法的根拠などあるハズもない。こればかりは著者の独断的なフィーリングで区切りをつけたエリアというほかはなく、読者の中には異論を唱える方、違和感を抱かれる方もおられよう。そのあたりは著者の不明をお笑いいただいた上で、寛大なご理解を賜りたい。

対象は主として隅田川の両サイド、川からそれほどの距離を置かない地域とした。都内23区のうち、隅田川右岸の中央区と台東区、左岸の江東区と墨田区の計4区にまたがり、中央区では、銀座・豊海町・晴海を除く全エリア、台東区は、上野・下谷・台東・秋葉原を除くエリア、江東区全体のおよそ4分の1、墨田区全体の3分の1を占めるにいたっている。主な地番を記しておくので参照していただきたい。

【隅田川右岸】

築地・新富・入船・湊
京橋・八丁堀・新川
八重洲・柳橋・浅草橋
蔵前・駒形・寿・雷門
松が谷・千束・入谷
竜泉・三ノ輪・日本堤

【隅田川左岸】

勝どき・月島・佃
門前仲町・深川・清澄
白河・森下・菊川
両国・本所・吾妻橋
業平・押上・向島
東向島

右岸では、日本橋はもとより、日本橋人形町・日本橋箱崎町・東日本橋など地番名に日本橋を含む全地域と、浅草をはじめ、元浅草・西浅草・東浅草など浅草を含む全地域をカバーしている。

東京の中心が東から西へシフトを始めて久しい。時代の流れに取り残された感の否めない下町でもある。確かにフレンチやイタリアン、あるいはエスニック料理に関しては、六本木・青山・代官山あたりに太刀打ちできやしない。しかし、すし・天ぷら・うなぎ・そばなら、西に負けるものではないぞ。どぜう・馬肉にいたっては東の独壇場だ。まだまだ下町には大正・明治は言うに及ばず、江戸の名残りをとどめる料理店も少なくない。江戸庶民の味をぜひ味わってほしい。

わが心の下町をあらためて食べ歩いたこの半年あまりは心底シアワセだった。この想いのいかばかりでも、本書を通して読者に伝えることができたなら、それにまさるヨロコビはない。今はホッとひと息、自分の舌と胃袋にねぎらいの言葉をかけてやったところです。

２００５年５月　Ｊ・Ｃ・オカザワ

下町

名店二百選

【名店二百選】

勝どき 月島 佃

幻の東京オリンピック（昭和15年）に合わせて架けられた勝鬨橋、佃の渡しにとって代わった佃大橋、大川端リバーシティ21のために新設された中央大橋、以上3つの橋によって都心と結ばれている埋立地である。摂津の国（大坂）・佃村の漁民たちが江戸幕府の許可を得て、島を築造したのが始まり。彼らの守り神・住吉神社、元祖佃煮の老舗を始め、狭いエリアながら戦災を免れたために、古い下町の町並みが今も残る。

月島といえば、いの一番にもんじゃだが、残念なことに二百選のレベルに達する店はなかった。もう1つの月島名物・レバフライもまたしかりである。考えてみれば、どちらもユニーク極まりない食べもので、ともにこの地に根付いたのも単なる偶然ではあるまい。路地裏に息づく庶民性の賜物なのだろう。

さゝ木

(ささき) すし

★♥
中央区勝どき1-1-1　プラザ勝どき1F
03-3531-4741
日祝休　地図A

恋の町　札幌

5年前の訪問時に、つけ台に立っていたのは先代。手術の後遺症のため、こまかい手先のシゴトが厄介になって、ただ今リハビリ中。替わりに若き二代目が立つ。

すっきりとした店構えは昔と同じ、気持ちよくのれんをくぐってカウンターへ。その夜の相方は「日刊ゲンダイ」のA柳編集局長。04年10月より金曜日（土曜日付け）のコラム「れすとらん知ったかぶり」の連載が始まり、そのご縁だ。

ビールで乾杯すると、さっそく酒肴が登場する。あおりいかの沖漬け、千切りたくあんと合わせた本まぐろの中落ち、あぶったかつおの一夜干し、揚げ銀杏。続いてまこがれいとそのえんがわをわさびで。芋焼酎のロックに切り替え、汐子《しょっこ》を切ってもらう。わらさ（ぶりになる一歩手前）を上品にした感じのかんぱちの幼魚とあって、青背特有のしつっこさがまったくない。戻りがつお、鮭児とサカナ好きには垂涎の逸品が続く。にぎりは、まこの昆布〆め・小肌・まぐろづけ・本みる貝・しゃこ・さんま・車海老・穴子・かんぴょう巻き・玉子。みる貝と車海老が双璧だった。1人1万8000円。

サービスの女性は女将さんかと思いきや、二代目が修業した札幌で出会った恋人とのこと。どうやら入籍間近のようだが今の世の中、婚前交渉をとやかくいう野暮天はいなくなりましたなぁ。

さくら亭

（さくらてい）すし

★

中央区佃1-11-8　ビアウェスト
スクェア1F　03-5560-3321
水休　地図A

生はまぐりに拍手喝采

中央大橋を新川から佃に渡りきると、橋のたもとにイタリアンの「MARILYN」が雄姿を見せている。すぐ足元の隅田川テラスは花見、月見の意外な穴場。そうした宴もたけなわ、ビールやチューハイからワインに切り替わると、なんか熱いものというか、相性のいいものというか、ピッツァが食べたくなって、ヒトッパシリ若い衆を走らせる。なかなかに使い勝手がいい。

その店の脇の和食屋さんには気付いていたのだが、まさかこんなに旨いすし屋が隠れていたとは夢にも思わなんだ。訪れたのはつい最近、訊けば和食とすしの2本立てから、和食は閉めてすし一本に絞ったとのことだ。

焼酎の品揃えにうなった。ともに鹿児島の黒さそり（麦）と百合（芋）。それぞれに味わい深く印象に残る。あん肝の煮つけとしゃこ、かつおはにんにくでやる。にんにくを忌避するすし屋が多いが、かつおには断然これでっせ。ダメモトで頼んだ生はまぐりも快く受けてくれた。これには拍手。ニューヨークあたりではポピュラーな食べ方なのに、日本では断られることがほとんどだ。すし職人は経験したことのないシゴトに対して、なんと臆病なことよ。

にぎりへ。新子だけは2カン、あとは1カンずつ。まこ昆布〆め・真鯛・さんま・あぶり金目鯛・づけ・あぶり穴子・煮やりいか・蒸しあわび・〆めさば・玉子。ベストは金目で、1人1万2000円。

蕎羅

（そら）そば・うどん

中央区月島1-26-9
03-3531-9663
土日祝休　地図 A

カレーうどんは一ツ星

月島の隠れた名店といってよい。正真正銘、隠れていて発見するのに苦労するくらいだ。目の前にある焼肉店の「凛」が、これまた隠れている。

そば・うどん、どちらもなかなかのレベルに達していて、殊にカレーうどん（８５０円）には一ツ星を進呈したいが、チェーン店に堕落した「古奈屋」のようなカレーうどん専門店ではないがため、そばがうどんの足を引っ張った。決して「そばをヤメろ！」と主張しているワケではないんですよ。豚肉・玉ねぎ入りに、絹さやの緑も鮮やかなそのカレーうどん、モチモチシコシコのうどん自体が旨いところへ、スパイシーなつゆが追い討ちを掛けるものだから、「古奈屋」のはるか上をゆく。うどんをすすり終えたあと、チリ蓮華ではもどかしく、ドンブリを抱えてつゆを飲み干す。シンプルなせいろ（６００円）もそば・つゆともに秀逸なのだが、粉わさびが悲しく、これなら大根おろしをちょいと添えてくれないものだろうか。ほかには鴨南蛮・かき揚げ（各１０５０円）・きざみ・けんちん（各７５０円）などが揃い、すべてそば・うどんから選べる。大盛りは30gにつき１００円というきざみ方が微笑ましい。12月半ばから3月いっぱい、せいろ系のうどんは熱盛りとなり、冷たいのは申告制となる。

入り口の段差が危なっかしく、これだけはなんとかしてほしい。

岸田屋

(きしだや) 居酒屋

中央区月島3-15-12
03-3531-1974
日祝休　夜のみ営業　地図 A

老猫は寝ていた

すっかりもんじゃの町になってしまった感のある月島なのだが、少々乱暴な言い方を許していただければ、ほかのすべてのお店を犠牲にしても(もんじゃ屋さんゴメンナサイ、言葉のアヤです)この大衆酒場を残したい。長いことのれんをしまっていたときは本当に心配した。月島に出掛けるモチベーションが下がってしまい、なんだか勝どきと佃の間にポッカリと真空地帯ができたよう。

門仲の「志づ香」を抑え気味にしておいて、そのあと久しぶりにおジャマする。縦長コの字のカウンターになんとか座れた。壁際のカウンターよりもやはりこちらのほうが雰囲気的にも落ち着く。菊正宗の熱燗(３６０円)をお願いすると、突き出し代わりに牛もつ煮込みが出る。前回もそうだった。単品だと４５０円の商品だ。鮭ハラス焼き(３５０円)、いわしつみれ吸い物(２５０円)、なす焼き(３００円)などを次々に。つみれはつなぎが多いのが難点。なすにはすりおろしたばかりの生姜がタップリ、こまかいことだがうれしいものだ。すごいボリュームで人気だったまぐろかけ醤油はご主人が包丁を握らなくなって品書きから消えた。

スタッフはみな女性、オバちゃんもオネエさんも気さくで親切、とても感じがいい。ふと見ると、カウンターの内側の棚にデッカい猫が眠っている。おとなしくていいヤツで、店に現れて十数年になるとのこと。余命いかばかりか。

かねます

居酒屋

中央区勝どき1-8-3
03-3531-8611
日祝休　16時〜20時　地図 A

わさびと辛子が情けない

伝説の立ち飲み屋。いささか過大評価されている面もある。ビール・酒・ハイボール、各自グラス片手にボリュームのあるつまみに舌鼓。刺身の質は高い。夏の星がれい、冬の甘鯛昆布〆め（各１５００円）。狭い店で厨房設備に限界があるから揚げものや炒めものには無理があり、蒸しものが主流となる。年明けにはふぐ白子にふかひれ、湯葉、百合根の入った葛あんかけが豪勢だった。蟹サラダ、あわびサラダもいい。残念なのは立派な刺身を侮辱する粉わさび。そして煮こごりに絞るチューブの練り辛子。

鳥善

（とりぜん）焼き鳥

★

中央区勝どき1-11-3
03-3533-1454
無休　夜のみ営業　地図 A

串先ちょうちんブラ下げて

勝どき屈指の名店。週末営業がありがたいし、とにかく焼き鳥が旨い。飛び切り辛い本わさびを添えた鳥わさをつまみながら焼き上がりを待つ。焼き鳥は１人前２本から。甲乙つけがたい中でイチ推しはちょうちん。卵管の先っちょに未熟卵をブラ下げたヤツだが、噛んだ瞬間に口の中で旨みがハジケる。血肝も素材、火の通しともにすばらしい。飲んで食べて１人５０００円見当。黙々と焼く店主は感じのいい人ながら、彼を支える女将が少々冷たい。串の先っちょみたいにトゲトゲしいのは焼き鳥屋ならではか。

凛

（りん）韓国

中央区月島1-27-1
03-3531-2985
月休　夜のみ営業　地図A

丸髷女将が取り仕切る

もんじゃ・お好み焼きばかりで、けっして食レベルの高い町とは呼べない月島では稀有にして真っ当な料理店。圏外からも焼肉フリークが押し寄せて来る。とは言うものの、都内各所の名店、例えば町屋の「正泰苑」、鹿浜の「スタミナ苑」、白金の「金龍山」、八丁堀の「五鉄」と肩を並べるほどではない。予約が取りにくいと聞いていたワリに、数日前の電話でスンナリ席を確保できた。ただし、全員揃っての来店を義務付けられる。店内での待合わせ、いわゆる現地集合はご法度なのだ。ほかにもいろいろと決め事があり、店内で帽子を脱ぐのは当たり前としても、初っ端の鴨つくねをパスできる雰囲気になく、タン塩を注文する前にカルビだ、ハラミだ、などと舌を滑らすと、大正ロマンも懐かしい丸髷に結った名物女将にヤンワリと叱られる。柔道でいうところの教育的指導というヤツだ。

生ビールに、瓶ビールも各社揃っているのがゴキゲン。ビールを頼むとサッと出る白菜キムチ・韮チヂミ・もやしナムルのトリオもありがたい。この「間髪入れず」が何よりなのだ。串刺しの鴨つくね（1本315円）は大葉を巻いてすだちを搾り、分厚い上タン塩（1470円）はレモン汁で。この夜は豪勢にすべて上（じょう）。ハラミ・ロース・カルビ（各1995円）ではハラミがベスト、ロースはパサついた。ビビンパ・クッパなど、ごはんものも弱い。見つけにくい裏路地の、そのまた裏にある。

レストラン
サエラ

多国籍

★
中央区佃2-8-5
03-3531-0932
日休　地図 A

兄がフレンチ弟は江戸前

本格フレンチと江戸前鮨の両方を味わえるユニークなレストラン。そもそもご主人は当地でラーメン店を営んでおられた。浅草の「来集軒」の麺にほれこんで、ずっとその麺を仕入れていたほどだが、女将さんをくも膜下で亡くしたあと、店をたたんで長男のこのレストランに次男坊ともども参加する。その長男はもともと渋谷の「ラ・ロシェル」などで修業したフレンチシェフ、弟が赤坂の「穂寿美」出身のすし職人。親子3人で再出発の結果が日仏のコラボレーションと相成った次第だ。

初訪問は01年3月に1人で。スーパードライの中瓶2本で、石鯛のサラダ仕立て、温製稚あゆのエスカベッシュ、馬肉のマリネを平らげる。燗酒に切り替えてにぎり。赤貝とそのひも・さば・煮はまぐり・赤身・中とろ・穴子の7カン。まぐろ、特に中とろがよく、反対にさばがちょっと匂った。漬け生姜は新ものでかなりの水準だが甘すぎる。洋ものでは石鯛と馬肉に花マル。会計は約1万円。

その後2度ほどおジャマして、直近は友人と新富の「新古亭」で軽く飲んだあと、ふと思いついて立ち寄った。岩手産のかきを生とフライでやったが大粒なぶん大味。ケッパーとトマトのソースで食べた真だらの白子のムニエルが美味。本来はフライで供する白子を「かきフライのあとなのでバター焼きにしますね」――さすが長男、気が利いてるじゃないですか。

【名店二百選】

築地

中央卸売市場、いわゆる魚河岸の町。築地本願寺・国立がんセンター・聖路加国際病院・朝日新聞本社・中央区役所など重要なスポットも少なくないが、築地イコール魚河岸というのが一般人の認識だ。関東大震災後に日本橋の北詰めから移転してきて80年あまり、建物の老朽化に伴って、勝鬨橋・黎明橋・春海橋を渡った向こう側の江東区豊洲へ、2012年以降を目途に移ることが決まっている。決めたのは東京都、しかし地元の中央区はその決定に反対しているので、将来の紆余曲折は避けられない見通しだ。

訪れるならやはり場内が面白い。といっても1・6・8・10号館など、食堂専門館に絞るべきで、魚類部仲卸店舗の並ぶ建物内はかなり危険。とくにお年寄りや女性は近寄らないのが無難だ。

せっかく市場に来たのだから、すしを食べたいのも人情だが、煮魚・焼き魚・魚介のフライにこそ、河岸の醍醐味が凝縮されていることも忘れたくない。

大和寿司

（だいわずし）すし

中央区築地5-2-1　6号館
03-3547-6807　日祝休　水曜不定休
5:30〜13:30　地図 C-2

まぐろに没頭

日本人がイチバン好きなすしというヤツは実におもしろい食べものだ。そのグレードはピンからキリまで細分化され、どこでどんなすしを食べているかによって、その人の生活水準、生活環境のみならず、ライフスタイル、趣味嗜好、はては知的レベルまで推し量ることができようというもの、そんな料理はほかにない。

ここ数年、築地場内のすし店が大はやりで、定食屋から転ずる店があとを絶たないほどだ。確かに食べドク感はあるかもしれない。タネのサイズや鮮度をもてはやす向きもあろう。しかし築地のすし屋にすし好きが通っても、すし通が通うことはない。そりゃあ、近所のすし店の出前に比べればずっと旨いだろう。でも銀座・赤坂・六本木の名店には遠く及ばない。なぜならここのは生ずしで、江戸前鮨とはベツモノだもの。

築地で人気ナンバー・ワン。2軒連ねているのにいつも行列。向かって左が親方、右は息子が取り仕切る。にぎりセットは並（2100円）と上（3150円）だが、ほぼ全員が上。内容は、＊中とろ・いか・車海老・＊大とろ・あじ・穴子・鉄火巻き・いかいくら巻き。ニセわさびに加えて、シゴトを施したのは穴子のみ。ケースにはひらめ・真鯛・はたと、白身トリオがいながら1カンも出なかった。＊ジルシは特筆でまぐろが秀逸。セットを無視して、まぐろに専念が得策だが、イヤな顔されること必至だ。

寿司大

（すしだい）すし

★

中央区築地5-2-1　6号館
03-3547-6797　日祝休　水曜不定休
5時〜14時　地図 C-2

白身好きなら迷わずに

勝どき店（地番は築地）とは02年の春に分離して今はまったくの別経営、すしのレベルも雲泥の差がつき、もちろん場内のこの店がずっと上。ほとんどの客が3675円のおまかせでいくが、白身の充実ぶりから、お好みをすすめたい。＊ひらめ・＊しまあじ・金目昆布〆め・車海老・赤貝・小肌・あいなめ・帆立・煮とこぶし・＊づけ・穴子・＊あぶりカマとろ・ばふんうに。おまかせのうには軍艦だがお好みは海苔なし。以前はマゼだったが黙っていても本わさびになった。酒は飲まずに2人で1万2000円也。

㐂楽鮨

（きらくずし）すし

★

中央区築地3-10-4
03-3541-0908
日祝休　地図 B

自慢は白身の品揃え

この店も白身がウリ。その品揃えたるやさすがと言うほかはない。04年9月半ば、その夜は、こち・あいなめ・かさご・ほうぼうというラインナップ。しまあじ・ぶりを白身などとのたまうトンチンカンなすし屋が増えた昨今、これだけで訪れる価値あり。ただしもうちょっと各サカナごとに異なるシゴトを施すと、もっと個性を発揮すると思う。酢や昆布で〆める、甘酢にくぐらす、塩昆布と合わせる、おぼろをカマす、そんな具合に。にぎりはやや大きめの小肌がイマイチ、ふっくら穴子がベスト。

てんぷら黒川

（くろかわ）天ぷら

★

中央区築地6-21-8
03-3544-1988　日祝休
午前9時開店　地図 C

姫はぜ または紅子鯛

築地で天ぷらを食べるならこの店。初回は秋の彼岸前、天ぷらには絶好の季節だ。まずはビールで穴子刺し。韓国ではポピュラーな食べ方を。おろし醤油でやって美味。魔王のロックに移行し、お好みで揚げてもらう。＊きす・海老・＊めごち・＊あおりいか・甘長唐辛子・納豆湯葉包み・新生姜・＊韮・ピーマン海老しんじょ・＊穴子・なす。ハードな揚げ切りはカリッとサクッの塩梅が見事。小魚のきす、めごちが躍動する。あおりいかに出会ってしまうと、もんごなんぞに金輪際戻れやしない。衝撃は初体験の韮、香気がプーンと鼻腔をついて舌には旨みがジンワリと。蜂蜜入りの丼つゆで味わうなすにも意表をつかれ、会計は２人で１万２０００円。

魔王のボトルが残っていることだし、翌月には大勢引き連れて。その夜の優秀品目は本わさびのひらめ刺身、天ぷらでは白魚、穴子、そしてやはり韮。小さな海老の天むすとたくあんで締めて、エヴリィバディ・ハッピー！

直近は土曜の朝の天丼だ。種類豊富で、海老、野菜は各９００円、かき揚げ丼が１３００円。奮発した特製天丼（２０００円）は海老２・姫はぜ・めごち・穴子・あおりいか・帆立２・オクラ・万願寺唐辛子の豪華版、やっとこさ食べ終えた。姫はぜがチョー珍しい。成魚になっても小柄なはたは紅小鯛の別名を持つ。丸々太った身がホクホクと、皮目はひめじ、黄色い尻尾はいとよりを連想させる愛嬌ものであった。

天ぷらいしい

（てんぷらいしい）天ぷら

♥

中央区築地6-3-8
03-3541-8474
日祝休　土曜昼のみ営業　地図C

会話を楽しむ天丼屋

天ぷら定食よりも天丼を注文する客が圧倒的。サカナを穴子ときすから選べるのがユニークな発想だ。ご夫婦2人の切盛りで、このご両人がまたユニーク、仕事を楽しみながら呼吸もピッタリ、ポケットからティッシュを取り出そうものなら「カウンターさんにティッシュボックス！　お風邪をお召しのようだ！」――こう叫ぶと、「ハイ、ハーイ！」――ってな調子、こちらが赤面しちゃうよ、旦那。

訪れたのは4月下旬。穴子を選んだ天丼（1500円）には、ほかに海老・たらの芽・ふきのとう・アスパラ・ししとう。山菜2品がうれしい。穴子がとてもよく半分ほど食べ終えた頃、常連が頼んださかな天丼（1800円）が出来上がる。何と銀宝が入っているではないか。穴子とはぜの中間みたいなサカナでこの時期にしか出回らない。今から追加するのもなんだし、クゥーッ、残念！　でも山菜食べられただけマシですからぁ！

6月だというのに、季節はずれの真夏日に再訪。冷房はなく扇風機が回っちゃいるが焼け石に水もいいところ、客は全員汗だくだ。相変わらず2人のやり取りがマンガチック。念願のさかな天丼はツートンカラーで、若あゆ・白魚・みょうがは塩とすだち、めごちと穴子には丼つゆと、あっと驚くグッドアイデア。けっこうやるじゃん、この旦那。勘定を済ましていると「涼しくなったらまた来てください」―だとサ。

天麩羅なかがわ

（てんぷらなかがわ）天ぷら

中央区築地2-14-2
03-3546-7335
月休　地図Ｂ

近々ウラを返します

若き店主は、茅場町・八丁堀・六本木に展開している有名店「みかわ」の出身。天然かしら、パーマの髪があどけなく可愛い。１９６０年代のアメリカのホームドラマに出てきそうなルックスだ。サービスを仕切るのは奥さんだろう、テキパキと立ち働いてダーリンを支える。

茅場町本店の評価はそれほど高くないので、初回は様子見。昼どきだけの梅コース（４７２５円）を試すつもりでおジャマした。開店直後の11時40分だというのに全16席の8割は埋まっているのにビックリ。「定食でよろしいですね？」――逆らうのもなんだし「んっ？　ハイッ」――と応えてしまった。混雑時に余計なものを頼まれるとリズムを狂わされるらしい。昼は天丼・天定ともに１２００円。海老２・きす・いか・穴子・なす・ピーマン。輸入ものの冷凍海老に旨みを感じないが、揚げ切りはいい。10～12人前揚げたところで揚げ玉をすくい、胡麻油だけを注ぎ足した。隣りの単身男性客がメニューを指しながら「これとこれの違いは？」――と訊ねると「材料が全然違います」――との返事。車海老が出たとこをみると梅を注文したようだが、これでは答えになっていない。「海老が車海老になって、きすも肉厚のものになります。あとはめごちが加わり、穴子が1本づけになります」――このくらいのことをスラスラ言えないと女将はつとまりませんぞ。今度、材料が全然違うヤツを食べに行くからネ。

宮川本店

（みやかわほんてん）うなぎ

★★

中央区築地1-4-6
03-3541-1292
土休　地図B

うなぎ以外も試されたし

東京屈指の名店。ボクにとって東京のうなぎ御三家は、明神下の「神田川本店」、西荻の「田川」、そしてこの店だ。奇遇や奇遇、3店とも店名に「川」の字が入っている。南千住の「尾花」も捨てがたいがオートマチックな詰め込み主義が難点で次点。

パワーランチで蒲焼定食の竹（6300円）。突き出し（姫さざえ・ずわい蟹・絹かつぎ）の質の高さに驚いた。単なるうなぎ職人の技量ではない。刺身（ひらめ・赤身・中とろ）もすべて一級品。ただしニセわさびが残念。酢のもの（小肌・赤貝・みる貝・きゅうり・菊花かぶ）も非の打ち所なし。アッサリ、スッキリの蒲焼き、熱々の肝吸い、バランスのよい新香、炊き立てのごはん、至福の70分であった。

銀座5丁目の「竹葉亭」と前述の「神田川」以外、夜にうなぎ屋を訪れることは滅多にないが珍しくも春の夜。ビールと燗酒で上新香・柳川・白焼き。ぬか漬けや野沢菜など7種類も入った盛合わせは2人でつまんでも余るほど。柳川もだしを効かせた薄味仕上げが上品だ。白焼きは皮目にはほとんど焼きを入れずにシットリ、うれしいことに今回は本わさび。うな丼（イ）と肝吸いで締めて1人約6000円。ドンブリのほかは1人前をシェアしたのだが、なんと良心的なお値段だろう。

松屋やそごうなどデパートにも出店しているものの、築地本店のレベルには達していない。

つきじ やまもと

ふぐ

★

中央区築地2-15-4
03-3541-7730　日祝休　10月〜翌3月まで夜のみ営業　地図B

ちりが良ければ二ツ星

下町に焦点を当てた本書では、基本的に下町のイメージにそぐわない超高級店は見送る方針。それでも数軒の例外があって、この店もその1軒。理由は他店では味わうことのできないヴァラエティに富んだふぐ料理。かなり高価だが積み立て貯金をしてでも食べてみる価値はある。五輪、W杯にあやかって4年に1度くらいは贅沢してもバチは当たるまい。

秋の彼岸すぎから春の彼岸すぎまでの営業、あとの半年は休む。伊予灘・周防灘・玄界灘から揚がる天然の白とらふぐのみを扱う。関門海峡を中心として、その東と西が漁場ということになる。ちなみに灘というのは波風が荒く潮流も速い海のこと、見かけによらずふぐは荒波が好きなんですねぇ。

昨シーズンまではコースで3万円からだったのが今シーズンは3万5000円より。着実にデフレは終息に向かっているようだ。煮こごり・刺し・ちり・雑炊に、せいぜい唐揚げというのが一般的なコースだが、この店では白身のでんぷ、西京味噌のお椀、中落ちのウイスキー漬け、白子の揚げものなど珍品が続き、満足度は高い。しかし好事魔多しのことわざ通り、意外なところに落とし穴。ときとしてちりと雑炊が冴えないことがある。原因は客の目の前でなく、部屋の隅で作るためにタイミングによっては、しばし放ったらかしにされるからだ。鍋ものは食卓から直接いただきたい。

ととや

とり

中央区築地6-21-1
03-3541-8294
日祝休　地図C

シマッタときの救世主

築地の魚河岸は日曜祝日のほかに月２回、水曜も休みとなる。ウッカリその水曜に出掛け、閑散とした市場に呆然と立ちすくむのだが、そんなときには地獄で仏、午前９時から開いているここの焼鳥丼（１１００円）が実にありがたい。もも肉とボンジリのバランスがよく、ささみ和えとスープの付く定食にすると１５００円。ももとつくねの組合せもアリだ。肉の量は減るがスープ付きのサービス丼は１０００円。夜には鍋を中心としたコース料理を供するが、ドンブリこそがこの店の持ち味。

磯野家

（いそのや）食堂

♥

中央区築地5-2-1　10号館2F
03-3541-7953　日祝休　水曜不定休
7:00～16:00　地図C-2

何でもあります和・洋・中

土曜日の９時半ごろ、空腹に耐えかねてとても昼まで待てないと、ブランチに出掛けた。あじフライ、納豆、あさり味噌汁、新香（なす・きゅうり・白菜）、ごはんで、計１０５０円。妥当な値段というよりも割安感がある。あじは大ぶりなのが２枚で素材の味がハッキリ出ている。納豆にはきざみねぎと練り辛子がタップリでうれしい。大盛り気味のごはんも上々で満足。すし・うどん・レバニラ・餃子・カツカレーと何でもありの優秀店。酢豚（８４０円）が特にお気に入り。

吉野家 1号店

（よしのやいちごうてん）牛丼

♥

中央区築地5-2-1　1号館
03-5550-8504　日祝休　水曜不定休
5:00〜13:00　地図 C-2

ここならではの特別注文

明治32年創業。当時は日本橋のたもとにあった魚河岸で誕生した。ＢＳＥ騒動により、米国産牛肉の輸入が禁止され、悪戦苦闘の「吉野家」グループ、他チェーンのように豪州産、中国産に走らないところは評価できる。今現在、首都圏で牛丼の販売を継続しているのは府中と大井の競馬場、戸田の競艇場、そしてこの築地店だけだ。競馬場・競艇場は牛丼以外のメニューが提供できないコントラクトを結んでいるために、頑張らざるをえない。純粋な意味で出し続けているのは実質ここだけだ。

白いごはんがおつゆでビショビショになるのが嫌いなもので、常に牛皿とごはんをセパレート注文。平日の昼どき、並皿（４００円）、ごはん（１３０円）、味噌汁（50円）、白菜漬け（90円）、生玉子（50円）とゴージャスにいかせていただいた。ちなみに並牛丼は５００円だから、30円割高になるがこれは手間賃。「さあて、食うぞ」——ところが箸箱が見当たらない。そうだった、そうだった、ここでは箸スタンドが状差しよろしく壁に掛かっているのだった。久しぶりだし、おいしくいただいた。

さすがに1号店、客のこまかい注文に応えてくれる。他店では、つゆだく・つゆ抜き・ねぎだく・ねぎ抜きだけだが、なんとここでは、極かる・ねぎだけ・つゆ完全抜き・つゆだくだくに加え、つめしろ（冷飯）・玉子黄身のみ・味噌汁お湯割りまであるってんだから、スゴいや。

小田保

（おだやす）洋食

★

中央区築地5-2-1　6号館
03-3541-9819　日祝休　水曜不定休
4:00～13:00　地図 C-2

6年越しの舌びらめ

中華以外は和食も洋食もこなす市場の食堂というイメージだが、洋ものに秀でたメニュー多く、カテゴリーとしては洋食に収めておく。

6年も前の正月早々、初回のしゃこわさ（500円）の質に驚いた。シットリなめらかなのが本わさびで来た。舌びらめバタ焼き（950円）は食べるところが少なくて不満が残ったが、蟹コロッケ（1100円）が上デキ。コロモが立って噛めばサックリ、お味もよろしい。化調をかけられちゃった新香とわかめの味噌汁がちと残念。硬めのごはんはボク好み。

以来、ちょくちょくおジャマする。場内で洋食を食べたくなると、大体ここか「たけだ」だ。その後、しゃこわさには滅多にお目にかかれない。その替わりにあじ酢のお世話になっている。しらすおろし・明太子おろし・焼き海苔・納豆などの副菜がみなおいしく、必然的にドンブリめしで、小さな茶碗はまだるっこい。冬場に必ず注文するのがたら豆腐。これがなんと350円だ。めかじきのバタ焼きも捨てがたいスグレモノ。逆に肉ものが少々弱く、豚肉の生姜焼きなどパサついた。

つい先日、オバちゃんのオススメに従って、あまりいい思い出のない舌びらめに再挑戦。ホオーッ、今度はかなりいいサイズ、しかもずいぶん肉厚だ。味の素をかけないで、とお願いした新香と一緒に至福のブランチ、6年前の仇を討たせていただきやした。

かとう

和食

中央区築地5-2-1　8号館
03-3547-6703　日祝休　水曜不定休
4:30〜13:30　地図 C-2

さんまはすでに夏刀魚

洋食は「小田保」、「たけだ」だが、和食なら「かとう」だ。ここにも長いことお世話になっている。

店内にテーブルはなく、客はみな両サイドの壁に向かって黙々と食事する。でも不思議と築地にメシを喰いに来た実感が湧いてくるのだ。

「いらっしゃ〜ぃ！」――名物女将の声に迎えられる。紙上ではあの独特のイントネーションを伝えることができず、何ともはがゆい。実にいろんなモノを食べてきた。和食のシーフード専門店で、刺身・焼きもの・煮付け・フライ・鍋もの風と何でもござれ。ほとんどすべて１０００〜１３００円、これに味噌汁・ごはん・新香の３点セット（４５０円）をお願いする。忘れちゃならないのが野菜煮もの３品盛り（かぼちゃ・切干し・ほうれん草胡麻和え）で６５０円。野菜不足のサラリーマンには強い味方となるハズだ。

人気メニューは夏の特大新さんま塩焼き。すだちを搾り、タップリの大根おろしとともにいただく。エッ？　さんまは秋だろう！　ってか？

とんでもない、全地球的温暖化現象に伴い、さんまの南下は年々早まっているんざんす。釧路あたりじゃ7月の半ばにゃ獲れちゃって03年には海の日の翌日に食べたもんね。秋から冬にはかき豆腐、真冬になったら白子入りのたら豆腐と寒ぶりの塩焼きあるいは照り焼きだ。

「ありがとうござ〜ぃ！」――女将の声に送られて店を出る。

高はし

（たかはし）和食

中央区築地5-2-1　8号館
03-3541-1189　日祝休　水曜不定休
6:00〜13:30　地図 C-2

100円玉で本わさび

数回おジャマしているが、行くたびに季節の移ろいを実感させてくれるサカナたちとの出会いが楽しい。初回は98年11月末。たら豆腐・穴子柔らか煮・かきバター焼きなどでビールを飲んだ。きんぴら・にしん煮付け・肉じゃがの3点セット（630円）が味・値段ともに印象に残る。

01年3月末には早くも初がつお。目に青葉どころかソメイヨシノもまだつぼみ、案の定、脂のノリはまだ薄め、まぐろで言えば、まだ幼いめじまぐろに相当。名代のあんこう煮（1700円）には肝・皮・腸も入って滋味あふれ、汁が旨いからとオバちゃんがしきりにお替わりをすすめてくれて、お言葉に甘える。この日は太刀魚の塩焼き（850円）も良かった。

04年9月上旬。あんこう解禁日にブチ当たる。北海道産の釣りあんこうは小ぶりでアッサリ、真だらにも似た味わい、これはこれで旨い。この店に立ち寄るとビールを飲まずにいられず、合わせて刺身盛合わせ（1000円）を注文。内容は、きめじ（黄肌まぐろの幼魚）の背、わらさ（天然のはまち）の腹、かつおの背のたたき。青背のサカナだけでなく、ここは何か1品、白身がほしいところだ。感心したのはプラス100円でわさびを本わさに替えてくれる新サービス。これはすし屋さんもそば屋さんも見習ってもらいたい。違いの判る客にはこんなにうれしいことはないハズだ。

やまだや

和食

中央区築地7-16-3
03-3544-4789
日祝休　夜のみ営業　地図 C

快適食感
白貝バター焼き

和食の枠にとらわれずに「旨いもんなら何でも出すぜ」――タイプの店だが創作っぽさはない。確かにおいしいものだらけで一ツ星にあとほんの一歩。手取川の大吟醸が清冽な旨さ、唐津から空輸された川島豆腐にピタリとキマッた。白貝のバター焼きは旨味凝縮、サクサクとした歯切れのいい食感とあいまって二重マル。ぶたサラダ、クリームコロッケの水準も高い。ローストビーフの野菜巻き、大山鶏のレバー詰めといろいろ試して、締めのかます燻製と浅漬けザーサイの焼きごはんだけは油っこいかな。

ラ・ブリーズ・ドゥ・ヴァレ

フランス

★
中央区新富2-4-3
03-3552-2155
日休　地図 B

伊豆の赤いか
道産子仔羊

奥沢の有名店「ラ・ビュット・ボワゼ」の姉妹店。下町と山の手で、お互い遠く離れている。こちらはカジュアルなぶん値段も控えめ、5000円～1万円の4種類のコースがあり、その夜の腹具合にアジャストしやすい。そこそこのワインをボトルで取り、2人で2万5000円が目安。西伊豆は松崎産の赤いかのポワレが出色のデキ。その赤いか自身の肝とすみいかの墨のコラボに拍手だ。北海道は美深《びふか》産の仔羊にも舌鼓、干草に包んで蒸した骨付き肉とパイ包み焼きのもも肉を食べ比べて、もも肉に軍配。

弘喜樓

（こうきろう）中国

中央区築地3-14-6
03-5565-9555
日祝休　地図Ｂ

ごはんとお茶が卓上に

ランチタイムの利用価値高し。麺類が充実していて、五目・野菜（ともに８００円）・牛肉（９００円）・海老（１０００円）で湯麺か炒麺を選べる。人気はランチセット。ある日のＡランチは鳥の甘酢掛けと炒り玉子、Ｂは青菜しいたけ炒めと麻婆豆腐（ともに９００円）。スペシャルセット（１３００円）をいただくと、海老チリと牛肉ピーマン炒めで中華料理の定番。セットにはスープとザーサイが付く。卓上にはお替わりごはんのおひつと冷たいジャスミン茶が完備。午後１時までの禁煙もありがたい。

Cali Cari

（カリカリ）インド

中央区築地4-3-11　アクアビル B-1
03-3545-4877
日休　地図Ｂ

試すべきはタンドゥーリ

目立たぬ入り口だが地下に降りてビックリ、予想外のスペクタクルだ。一瞬ミュージカルの「オペラ座の怪人」を喚起させる。福岡出身の若きオーナーは、谷中は夕焼けだんだん前のインドカレーの店「ダージリン」出身。本場の料理人を引き連れて築地に乗り込んできた。カリーは豊富だが羊系は見当たらない。チキン（１３６０円）・海の幸（１４７０円）・きのこ（１２６０円）など。オススメはタンドゥーリ・チキン（１０５０円）とナン（３７０円）。要するにタンドゥーリ窯で焼き上げる料理が旨いのだ。

【名店二百選】

八重洲 京橋 八丁堀

関が原の戦いの年に豊後の国（大分）に漂着したヤン・ヨーステンが八重洲の地名の由来。彼の屋敷は丸の内にあったが、丸の内八重洲と日本橋を結ぶために外濠に架けられたのが八重洲橋。橋の名が地名として残った。日本橋から浅草に抜ける橋を浅草橋と呼ぶが如しである。

日本橋と銀座を結ぶのが京橋。日本橋を立ち、京に向かって渡るところから命名されたという説がある。比較的狭いエリアに庶民的な酒亭・居酒屋も少なくない。老舗焼き鳥店が多いのも特徴。

「八丁堀の松殺しの下手人が挙がったってぇじゃねぇかい、ハチ、ひとっぱしり走りねぇ！」——銭形平次の名セリフでおなじみだ。通船をすみやかにするため、海口から八丁の距離に作られた運河が八丁堀。現在はさびれた旧オフィス街といったわびしさがつきまとう。亀島川河口付近の風景が一幅の絵、往時を偲ばせる。

おけい寿司

（おけいずし）すし

★

中央区八重洲1-8-11
03-3271-9928
土日祝休　地図D

巻きものに参ったの巻

初見参は99年の師走。ひらめ・とり貝・＊赤身づけ・しゃこ・蒸しあわび・赤貝・すみいかで燗酒を飲んだあと、にぎり。小肌・＊中とろ・みる貝・＊穴子をすべて2カン、車海老だけ1カン、そして酢めしなしの玉子で締める。小ぶりのにぎりなので、その夜は珍しく2カンずつで攻めた次第。赤身も中とろもまぐろがすばらしい。穴子も個性的なコクが何とも言えない。玉子に施すシゴトもこの店ならでは、片面だけ焼き、反対のトロトロしたほうを内側に合わせて2枚重ねで供された。卓見である。ひらめのアラでだしを取った潮汁も透明感に満ちて、お味もけっこうだ。会計は2人で4万円とちょっと。

再訪は03年の春。百年の孤独があると聞いてロックにしてもらう。つまみは、＊ひらめとその昆布〆め・あおりいか・〆めさばと、ほどほどにしておく。この店は何といってもにぎりが断然。今回はすべて1カンで、小肌・＊ひらめ・あじ・づけ・赤貝・＊車海老・あおりいか・穴子とやった。最後に＊鉄火巻きと＊かっぱ巻き。これがスゴかった。ピシッと巻かれて端正な姿に旨さが際立つ。ここではゆめゆめ巻きものを外してはならない。お椀は、はま吸いだった。この夜も1人約2万円。

巷間、親方がコワいなどと伝わっているが、どうもイメージが先行しているようだ。眼鏡の奥のつぶらな瞳を覗いてごらんなさい。おとぼけマジシャンのマギー司郎によく似てるから。

与志乃

（よしの）すし

★

中央区京橋3-6-5
03-3561-1239
土日祝休　地図 D

衝撃的なかんぴょう巻き

伝説の名店。つけ場に立つのは二代目半。というのも二代目が夭折したためだ。「すきやばし次郎」の初代、銀座「青木」の二代目もここの出身。特に「次郎」はもともと「与志乃」の銀座支店、なんでも塚本素山ビルのオーナーとのレント交渉が決裂した際に、小野二郎氏が分離独立したとのことだ。

初代親方のすしをいただいたのは確か1984年。つけ台がいっぱいで小上がりにくつろいで、ひらめがおいしかったことを覚えている。実に20年ぶりの再訪だ。季節は8月下旬。1階玄関の引き戸を開けても応答なし。浅草の「松波」同様、そのまま黙って2階に上がる。今夜のツレは銀座の夜のグルメ女王、クラブ「L・J」のM子ママ、前著『銀座を食べる』執筆時はナンバー・ワンだったが、つい最近ママにプロモートされた。

賀茂鶴のぬる燗で、まこがれいとそのえんがわ・すみいかげそ焼き・＊汐子（かんぱちの幼魚）・とこぶし・蒸しとこぶし・新いか（すみいかの子）・＊赤貝・みる貝・あじをつまむ。汐子の繊細さに心打たれる。にぎりは、新子2カン・煮はまぐり・穴子・赤身・おぼろをカマせた車海老・玉子2カン・＊かんぴょう巻き。煮はまのときの力強い煮つめが印象的。きっちり巻かれた美しいかんぴょう巻きは東京中のおすし屋さんの良き手本ともなる出来映えだ。

京すし

（きょうすし）すし

★

中央区京橋2-2-2
03-3281-5575
土日祝休　地図D

千円ちらしにも本わさび

たたずまいに魅かれて入店した昼下がり。1050円のちらしにビックリした。赤身2切れ・小肌・はまち・やりいか・海老・玉子に酢ばす・しいたけ・絹さやなどの脇役にも手抜かりなく、しかも本わさだ。ウラを返さぬ手はない。一番搾りしか置かないビールが難点だが、それなら即にぎりとばかり、ひらめ・小肌・＊酢あじ・＊車海老・あわび・北寄貝・赤身・しまあじ・＊すみいか・中とろ・＊穴子と11カン。あじの〆め具合、穴子の煮つめがすばらしい。落とし気味の照明の中でキラリと光るすしだった。

それから2年ほどの月日が流れ、うなぎの「福しま」のあとに訪れた。いえいえ、うなぎを食べてはいない。酒肴2品に目当てのスーパードライ中瓶を1本飲んだだけ。よっていきなり芋焼酎の黒甕をロックでとお願いすると、2合徳利とアイスペールがドンときた。

突き出しは、すみいかと青唐の明太和え。最初に〆めさばを切ってもらう。おろし生姜ときざみねぎで半分、残りはすだちとわさびでやって、どちらも旨し。ゆでた車海老を2尾つまみ、にぎりに突入。＊小肌・＊すみいか・北寄貝・＊たこ・中とろ・＊穴子・玉子。2月だというのに、新いかのように柔らかなすみいかが白眉。たこも歯ざわり、噛み応えが絶妙だ。冷蔵庫から出したばかりの中とろにはそのまま待機してもらい、室温に近づける。この店に限ったことではないが、まぐろと玉子が冷たすぎる。

深町

（ふかまち）天ぷら

★♥
中央区京橋2-5-2
03-5250-8777
月休　地図D

小魚たちの競演

店主は山の上ホテルの出身。銀座の有名店「近藤」の主人の先輩にあたる。週末になると猫の子1匹通りそうもない京橋2丁目にあって定休日は月曜のみ、日曜の夜などこの店の灯りを目にするとホッとする。

土曜の夜に伺った。ビールに焼酎、日本酒を3種類、我ながらよく飲んだ。生湯葉わさびの突き出しに続いて、刺盛り（3000円）は大とろ・すみいか・ばふんうに。良質の素材に、もちろん本わさび。あまり得意としない鮒ずし（2000円）もなんとか2切れやっつけ、天ぷらはお好みでお願いした。

車海老・＊はぜとその中骨・＊きす・小玉ねぎ・栗・新銀杏・＊めごち・＊すみいか・＊うに大葉巻き・蓮根しんじょ・＊しいたけ・松茸。やはり小魚たちがすばらしい。水分の飛ばし加減が絶妙だ。すみいかも軽やかで塩ばかり使ってしまい、天つゆを使うヒマがない。疑問だったのは栗、好みもあろうが天ぷらには向かない食材に思える。しいたけが天つゆとの相性ではベスト、やや意外な印象を受けた。小柱のかき揚げの天茶は、だしではなく煎茶でいただけるのがうれしい。気になったのはぬか漬けの塩のトンガリと甘い丼つゆ（ツレの天丼を味見）。

デザートは洋梨の白ワイン煮と青りんごのシャーベット。以上お勘定は2人で3万2000円。満足度は高い。店主ご夫婦とお弟子さん（息子さんかも）に外まで見送られ帰途に着く。

天七

（てんしち）天ぷら

中央区京橋2-5-17
03-3561-5757
土日祝休　地図D

天ばらは自家製

11時半に1人で入店。レトロな店内でくつろいでいたスタッフがいっせいに立ち上がり、各自の持ち場に散る。サービスは女性ばかりが3人、ご主人らしき人物が奥に消えて再登場かと思いきや、現れたのは息子か弟子かは定かでないが別人。恐ろしく無口で目つきも鋭いから気の弱い客ならビビるでしょうね。客はボク1人、12時15分に会計するまでずっとそのまま。

品書きもなければ、揚げ手や配膳係からの説明もない。こういうのもアリかなという感じで、こちらも沈黙を守っていると、新香とおろしと受け皿と天つゆ入れを乗せた膳が運ばれ、天つゆを注いでくれた。揚げ油はすでに熱くなっており、見ればかなり色濃く、胡麻油が主体の下町風だ。最初に才巻き海老が3本、アタマは付かないがフックラと揚がって甘みも強く、いい天ぷらだ。塩で2尾、塩とおろしで1尾やる。きすも塩とおろし。もんごいかで初めて天つゆ、これも濃い味付けながら「天麩羅なかがわ」ほどではない。続いて野菜がオクラ・ししとう・はす・なす。そして半身の穴子、最後に芝海老と小柱のかき揚げ。このかき揚げが軽やか。半膳もらったお替わりのごはんにまぶし、塩を振って天ばらをこしらえる。しじみ味噌椀・新香盛りも秀逸。食後感がいい。揚げまんじゅう、おうす、みかんをいただいて4000円ちょうど、昼はこの定食1本ヤリのご様子。

三日月

（みかづき）そば

★★♥
中央区八重洲2-10-7
03-3516-6801
土日祝休　地図D

最後の一滴

人通りの少ない裏通りにヒョイと現れてから数ヵ月後、初めて訪れたのは01年7月、暑い日の昼下がり。お内儀だろうか、冷たいそば茶のサービスがありがたい。最初にもり（800円）を。シックな店構えや内装から想像したのとは異なるタイプのそばが登場した。デリケートな細打ちと思いきや意外にも中太、しかし歯ざわりと喉越しは軽快だ。つゆもサラリと淡白でありながらキレがあり、ほのかなコクを感じさせる。さらしねぎ・おろし・本わさびの3点セットもパーフェクト。このまま会計を済ます気になれず、田舎風の里山そば（900円）を追加。田舎特有のモッソリ感を伴うが、香りは一段と高い。どちらを選ぶかは好きずきで、ボクは鼻の差でもりかな。いずれにしろもっと早く来るべきだった。おのれの不明を悔やむヒマもあればこそ、数日後に立ち寄り、夏だというのに鴨南蛮（1500円）。はたしてかけつゆも甘みを抑えた上品なもので、すべて飲み干した。これなら関西人に文句を言われることはない。汗をかき、ガラにもなく杏仁豆腐に似た雪月果（450円）を。アーモンドというよりミルクプリンの風味が立ち上る。

つい先日は花巻きそば（1150円）。有明産の海苔の上にわさびがタップリと。わさびを溶かさぬよう慎重に食べ進みながら、再び最後の一滴まで味わい尽くす。秋も深いというのに他の客はみな冷たいそばを食べている。

福しま

（ふくしま）うなぎ

中央区八重洲1-4-3
03-3271-9369
土日祝休　地図Ｄ

いまだ肝に出逢えず

店構えも店内も庶民的。1階は4人掛けのテーブルが5つほど、2階は座敷のようだ。エコノミークラスのうな重の梅（１７８０円）を昼にお願いする。竹は２３１０円、松が２７３０円、マスクメロンの付く特で３３６０円。うなぎは小さいのに限る。予想通りにデリケートな焼き上がりに、たれは甘辛どちらも控え気味。ごはんが少々柔らかいが許容範囲だ。きゅうり・白菜・べったら漬けの新香はいい。魚そうめん・どんこ・みょうがの吸いものもけっこうだったが、やはり肝の不在が寂しい。

肝焼き（３００円）で一杯やろうと1人で夜に再訪。ビールはアサヒとキリンのどちらにするか、訊いてくれるのがいい。「肝焼きを２本に、うどの酢味噌和え（４００円）ください」――こう注文すると、「お1人1本でお願いしてます」――若い女の子の返事が終わると同時に「売り切れよぉ」――と無情にも脇のオバちゃんのダミ声。「それはないぜ、セニョーラ！」――19時前でもうないのかい？　仕方なくしらすおろし（４００円）なんぞを頼む。もうちょっと飲んでミニうな丼（１２５０円）で締めようという腹積もりだったが、なんか気持ちが萎えちゃった。ご無沙汰している近所の「京すし」に河岸を変えることにしてのお勘定はドライの中瓶と合わせて１４５０円。肝なしの吸いものに、売り切れの肝焼き、つくづくこの店の肝には縁がないんだと、肝に銘じました。

川京

（かわきょう）うなぎ

中央区八重洲2-8-11
03-3271-2626
土日祝休　地図D

竹でじゅうぶん満足できる

うなぎの旬は土用の丑の日近辺と思われがち。実は夏の終わり、秋風が立ち始めるとグンとおいしくなるのだ。店頭の値段にリンクしないものの、その頃から卸値は下落に向かう。ところが05年の年明け、シラスウナギの不漁のため、卸値が急騰しているという。価格上昇の際にはオカシなことに店頭にも反映されるから、今年の夏には一段高も予想され、今のうちにうな丼をかっこんどくのも一案だ。

うな重は竹（1680円）、梅（2205円）、特（2625円）の3種類。いずれも薄味の肝吸いと、しっかりした新香（きゅうり・大根・白菜）付き。ほとんどの客が竹を注文している。見るからに管理職のおエライさんでも梅どまり、特の声はめったに聞かれない。蒸しの時間が長めのせいか、うなぎはホロホロと崩れゆく柔らかさ。素朴なたれはどこか懐かしさを覚える味。ごはんもおいしく、竹でじゅうぶんな満足感を得られる。若いサラリーマン・OLには親子重（840円）、うな玉重（1050円）がお手軽。どぜう好きなら柳川御飯（1260円）だ。左党であれば、鳥わさ（500円）、肝焼き（700円）、うざく・う巻き（各800円）に白焼き（1575円）あたり、好みの肴で一杯やりながら重箱の登場を待つ。1階がテーブル席、地下が座敷になっている。

東急多摩川線の沼部駅前（田園調布から2つ目）と千葉県の鴨川に支店あり。

大島屋

（おおしまや）うなぎ

★

中央区八丁堀2-22-5
03-3551-3575
土日祝休　地図D

山椒なしでもイケるほど

11時20分だというのに中年から初老の男性でほぼ満席状態。ほとんどの方々がダークスーツをお召しで、近隣の会社の管理職とお見受けした。でなければ、こんなに早い時間から昼めしには出られない。したがって上司に誘われて「うなぎは食べたし、気は重し」——とお悩みのOLさんの姿は12時近くにならないと拝めない。

うな重は、竹（２５２０円）と松（２７３０円）に中入り丼（３３６０円）。刺身と蒲焼き入りの松花堂弁当（３９９０円）などはお昼の接待向きだ。朱塗りの重箱の竹重の蓋を開けると、備長炭で焼き上げられたうなぎのいい匂い。通常うなぎは客から見て上半身が手前、下半身が向こう側に並んでいるものだ。ボクの場合はいつも淡白な下半身からいただくので、重箱をクルリと半回転させてから食べ始める。辛口のたれがキリッと引き締まり、あと口も爽やか、粉山椒もふらずに下半身を一気に平らげた。うなぎもいい状態で、必要以上の柔らかさはなく、ヘンなベタ付きもない。肝吸い（１０５円）と小新香（２１０円）とともに、とてもおいしかった。しば漬け・たくあん・野沢菜はうな重に付くが、奈良漬け・小なす・赤かぶがプラスされる小新香はぜひ注文しておきたい。普通サイズは３７０円。

う巻き（８９０円）、肝煮（４２０円）のほかに、うな茶漬け（７３５円）、うなぎおむすび（１０５０円）など、珍しいものも完備。

栄一

(えいいち) 焼き鳥

中央区京橋1-5-1
03-3281-6578
土日祝休　地図 D

お昼の二枚看板

「おとなの週末」２月号の「取材拒否の凄い店」特集で紹介されている。「お店の皆さん本当に御免なさい」と詫びを入れての特集記事だ。さぞやかたくななお店かと思うとそうでもなく、ネットの自己ＰＲのページなど、腰も低くてなじみやすい。戦後間もない頃から「焼き鳥どんぶり屋さん」として地元の人たちに愛されていたそうだ。夜のコースよりランチタイムの2種のドンブリがオススメ。数軒先に名店「伊勢廣本店」があり、両雄並び立ってしまった。

その焼き鳥丼（１０５０円）は、もも・ハツ・レバ・砂肝・つくね・うずら玉子の5本乗せ。晩酌の供としての焼き鳥5、6本は朝飯前だがドンブリでドーンと来ると、かなりの食べ応え、大食漢も納得の1杯だ。たれは薄味で飽きがこない。鳥スープとキャベツの浅漬けが付く。行列覚悟の12時近く、小雨のせいか比較的空いていた。

昼の二枚看板の片割れは親子丼（８４０円）。甘酒横丁の「玉ひで」、末広町の「鳥つね自然洞」のように甘辛の割り下を使う江戸風とは異なり、甘みを抑えた京都風。つゆはかなり多めでお茶漬けサラサラに近い状態。ごはんが硬めだからこの逆境にも耐えられる。海苔とみつばとしいたけがいい香り。天気のよかったこの日はさすがに満員御礼。キャベツから白菜に変わった新香に、季節の移ろいをあらためて知った。

伊勢廣本店

（いせひろほんてん）焼き鳥

★

中央区京橋1-5-4
03-3281-5864
日祝休　地図 D

タマのぜいたく焼き鳥定食

昼どきは立て混んで狭苦しく、落ち着いて食べていられないが味はいい。そのぶん値も張る。

一番人気の焼き鳥定食５本は、ささみわさび・正肉・ベーコンと鳥皮のねぎ巻き・砂肝・つくね。これに鳥スープ・新香・ごはんで１８００円。焼き鳥丼５本も同値段。炭火の香ばしさを存分に楽しめる焼き鳥は、軟骨入り荒挽きのつくねが白眉。ジュースがほとばしって噛み応えもじゅうぶん。銀座や新橋に支店を展開。よく利用するのは日本橋高島屋の地下売り場。１本３００円ほどするが、レバーが大好きだ。

柿の木

（かきのき）和食

★

中央区京橋2-5-15　B-1
03-3535-5585
土日祝休　地図 D

家庭的なプロの味

家庭的な和食を供する佳店。目の前の京橋フィルムセンターの常連なので、目立たぬ地下の店舗に気がついた。京揚げの煮たのや帆立のさつま揚げなどを盛込んだ前菜５点盛りがオススメ。生ほたるいか・〆めさば・金目鯛煮付け・さざえつぼ焼き・牛すじと豆腐の煮ものでビール・日本酒・焼酎を存分に飲み、２人で１万２０００円。ランチも特筆。バランスに優れた良質のお昼ごはんがいただける。日替わり定食（１０００円）は大皿に赤魚粕漬け・さんま旨煮・サラダ、小鉢はこんにゃく入りきんぴらだった。

うみかぜ

沖縄

★♥

中央区八丁堀2-30-13
03-3553-6100
日休　土祝は夜のみ営業　地図D

マイ・ファニー・ヴァレンタイン

　八丁堀の裏道にひっそりと、でも印象的な店構えの沖縄料理店を発見したのは、この原稿を書いている今現在から1ヶ月前のことだ。素敵な店名を耳にしたことがなかったし、とにかく料理店に関して張り巡らしているハズのアンテナに引っかかってくれなかった。

　訪れたのはヴァレンタイン・デー。ランチを食べて一発で好きになった。刺身付きの煮魚定食と迷った挙句、日替わりチャンプルランチ（どちらも１０００円）を選択。煮魚は好物の皮はぎ、チャンプルは高菜だった。最近の野菜不足の解消にと、ここはカラダをいたわって高菜。10分後、運ばれてきたトレーには、豚肉・厚揚げ・玉子入りの高菜チャンプルと、ささがきごぼうのサラダ、ごはん、そして銀紙に包まれた小物体。ここでサービスの女性が一言。「今日はバレンタインなので、男性のお客様にはチョコをお付けしました」――そうです、これが一発で好きになった理由です。浅はかさをお笑いください。

　いただいてみると、チャンプルとごはんが抜群の旨さ、沖縄そばはやや凡庸だが、ごぼうサラダがそれをカバーした。なんだか嬉しくなって、夜のメニューを拝見すると、もう1人の女性が懇切丁寧に説明してくれる。2人ともタイプは違うが容姿端麗、頭脳明晰、加えて気立ても良いとなったら、今度は夜、アイル・ビー・バック・フォー・アワモリだ。

Dozen Roses

（ダズン・ロージス）欧風創作

♥

中央区京橋3-12-6
03-3561-1264
日祝休　地図D

カレーは伊万里 ハヤシは米沢

生うにのクレープ包みオマールソース（２９４０円）、地中海風魚介のクロケットうにバターソース（２３１０円）、ブルゴーニュ風牛肉の煮込み（２６２５円）などがメニューに並ぶディナータイムには未踏、おジャマしたのは２度ともランチだ。

初回はカラ梅雨の真っ只中に手作り欧風カレー（１３６５円）を。伊万里牛のバラ肉を使ったビーフカレーは限定15食。チョコレート色のソースは香りもコクもあり、欧風にありがちな甘ったるさやしつっこさとは無縁で好きなタイプ。有名店のものは食後に胸ヤケがして何とも苦手だ。ライスは大（２５０g）・中（２００g）・小（１５０g）と選べて同値、親切なアイデアだと思う。ライスの目方をキッチリ量ってフライパンであおり、りんごとレーズン入りのバターライスとして登場する。これに小さなサラダが付いた。

ウラを返したのは1ヵ月後、季節は夏真っ盛り。限定10食の特製ハヤシライス（１５７５円）が目当てだ。目に留まったのは冷たい桃のヴィシソワーズ（１３６５円）。うれしいかなハーフサイズ（９４５円）もＯＫで即注文すると、シェフが桃をむき始める。クリーム優勢で苺ミルクの桃ヴァージョンの趣きあり。米沢牛フィレ肉使用のハヤシはキレよりもコクを重視する仕上がりで、洋食屋のハヤシとロシア料理店のストロガノフの中間といった感じ。

シェ・イノ

フランス

★♥
中央区京橋2-4-16
03-3274-2020
日休　地図D

大きなゴムの木の下で

京橋のたもとから新築なった明治製菓本社1階に移転した。扉を開けると右手に素敵なバー、この時点で胸が高鳴る。超一流のフレンチやイタリアンならこのクラスのバーを備えておきたい。ホールに進み、ホーッとため息。高い天井に美しいシルエットのカーテン、独特のくねりを見せるゴムの木の隣りにはローズピンクのカラー（和蘭海芋＝里芋の1種）がチャーミングだ。

食前酒にグラスのシャンパーニュ（ポメリー'96年）をすすめられ、それはパートナーに任せ、こちらはアサヒの熟撰の小瓶を。ワインはルイ・レミーのクロ・ド・ラ・ロッシュ'83年（2万３１００円）。オードヴルはボリューム満点のリードヴォーとフォワグラのサラダ仕立て。もう1皿は栗のソースが甘すぎるトリュフのラヴィオリ。途中で皿を交換する。これをやるとギャルソンが殺到するので、あらかじめ「お構いなく」と一言添えておく。すっぽんのコンソメもシェア。調理温度が低いのか、食材に問題があるのか、京都の「大市」、荻窪の「四つ葉」には及ばない。主菜が帆立のムースを詰めた舌びらめのロワイヤル、井上シェフの十八番の仔羊のパイ包み焼きマリア・カラス風。舌びらめに感慨はないが、仔羊は相変わらずの美味、鳩のローストと迷うのは毎度のことだ。すばらしい空間での食事を満喫したが、入り口に近い席はバーから流れ来るシガーの匂いが気になってしまう。

メルシャン・サロン

フランス

中央区京橋1-5-8
03-3231-5600
土日祝休　地図D

ベッカー高原の赤ワイン

　ワインでおなじみのメルシャン本社ビル1階の直営店。自社製品はもとより、世界各地のワインを良心的な価格で提供している。例えばシャトー・メルシャン・ジェイ・フィーヌが2625円。アルゼンチンのマルベックが3150円。

純粋なフランス料理とは少々異なるもののフレンチ色豊かな洋食を楽しむことができる。仕事がらみのオジさんの団体も目につくが、女性同士の2人連れや小グループも少なくなく、コスト・パフォーマンスに敏感な彼女たちの支持も得ている様子だ。

　レバノン産のシャトー・ケフラヤ'01年（3360円）はこの値段でこの香りとはの逸品。ネッビオーロのキレ味にメルローのまろやかさを兼備している。重信房子で有名になったベッカー高原のワイナリーが生産したもので、砂漠と緑地のイメージの齟齬《そご》に虚を突かれる思いがする。ずわい蟹とトマトのサラダ（1050円）で順調な滑り出し。季節の野菜のピクルス（840円）は図体のデカいかぶばかり、ブロッコリーやカリフラワーが少なくて不満。砂肝のガーリックソテー（525円）に加え、地鶏ときのこのマリネ（1050円）もかなりにんにくが効いている。プロヴァンス風骨付き仔羊のロースト（2520円）はケフラヤとピッタンコ。カシスのソルベ（315円）とガトーショコラ（525円）も合格ライン。エスプレッソ（525円）は一級品であった。

オステリア・オルティージャ

イタリア

★★

中央区京橋3-4-1　TM銀座ビル B-1
03-3516-6842
日祝休　地図 D

猪肉をかみしめて

店名はオーナーソムリエとシェフが出会ったシチリアはシラクサのオルティージャ島から由来する。

イタリア産ビールのナストロ・アズーロで乾杯してワイン選び。6000円台の手ごろな価格の品揃えが秀逸。白はガヴィやピノグリージョ、赤ならキアンティ・リゼルヴァにバローロも。1万円ちょい超えのバローロをお願いすると、惜しくもアウト・オブ・ストック。そこでオーナーにすすめられたのがヴィネート・パエのバルバレスコ・リゼルヴァ'74年。2万円と高価ながら破格の値付けではないか。迷った末に「え～い、行ったれ！」——はたしてネッビオーロのオールド・ヴィンテージの偉大さを再認識、まさに感無量であった。

さてさて料理だ。真だら白子のソテーは添えられた白インゲンの煮込みともども傑作。スピエディーニ（串焼き）の盛合わせは、モッツァレッラのスモーク、みる貝の香草風味、白金豚のサルシッチャ、これまた推奨に値する。パスタは最後に食べる主義なので、お次は主菜の熊本産猪肩ロースの炭火焼き。そしてこれが本日のチャンピオン。塩・胡椒だけで焙った肉塊をかみしめると、あふれ出る旨みを何に例えよう。基本に勝るものはなし。太打ちうどん状のストランゴッツィはイベリコ豚のラグー、ラザニエッテは仔牛トリッパのトマトソース。料理はいずれも2000円前後で猪だけは3500円。

あぁ、大満足の夜が更けてゆく。

雪園

（せつえん）中国

★

中央区京橋3-6-8
03-3535-5931
日休　地図D

お食べ得は土曜と祝日

銀座通りから1本東に入っただけで途端にうら寂しくなる。すぐそばに大阪からやって来たうどんすきの「美々卯」がなければ、フリの客の目にふれることはまずなかろう。そんな一郭にひっそりと灯をともすが、お味のほうはどうしてどうして、なかなかに魅力的だ。

日本では非常に珍しい湖南料理店。新宿が本店ながらこの京橋店、本店に勝るとも劣らぬ実力の持ち主で、あえてピックアップした。湖南といっても琵琶湖の南、大津の東の滋賀県湖南市にあらず、中国の湖南省のことだ。洞庭湖の南に位置するから湖南、広東省の北隣りで、香港からもそう遠いところではない。洞庭湖というと、上海蟹の名産地と誤解されるが、あれは蘇州の陽澄湖。

この店のスペシャリテは自家製ハムの蜂蜜漬け。これが実においしい。竹筒に入った豚と鶏の挽肉のスープは典型的な郷土料理だが、本場では鳩肉のミンチを使うハズだ。芝海老と豆苗の炒めもの、豆苗蝦仁もよかった。

土曜日と祝日は昼夜ともに半額セール。ふかひれスープ・合鴨の燻製・自家製ハムなどのコースが3000円。ふかひれ煮込みや北京ダック、伊勢海老やあわびも楽しめる豪華版ですら5000円。これに税サが付いてもお食べ得だろう。ランチタイムのかき豆腐石鍋ごはん、海老・帆立・いか・あわび入り海鮮湯麵は点心付きでともに1200円。

焼肉五鉄 八丁堀本店

(やきにくごてつはっちょうぼりほんてん) 焼肉

★

中央区八丁堀3-7-1
03-3552-9667
日休　深夜まで営業　地図 D

必食の三兄弟

下町随一の焼肉店。バカスカ食べると1人当たり万札が飛ぶこととなる。スペシャリテは五鉄三兄弟(5500円)。ハラミ・ロース・カルビを個別に注文すると、各2000円だが、まとめれば500円の割引き。このハラミが白眉。肉の旨みをガツンと真っ向からぶつけられたようなスゴ味があり、焼肉に対する概念が少々変わった。コリアンの娘さんが真剣な眼差しで丁寧に焼いてくれ、その姿勢がおいしさを倍加する。レバ刺しは一級品、上タン塩もよかった。クリスピーな厚焼きチヂミだけは平均点を上回る程度。

きむら

多国籍

★

中央区京橋3-6-2
03-3561-0912
土日祝休　地図 D

昼アラカルト 夜は宴会

ランチにタイトルロールの「きむら膳」(1500円)を食べてみて感心した。内容は、カニクリームコロッケ・ビーフシチュー・ポテサラ・しじみ赤だし・新香・ごはん。一流洋食店のレベルに達している。気に入って2階の座敷で宴会を催したところ、刺身(まぐろ赤身・ぶり)・八ツ頭の揚げ出し・骨付き仔羊のソテーなどすべて良く、再び感心。じゅうぶんに飲んで食べて1人8000円ほど。店構えはとんかつ屋風だが、和食・洋食ともにイケてる多国籍料理店の真髄を見る想い。

Dobro

（ドブロ）クロアチア

♥

中央区京橋2-6-14
03-5250-2055
日祝休　地図D

デザート前に途中下車

98年、W杯のフランス大会で日本と対戦したクロアチア。この国の料理店はおそらく日本で、ここ1軒だけだろう。店名の「ドブロ」は「旨い」という意味。アドリア海に面したドブロブニクは城砦に囲まれた美しい港町、目の前のロックルーム島はバルカン半島のひょっこりひょうたん島として有名だ。島にあるヌーディスト・ビーチはヨーロッパでもかなりの老舗ではなかろうか。当時はユーゴスラヴィアだった20年前に訪れた。

木製のドアを開くと、素敵な空間が迎えてくれる。半地下のようなホールはもともと宝石店だったそうだ。フロアなんかマーブルですもんね。ハートランドの生で渇いた喉を潤しておいて、地元の赤ワイン、イヴァン・ドラチ'99年（５８８０円）を。独特の深みを持ったこの赤は東欧の匂いを放つ。いわしのパテで始まり、ダルマチア風アンティ盛合わせは生ハム・ゆで海老・鹿肉のゼリー寄せなど。カリフラワーのスープとビーフコンソメを1つずつもらい、酢油キャベツ・おろしにんじん・フレッシュトマトのサラダにはゴルゴンゾーラのドレッシング。ツナのペンネはトマトソース、じゃが芋のニョッキには再びゴルゴンゾーラ。ポレンタを添えた大正海老のレモングラス風味、りんごとじゃが芋のガレットを添えた鹿肉のソテーのあとはデザートに挑むツレの闘魂を見守るばかり。2人で1万７０００円は割安感、大いにあり。

【名店二百選】

日本橋 茅場町 新川

ご存知五街道の起点・日本橋。江戸時代から日本を代表する橋として諸国に名をとどろかせた。現在の橋は明治44年に架けられたもの。美観を損ねること甚だしい高速道路の陰では、欄干の麒麟と獅子が、世をはかなんで泣いている。再開発に伴い、コレド日本橋と三越新館がオープンして、集客に一役も二役も買うようになった。

茅場町も兜町も終戦直後より、その町名に日本橋を冠することとなった。千代田区の紺屋町や北乗物町など小さな町々が、アタマに神田をかぶっているのと同様だ。証券取引所を中心に、大小証券会社がひしめいて、昼メシどきは活況を呈する料飲店も、日が暮れてからはそぞろ寂しい。

江戸初期に開削された運河が新川。その両側には酒問屋が連なって、諸国から運びこまれる酒樽を陸揚げした。今も老舗酒屋が残っているのは、ちょっとした驚きだ。

吉野鮨本店

（よしのずしほんてん）すし

★♥

中央区日本橋3-8-11
03-3274-3001
日祝休　地図E

気軽に寄れるデパート帰り

明治12年創業。典型的な下町のすし屋さんは大好きな店である。一昔前の日本橋界隈のすし屋には驕《おご》りや昂《たかぶ》りとは無縁の、穏やかな空気が流れていたものだ。それでいて心地よい活気にあふれているんだから、もうたまらんですよ。カウンター主体の小体な店が増える中、テーブル席もふんだんに、2階の座敷では宴会もＯＫだ。つけ台でつまみを切ってもらい、桜正宗（小瓶入りのこれが旨い！）を楽しむもよし、高島屋の帰りにテーブルで飯台のにぎり1人前もよし、使い勝手が極めてよろしい。昼のちらしも素朴なワリに、味わい深い。

ロンドンやニューヨークに駐在している部下が一時帰国すると連れて行く。奴らの江戸前鮨に対する飢餓感は相当なもので、アッという間に30カンも食われてしまうから、支払うほうはたまったものではない。夜の勘定の上をゆく。連中の狙い目は海外ではなかなかお目にかかれない赤貝・みる貝・あわび・北寄貝など貝類と、やはりまぐろの中とろ・大とろ。「赤身も食え！」――となかば命令口調になっても馬耳東風もいいところ。

夜に伺うときは、しゃこ・青柳・かつおあたりで飲み、ひらめ・小肌・真鯛・煮あさり・赤身づけ・穴子・薄焼き玉子をにぎってもらう。まぐろの品質は常に安定していて、煮もの用の煮つめも老舗の味だ。これで1人７０００円ほどでは好きにならずにいられない。

八ツ花

（やつはな）天ぷら

★★♥

中央区日本橋2-6-11
03-3271-9354
日祝休　地図 E

銀杏に開眼
しじみに瞠目

星もマークも全種目制覇、輝く百点満点、すばらしいの一言に尽きる。日本橋高島屋の地下にお持ち帰り専門の出店《でみせ》があり、よく利用するおかげで本店に出向くのが遅れてしまったのも事実だが、やはりデパ地下とはケタが違った。

昼に伺い、アルコールはビールだけにしたが、大瓶と小瓶を1本ずつ空けた。ツレも同量飲んで会計は2人で2万2000円。大満足でオフィスに戻った記憶も新しい。それではその日の昼食を紹介しましょう。突き出しのいか塩辛で始まり、以下は天ぷら。

＊才巻き海老・みつば・蓮根・＊きす・＊しいたけしんじょ・＊松茸・＊才巻き・＊銀杏・小柱海苔巻き・さつま芋・＊小なす・＊小玉ねぎ・＊小柱2粒。ここで銀杏と松茸を追加した。才巻きの火の通しが精密。きすは開いたのをまた閉じて揚げ、ホックホク。銀杏をおいしく感じたのは初めての経験かもしれない。下町らしく濃い目の天つゆもしつこさ、いやらしさはなくバランスが取れている。食事はかき揚げの天丼と天茶を分け合い、2人とも煎茶と本わさで食した天茶に軍配を挙げる。そして衝撃的だったのが茨城は涸沼《ひぬま》産の大和しじみの赤だし。涸沼は大洗海岸から入り組む汽水湖だが、とんでもないしじみを育むものだ。

揚げ場に立ったのはご主人。物腰、言葉遣いともに完璧で、三國連太郎をソフトにした感じ。東京随一の天ぷら職人はこの人である。

みかわ

天ぷら

中央区日本橋茅場町3-4-7
03-3664-9843
水休　第2火曜休　地図 E

サヨナラはすぐそこに

　二百選に選ぼうか外そうか、迷いに迷った。どうにか徳俵に足が掛かったのは優良なランチのおかげ、したがって夜訪れる必要はまったくない。

　1200円の天ぷら定食と天丼、まずは定食から。海老2尾・めごち・きす・もんごいか・ピーマン・なす、しじみの味噌汁に新香はきゅうりぬか漬け・キューちゃん風きゅうり・きゅうりしば漬け、ごはん。クリスピーな揚げ切りがけっこうだ。味噌汁は絶対量が少なく新香も貧相、第一すべてきゅうりとは、あきれたセンスだ。天丼にはきすの替わりに穴子が入る。濃い目の丼つゆの味はいいが、ちとしょっぱすぎ。昼ならば、定食・天丼ともに満足できよう。

　滞空時間の長い夜は、そう簡単にいかないぞ。実は初回は夜だった。食いしん坊3人が期待に胸をふくらませてのれんをくぐると、ビールで乾杯のときのカップがまずダメ、陶器ではやたらに泡が立つからグラスに換えてもらう。口開けの海老では3人顔を見合わせた。それぞれに泳いだ目線がNGを訴える。自慢の穴子も室町の「てん茂」に遠く及ばない。カウンターは狭苦しいし、店内に清潔感というものがない。

　つい最近、店の前を通りかかって唖然とした。入り口が物置と化してダンボールの山。下仁田葱に千両茄子、挙句の果てにチキータバナナだとさ。何考えてんだか。3カ月後に改善していなければ、言っちゃうからね「永遠にサヨウナラ」と。

蔵吉家

（くらよしや）そば

★

中央区日本橋3-4-3
03-3510-2266
土日祝休　地図E

ネックは天ぷらのみなのだ

酒よし、そばよし、つまみよし、三拍子揃ったバランスは特筆だ。女子体操の選手なら平均台のメダリスト確実。そば屋としては平均点を大きく上回る。

スーパードライのあと、品揃え豊富な焼酎に突入。麦の閻魔・天の刻印、芋の前田利衛門・富乃宝山と順番にロックでやって、天の刻印が秋の夜長にイチバン旨かった。すべてショット売りの630～735円。肝醤油に生姜を添えたさんま刺し、土鍋仕立て牛すじ煮込み（ともに735円）、どちらも花マル、ぜひ試されたい。本わさびの鳥わさ（525円）、おろしと一緒の玉子焼き（840円）も水準をクリア。逆にイケナかったのが天ぷら盛合わせ（1260円）。2尾の車海老・伏見唐辛子・かぼちゃ・ヤングコーンの顔ぶれは野菜類そこそこも肝腎の海老に力がない。せいろ（630円）はやや硬めに茹で上げられ、歯ざわりがいい。その上をいったのが柚子切り（1260円）で、香りもさることながらコシの強さはもはや快感。そばもつまみも2人で分け合って、会計は1万円少々。

ガッツリ食べたい人向きの蔵吉家コース（5250円）は2名より。自家製変わり豆腐・前菜3点盛り・刺盛り（ある夜は黒鯛・ぶり・〆めさば）・サラダ・ぶり大根・玉子焼き・新香・天ぷら・二色そば・フルーツ。そうとうの健啖家でも追加注文するものはおらん。

かやば町
長寿庵

(かやばちょうちょうじゅあん) そば

中央区日本橋茅場町1-9-4
03-3666-1971
土日祝休　地図E

縁起を担いで〇〇〇そば

品書きに目を落とすと、ユニークな品々が並んでいる。中でもこの店のスペシャリテは漆黒の輝きの胡麻切りせいろ（850円）。ちょっと見は、いか墨パスタのようで、それほどに黒い。ある夜はやや茹ですぎで、香ばしさを楽しめるもののコシが失われていた。京風味の桃山うどん（950円）のつゆは大阪や讃岐のうどんより濃い目の味付けだ。おぼろ昆布・花がつお・梅干し・小あられが散りばめられて、若い女性には大人気。力を入れているのが変わりそば、夏には大葉切り、冬場は柚子切りが登場する。

げそ入りさつま揚げ、牛舌塩焼き、新香盛合わせなどで芋焼酎をやったが、酒肴は弱い。ビールの突き出しの切干し大根は見るからにおざなりで手をつける気になれない。改善の余地あり。

04年の大晦日に再訪。新年早々にも社内で大事なプロジェクトがスタートするので、縁起を担ぐ。生まれて初めてお酉様にも出向き、熊手を買い求めたこの年の瀬なのだ。そこで年越しそばに選んだのは、そう、もうお判りですね？ご想像の通り、おかめそば（850円）なのです。かき南蛮（900円）に浮気しそうになったが思いとどまったのだ。湯葉に生麩に玉子焼き、しいたけ、竹の子、焼きかまぼこ、緑の小松菜、黄色の柚子皮1片。そばを抜いたおかめヌキで一杯やりたいところだが、そばを食わずに年は越せないものなぁ。

鳥徳

（とりとく）とり

中央区日本橋茅場町2-5-6
03-3666-4692
日祝休　土曜昼のみ営業　地図Ｅ

頬っぺたオチる大動脈

昔ながらの大衆鳥料理の店。どれでも1本から焼いてくれるのがありがたい。儲け第一主義、コース主体の店はぜひ見習ってほしいものだ。

ヒナ（正肉）・ヒナねぎ・砂肝・皮・つくね・レバー・モツが各１８０円。手羽先・ささみ・なんこつ・くだ、それに銀杏・しいたけ・ねぎ・ししとうの野菜たち、うなぎの肝とくりからがオール２１０円。一通り食べてみてのイチ推しは、くだ。心臓の回りの血管のことで人間の大動脈にあたる。塩焼きにされるが、独特の食感は噛みしめると旨みがにじみ出て、なんとも味わい深い。鶏を丸ごと仕入れて初めて提供できるメニューだろう。伺うたびに、このくだだけは2本所望する。砂肝やらハツやら適宜3〜4種類の部位が1串で来るモツも必食、他店ではまず見かけないアイデア商品だ。

焼き鳥に匹敵する人気者が夏のうなぎと冬の鍋。白焼き・蒲焼（ともに１１００円）で一杯やるもよし、うな重（梅１０００円・松１５０0円）をかっこむもよし。鳥鍋・親子鍋・柳川がみな７５０円の大衆価格、もちろん1人前から受けてくれる。ランチタイムもサラリーマンで立て混み、彼らの目当ては親子重・きじ重・チキンカツライス（各７００円）、鳥鍋御飯（９２０円）に弁当（Ａ７３０円・Ｂ９００円）と多彩なラインナップ。

1人で立ち寄るときの特等席はカウンターの左はじ。柱に寄りかかれてラクチンなのだ。

島

（しま）ステーキ

★♥

中央区日本橋3-5-12　日本橋MMビルB-1　03-3271-7889
日休　地図E

毛蟹の風味を活かすには

　地下ということもあってか、八重洲通りに面していながら目立たない。うっかりするとオーバーランしてしまう。店内はカウンター8席にテーブル席が12席ほど。有給休暇を使った平日の昼に1人でカウンターの端っこに座る。

　スーパードライの小瓶を頼むとグリーンオリーヴがサーヴされる。あとを追うようにバゲット&バター。ランチコースは6000円と1万円、ディナーは1万6000円で基本的に、オードヴル・スープ・魚or肉料理・パン・サラダ・デザート・コーヒーor紅茶。コースを好まぬJ・Cはいつものようにアラカルト。まず前菜に毛蟹のカクテル（2940円）を。これが豪華な1品で、百合根・アヴォカド・トマト・マッシュルーム・いんげん・きゅうり・玉ねぎのサラダに才巻き海老まで付いてくる。これをリー・ペリン風味のサウザンアイランドと黒胡麻のソースでいただくのだが、あまりに重々しすぎやしませんか？　毛蟹の風味を際立たせるためには柑橘系でサラリといきたかった。目の前のカウンターには緑三兄弟のごとく、すだち・ライム・アヴォカドが。思わずすだちに手を延ばしそうになった。主菜は炭火で焼き上げるテンダーロインステーキ（1万500円）。フィレなのに和牛だから脂はノッている。ステーキ好きには垂涎だろう。本わさびと醤油、ガルニの大根ソテーが余計な脂肪を流してくれて、ニッコリ会計は1万5000円。

平田牧場

（ひらたぼくじょう）とんかつ

中央区日本橋1-4-1　コレド日本橋4F
03-6214-3129
無休　地図E

脂身付きのロースかつを

山形県酒田市の平田牧場直営店。牧場は1つがいの豚から始めて苦節40年、20万頭まで増やした実績を誇る。三元豚と桃園豚を使用したとんかつと豚しゃぶで勝負して、コレド内のレストランの中では最も真っ当かもしれない。

三元豚ロースかつ膳（1300円）は金網に乗って現れた。サックリとしたコロモの付き具合が快く、肉質も上々だ。ホームページで自慢するだけあって右半身に付いた脂身がまろやかな旨さ、ロースの醍醐味をストレートに伝えてくれる。これを庄内浜の藻塩で2切れやり、すり胡麻にりんご入りの特製ソースを合わせてまた2切れ、最後の2切れは味噌とガーリックのソースで味わった結果、好みはりんご入りかな。キャベツもしんなりとキメこまやか、キャベツ用のドレッシングも醤油ベース・胡麻ベースの2種類用意されている。だだちゃ豆入りきざみたくあんと大根葉の漬けものが素朴で、ふのりと豆腐の味噌汁は煮干しの香りがした。キャベツとごはんに加え、味噌汁もお替わり自由とあって若者向き、割高感も薄まる。特筆は香ばしいほうじ茶、このおかげでおひやには手を付けなかった。

ほかにヒレかつ膳（1400円）、ロースかつカレー（1400円）、特厚ロースかつ膳は三元豚、桃園豚ともに2300円だ。そば味噌大根、大玉こんにゃくなど、品書きのそこかしこに山形の匂いをかぎ取ることもできる。

たいめいけん

洋食

中央区日本橋1-12-10
03-3271-2465
無休　2階は日祝休　地図 E

小皿料理の最後はラーメン

1階はカジュアルで大衆的、2階はデートや接待にも使える。名物は数々あり、有名なボルシチと酢油キャベツ（各50円）は前者はキャベツの芯ばかり、後者は有料付け合せの感あって、どうということもない。タンポポオムライス（1850円）もチキンライスとオムレツを一緒盛りにしただけのハナシ。2階限定の小皿料理（7000円）はときどき食べたくなる。一の膳（小海老カクテル・エスカルゴ・牛たたきなど）、二の膳（タンシチュー・ローストビーフ・グラタンなど）、最後の小ラーメンが楽しみだ。

津々井

（つつい）洋食

★ ♥

中央区新川1-7-11
03-3551-4759
日祝休　地図 E

味わい深いドミグラソース

にっぽんの洋食を謳う赤坂の「津つ井」はこの店ののれん分け、縁戚スジらしい。ランチのハンバーグ丼（1050円）が人気。目玉焼きが乗ってドミグラが掛かる。他にポークカレー（945円）、ハムオムライス（1050円）、ステーキ重（1575円）など。シチュー・揚げもの・煮もの入りの津々井弁当（2100円）はパワーランチ向きだ。夜訪れるならビーフシチューがイチ推し、ドミグラのコクが味わい深い。1階キッチン、2階テーブル席、3階掘りごたつの座敷。女性陣のサービスが温かい。

サン・パウ

スペイン

★
中央区日本橋1-6-1　コレド日本橋アネクッス　03-3517-5700
月休　地図E

口説き落とされた女性シェフ

バルセロナを中心とするカタルーニャ地方の特色を活かしたスパニッシュ・レストラン。彼の地の「レストラン　サン・パウ」では著名な女性オーナーシェフを勤めていて、彼女の才能にほれ込んだグラナダ・グループの総帥が自ら口説き落として提携契約を結んだとのこと。なるほどいかにも女性らしい繊細で穏やかな味付け・火入れを感じさせる。グラナダは都内各所で「イゾラ」とその支店、六本木ヒルズでは「サドレル＆レスタジ」と多店舗経営に手を染めているワリに、どの店も料理の水準が高く、信頼のおけるグループだと思う。

コレド側の広場に面した1階がガラス張りの大きなキッチン。通りかかると自然に見入ってしまうが、みな忙しそう。子どもの頃にガラスのケースで飼っていた働き蟻《あり》や兵隊蟻を思い出してしまった。

キッチンの裏手、地味な入り口から2階に上がる。落ち着いた内装にゆったりとした店内は期待感を高めてくれる。4種ほどのアミューズのあと、こちのフリットとぼたん海老のソテーを前菜に。続いてイベリコ豚のほほ肉と豚足のモザイク仕立て、子鳩の胸肉ともも肉のローストを主菜に。ぼたん海老と子鳩の胸肉に二重マル。女性シェフのレシピは着実にスタッフに伝わっているようだ。ただし、メニューの表記だけは未熟。食材のみならず、料理法も記してもらわねば、客の判断に支障をきたす。

京月亭

（きょうげつてい）中国

中央区日本橋茅場町2-6-9
03-3666-7620
土日祝休　地図Ｅ

夜にグラスを傾ける

　ずいぶん昔から「ワインと中華の店」をキャッチにしている。ワインは国籍にこだわらず、手頃なものばかりそこそこの品揃え。相方が紹興酒ではなくワインのためか料理の味付けはアッサリ系、本場の料理人によるコッテリ系が多い昨今、たまに食べるとホッとするのも事実だ。タコとイカの焼きワンタンがユニークにして美味。特製酢豚は適度な甘酸っぱさと豚肉の食感を楽しめる。ワインを1本抜いても2人で1万円。難点は昼の麺類で、時間がかかる上にノビやすい。８５０円も割高感あり。

デリー

カレー

中央区新川1-28-35
03-3297-8922
日祝休　地図Ｅ

★の数ほど辛くなる

　湯島天神下「デリー」ののれん分け。支店ではない。こちらのほうが往年の「デリー」の味に近いそうだ。長いこと湯島で働いた店主が宣言するのだから間違いなかろう。カレーの辛さは★の数で表示される。鳥もも肉とポテトのカシミールカレー（９００円）は「味わいの極辛★５」とあった。かなり辛いがカルダモンやクミンは、もうワン・パンチほしいかな。デリー（８００円）が★1、コルマは★2という具合。薬味は、ピクルス・アチャル・チーズの3点。流れるＢＧＭはインディアン・ポップスだ。

高島屋特別食堂

（たかしまやとくべつしょくどう）多国籍

★ ♥
中央区日本橋2-4-1　日本橋高島屋新館4F　03-3211-4111（代表）
無休　20時閉店　地図Ｅ

多国籍軍の勝利

改装なった日本橋高島屋のレストランの充実ぶりはかなりのものだ。都内のデパートでは随一。どこにでも入居するつまらん店舗ばかりの三越新館よりずっといい。「お好み食堂」、地下のレストラン街、ロブションの「サロン・ドゥ・テ」と数あるうちのベストはこの「特別食堂」。魅力は多々あり、料理のおいしさ、落ち着いた雰囲気、居心地の良い空間、快適なサービスといったところだが、ボクが強く推す理由は、何といっても同じテーブルで一流の和食・うなぎ・フランス料理を同時に味わうことのできる多国籍性だ。そのためにも単身ではつまらない。カップルでも不十分、気の合った仲間や家族で出掛けるのが正解なのだ。

「帝国ホテル」では仔牛のカツレツ・コルドンブルー風（２６２５円）とコンビネーションサラダ（８４０円）。ハムとチーズをはさんだカツレツにはデミグラソース、ガルニテュールも丁寧でおいしい。サラダはバランス良く、ドレッシングもさすがに高級ホテルの底力。「大和屋　三玄」は三玄弁当（２１００円）。あんかけの炊合わせと、おぼろ昆布にすり身団子の吸いものが秀逸だ。「五代目　野田岩」のイチ推しは志ら焼丼（３１５０円）。瀬戸物のドンブリに、本わさびもタップリ、脂を和らげる大根おろしもありがたい。東麻布の本店には及ばぬが、ある日なぞ、いかだ蒲焼定食（５２５０円）にありつけた。幸福と言わねばならない。

【名店二百選】

室町
本町

日本橋の北詰めに隣り合わせの両町は、魚河岸や三井越後屋を擁して、江戸時代もっとも繁華な商業地域であった。柳橋を控えた歓楽街の両国橋西詰めとまさに双璧。お茶と海苔、鰹節・フルーツ・刃物など、小売店は往時のまま。食べもの商売もうなぎと天ぷらが伝統を引き継いでレベルの高さを誇る。

室町は京都の同名の町が由来とされているが確証はない。目抜きの中央通りの両サイドにまたがって、千疋屋総本店あとに超高級ホテルのマンダリン・オリエンタル東京の完成を待つばかり。

由来のはっきりしない室町に反して、本町は16世紀末、江戸に入った徳川家康がこの地で町造りに着手したことによるようだ。まさしく東京の原点、パリのシテ島にも匹敵しよう。

はやし

天ぷら

★♥

中央区日本橋室町1-12-10
03-3241-5367
日祝休　地図G

穴子・落ち鮎
みなLサイズ

この本のために17年ぶりで再訪した。前日は目白台の「すし処はやし」だから連夜の「はやし」と相成った。天ぷらはここでなくっちゃ、と言う熱烈なファンは大勢いる。何が彼らにそう言わしめるのか？　天ぷらの特徴は2つ。まず、コーンオイルと綿実油に、香り付け程度の胡麻油を加えた揚げ油。常に元気な油を使用するために、あと口が良く胃にもたれない。そしてビッグサイズの天種。ハッキリ言って好きなタイプではないが、ハマる人はハマるだろう。よそと比べて倍はあろうか、という素材も1品や2品ではない。

エビスしか置かないビールがツライ。すし屋・そば屋など和食系にこういう店が多いがエビスとの相性は最悪なのに。常温の菊正の樽酒は逆にピタリと天ぷらに寄り添った。突き出しに車海老の頭の素揚げが3個来たあと、初っ端に栃木産の大しいたけ。ポルチーニを思わせる食感が圧巻。続いて先ほどの頭の胴体が3尾。以前はここまでレアじゃなかった気がするのだが。和歌山産の落ち鮎がバカでかい。素肌は緑がかった金色に輝いていた。活け帆立の海苔巻き、分厚いもんごいかの大葉巻きと来て、お次のなすで初めて「天つゆでどうぞ」——と言われた。金沢八景の大穴子、大葉に青唐、そして自家製豆腐ふりかけと新香で、ごはんを軽く2膳。大穴子には往生したが終わってみれば意外とスッキリ。1人1万8000円のお支払い。

てん茂

（てんも）天ぷら

★♥

中央区日本橋本町4-1-3
03-3241-7035
日祝休　8月は土日祝休　地図F

鈴虫と柿の実

下町の天ぷらは浅草が本場で「大黒家」・「三定」・「葵丸進」を御三家などと称するあわて者も出る始末、世情の混乱ぶりたるや目に余るものがある。天ぷらの宝庫は何と言っても日本橋（「よこ田」・「畑中」を擁する麻布十番が好敵手）、ボクは勝手に「八ツ花」・「はやし」・「てん茂」を御三家に指定している。

戦後間もなく建てられた風情ある店先の柿の木に、紅い実がポツンと1つぶら下がっているのを見ると、この店の天ぷらが恋しくなる。のれんをくぐれば、涼やかな鈴虫の音色が床下から聞こえてくる。日本の秋真っ只中、虫には恋の季節の到来だ。

直近におジャマしたのは7月の末。カウンターに10人はキツキツだ。ビールは同じサッポロでも黒ラベルでコイツは大好き。ここにはないがラガーの赤星も大好物。酒は武勇の冷酒、突き出しはしいたけ石付きの山椒煮。最初に才巻き2本、塩でやって舌をヤケドしそうになった。アスパラのあとは本日のMVPの稚鮎。大きな落ち鮎より断然こちらが好みだ。定番のパセリに小なす、しいたけ海老詰めとモロヘイヤ。ここで初めて江戸前のサカナたちが登場して、めごちと穴子。あまり感心しない干し湯葉のあとは小玉ねぎに小柱のかき揚げ。なめこと豆腐の味噌椀と新香でごはんを軽く2膳。このごはんが特筆で、天ぷら店としてはパレスホテル地下の「和田倉」と双璧だ。

利久庵

（りきゅうあん）そば

★

中央区日本橋室町1-12-16
03-3241-4006
日祝休　地図 G

侮るなかれ
そば屋の定食

銀座3丁目の「利久庵」は弟さんの店。どちらも1階がそば専門、2階は定食を提供する。こちらは地下もあって、地下はおそば。昼どきは行列も珍しくない。

幌加内《ほろかない》産の玄そばで打たれた色白のもり（580円）は香り高く繊細、コシもじゅうぶんで更科系に近い。つゆもスッキリとさわやかなのだが残念なのは混ぜわさび。海老2尾にみつばと柚子の天ぷらそば（1350円）はわさびの世話にならないぶん安心していただける。太白胡麻油を使用しているようで香ばしい。海老自身も大正海老だろうが尻尾まで食べられた。甘さを抑えたかけつゆもサラリと旨い。玉子とじやかしわ南蛮がアッという間に出てくるのには毎度ビックリ。納豆そばがかなりの人気だ。

2階の定食類の質も高い。焼き魚は塩じゃけ・さんま・さば・にしん・赤魚など季節のものを常に4種類は揃えているのがエラい。にしんなどデカいのがドーンと丸ごと1本だから、食の細いOLさんなど2人で食べてちょうどいいくらい。ときどき待てど暮らせどサカナが来ないこともあるけれど、これもご愛嬌の範囲内。刺身、豚肉味噌焼きのほかに利久定食とあるのはすき焼きだ。天ぷらだけが1500円で、あとはオール1100円。大衆的になったといってもやはり海老は高いのだ。特筆は味噌の香りが活きている豆腐の味噌汁とつややかなごはん。いちど納豆と焼きたら子で食べてみたい。

室町砂場

（むろまちすなば）そば

★ ♥

中央区日本橋室町4-1-13
03-3241-4038
日祝休　第3土曜休　地図F

飲まない人は楽しみ半減

日本橋のそば屋は少々神田に押され気味。その中で、この名店の存在は大きい。赤坂の支店を推す声も聞くが居心地は断然こちらだ。もり（５５０円）とざる（６５０円）は海苔の有無ではなく、そば粉が違う。ざるは更科タイプでコシが強い。量はかなり少ないので1枚ではとても足りない。板わさ・焼き鳥・煮あさり・玉子焼きで酒を楽しんだあとに2枚ほど、あるいは1枚に天とじやおかめなど種ものを1杯、これで良し。従って、飲まない人にはおすすめしない。下町のそば屋は酒を飲む場所である。

いづもや

うなぎ

中央区日本橋本石町3-3-4
03-3241-2476
日祝休　地図F

日本銀行御用達

日本橋の本石町といえば日本銀行。その前で日銀御用達の感すらある。日本橋から神田にかけてはうなぎの老舗が雨後の竹の子状態。その中で昭和21年創業はむしろ新しいほうだ。うな重は、花・竹・菊・鶴とあり１８００〜３０００円。昼はランチセット（１０５０円）も。ニューヨークからの友人を案内して竹と肝吸い（３５０円）を。うなぎはふっくら柔らか仕上げ。ごはんはうなぎ以上の柔らかさ、ときにはベチャッとしてこれが玉にキズ。でもオフィスからは目と鼻の先、雨の日なんかに駆け込んでいる。

亀とみ

(かめとみ) うなぎ

中央区日本橋室町4-1-13
03-3241-6505
土日祝　地図 F

老舗が2軒並んでる

明治17年創業の老舗。こちらも有名な日本そばの老舗「室町砂場」の隣りにある。鰻重は竹（1500円）、松（2000円）、特（2500円）の3種類。新香は付くが肝吸い（300円）は別売り。

丸7年ぶりに訪れて竹を。12月最終週のことで、この季節、この界隈ではそば屋のつぎに忙しいのがうなぎ屋だ。店側とてそれは百も承知、仕込みは万全と見えて、注文から5分と経たずに現れた。焼きの具合は丁寧で程よい柔らかさ。あっさり辛口のたれ、炊き立て熱々のごはんとのからみも上々、振りかけた粉山椒もいい香りを放つ。きゅうりぬか漬け・白菜漬け・たくあんの組合せで来た新香は質・量ともにしっかりと、これならあえて上新香（550円）を頼む必要はない。白髪ねぎとみつばをあしらった肝吸いもまずまず。中年以上の男性客が圧倒的に多いが、鰻玉丼（1200円）、あるいは親子丼やきじ丼（ともに1000円）を楽しむ若いサラリーマンの姿も。

難はテーブルの配置が非効率的にして間隔も狭いこと。ときには見知らぬ客と背中同士がぶつかり合ったりもする。4人用と6人用の卓だけで、相席もしにくい造りでは使い勝手も悪いし、回転率も上がらない。

深まる秋とともに登場するすっぽん鍋（1人前6600円）が味自慢、この店のもう1つのスペシャリテ。

大江戸

（おおえど）うなぎ

★

中央区日本橋本町4-7-10
03-3241-3838
日祝休　地図 F

宴会もまた楽しからずや

オフィスの近くにあって毎年暮れになると、2階の広間で打ち上げの宴会を開く。かなりの大人数もベテランのオバちゃんたちが無難にさばく。

この店のエラいところはうなぎ以外の料理の水準が高いこと。7350円のコースを紹介すると、もってのほか（食用菊）・八寸（かき付け焼きなど）・しんじょ入り吸いもの・お造り（真鯛・赤身・すみいか）・すずき塩焼き・うな重・肝入り味噌椀・新香。造りには本わさびが惜しげもなく。肝吸いの味噌仕立ては初めてだ。スッキリ味のうな重は2100円より。

吾妻家

（あづまや）焼き鳥

★

中央区日本橋本町4-7-6
03-3241-5816
土日祝休　地図 F

夜空の下で焼き鳥を

路地裏の、よくぞこんなところにと、呆れるような場所にある。そう簡単には見つからない。狭い店内はすぐいっぱいになり、小テーブルを店先に引っ張り出してのオープンエアだ。昼の焼き鳥丼（ねぎま・つくね・胸肉ねぎ巻き）、そぼろ丼はともに鳥スープとキャベツもみが付いて800円。悪くはないが満足度が高いのは夜だろう。ビール大瓶、燗酒2合に焼き鳥ハーフコース（ささみわさび・砂肝・ちょうちんレバー・ちょうちんうずら玉子・胸肉ねぎ巻き・つくね・皮）で3000円とちょっとは激安。

MOTOKO
(モトコ) ステーキ

中央区日本橋本町1-4-5
03-3241-8112
日祝休　第5土曜休　地図 G

脂身除去したサーロイン

社内きってのグルメ女史・M嬢（少々とうが立ってはいるが）と連れ立ってランチに訪れると、今ちょうど電気ブレーカーが落ちたってんで店内はてんやわんや、こちらも2階に上がったり、また階下に戻ったり、結局1階のカウンターに落ち着いた。メニューはなく、和牛サーロインのミニッツステーキをメインに仕立てたランチコース1種類のみで金2750円也。

たこと玉ねぎのサラダにコールスロー、アスパラ、トマトを盛込んだ皿が和風ドレッシング、自家製マヨネーズとともにサーヴされる。ボリューム満点で野菜不足が一気に解消されるだろう。食べ終わらないうちに魚介類のスープが出たのは減点材料。ずわい蟹と帆立貝柱のフライはサウザンアイランド風のタルタルソースで。これは軽やかに揚がっていた。そして丁寧に脂身を取り除いた薄切りステーキとライスの登場。2種類の醤油でいただく肉自体はとてもおいしい。白い茶碗のライスがどこか場末の中華料理屋風で興が醒める。判らないのはフライにもステーキにも敷いた生のオニオンスライス、若い女性がこんなに食べたらオフィスに戻れまいに。ここは温野菜にしてほしい。

以上の内容で3000円以下というのは評価したい。できればスープの代わりに味噌椀と、新香をライスのときにいただきたい。目の前の高級ステーキハウス「誠」、お隣りの優良洋食店「シンセリティ」も同じ経営だ。

とよだ

和食

中央区日本橋室町1-12-3
03-3241-1025
日祝休　地図G

ワインはイタリアものばかり

幕末には日本橋で開業していたという。現在はこの本店のほかに、すぐ近くで大皿料理の「室町かつ野」、神楽坂には割烹「とよ田」を展開している。品格があるので少々あらたまった昼食に利用することが多い。例えば簡単なパワーランチ、部下の女子社員の誕生日、そんなときには最適だ。もちろん階上の個室で接待もこなせる。

睦月から師走まで月替わりの定食が人気メニュー。1月の睦月定食（1800円）の内容は、ぶりの照り焼き・豚汁・卯の花・香の物・ひじきごはん。混ぜごはんは好まないから白飯に替えてもらった。さすがに寒ぶりは今が旬、血合いの部分まで臭みもなく、おいしくいただいた。根菜とこんにゃくの定番にきくらげが加わり、里芋がコロンと入る豚汁も旨み、ボリュームともにじゅうぶん。卯の花もいい味だ。この日の刺身定食（1800円）はまぐろ・ぶり・いかの陣容。豚ロース網焼きのとん焼き定食（1600円）も気に入っている。

夜に、はたの刺身と初がつおのたたき、きんきの煮つけでワインをやった。はたのニセわさびが惜しいが、かつおには生姜とにんにくを添えてくる。キアンティ・クラシコが5000円、バローロは9500円という値付け。ワインは店主がハマッているイタリアものばかり。壁にはアマローネ、ティニャネッロ、ソライアなど銘酒の空瓶が飾られていたりもする。

松楽

（しょうらく）和食

★
中央区日本橋室町1-11-2
03-3241-3573　土日祝休　カウンターは夜のみ営業　地図G

昔取った杵柄《きねづか》

　玄関を入るとすぐ2階への階段。ゆったりした個室の座敷でいただくランチがとてもおいしい。ただし、調理に時間がかかるので、お急ぎの方には向かない。

　その日注文したきんき煮付け定食（４７２５円）とひれかつ定食（３１５０円）もキッチリ30分後に登場した。タップリと煮汁の張られたきんきは鮮度・肉付き・味付けともに申し分ない。煮ごぼう・木ノ芽・針しょうがの脇役陣にもスキがない。値が張るのが難のサカナではあるが、その美味には無条件で舌鼓。おすすめに従い、お替りしたごはんには、その煮汁を掛け回していただいた。残念だったのは肝腎の肝が付いていないこと。なりは小さいが、あんこうの肝に劣らぬ美味で、これは大きなマイナス点。ひれかつはある意味、きんきの上をいった。このクラスのきんきは他店でも食べられるが、ひれかつはそんじょそこいらのとんかつ屋では足元にも及ばない出来映えなのだ。サクッと音を立てて噛みしめれば、あふれ出す肉汁、豚ひれ肉は旨みじゅうぶん、上野のとんかつ御三家を凌駕する。尋ねると、以前は洋食屋さんだったとのこと。どうりでどうりで、まさに昔取った杵柄ですな。ほかには刺身定食（３１５０円）、冬場のかきフライ定食（２１００円）なども。

　裏口にはカウンター割烹が。こちらもアラカルト中心の寛ぎの空間である。

フェア・ドマ

イタリア

♥

中央区日本橋本町2-1-14
03-3272-5208
日祝休　地図F

窮地を救った パスタ2皿

日本橋本町は人通りも少なく、製薬会社ばかりが乱立、そんな裏路地に04年5月忽然と現れた。ジエノヴァ料理とは珍しい。海洋国家としてヴェネツィアと覇権を競ったジェノヴァは大好きな街である。魚介料理専門の「アル・ヴェリエロ」で食べたひらめと甲いかの澄ましバター焼きが忘れられない。あれから8年。

ジェノヴァ帰りの若きオーナーは仙台出身。石巻のサカナを使い、その夜はふっこ（若いすずき）とそげが入荷。そげというのはかれいとひらめの中間みたいなサカナで、顔は左向きだそうだ。アルバ産の白トリュフを削り掛けたスパゲッティ・カルボナーラ（2800円）でスタート。シエナ産銘柄豚チンタ・セネーゼの自家製パンチェッタ入りだ。トリュフの香りはイマイチだったが一応満足。にんにくのローストを詰めたうずらのロースト（1900円）は冷凍のようで旨みが薄い。やや不完全燃焼。

後日、昼にピアット・ウニコ（1200円）を。ここ数年はやりのワンプレート・ランチで、内容は仔羊の網焼き、たこのラグーのフジッリとファルファッレ、キャベツと紫キャベツのサラダ。やはり冷たいのと温かいのは別々の皿で食べたい。お隣のパスタがおいしそうだったので再度昼に。鴨のコンフィと黒オリーヴのスパゲッティ、仏産きじの胸肉とフォワグラのキタッラの2皿平らげて、ともに大満足。晴れて二百選入りの栄誉に輝きました。オメデトウ。

カフェウィーン

オーストリア

★
中央区日本橋室町1-4-1　三越本店2Ｆ
03-3274-8835
無休　地図Ｇ

意外なところに穴場あり

オーストリアの首都ウィーンでの楽しみはオペラとカフェとホイリゲではなかろうか。殊にカフェはヨーロッパ最古の歴史を誇り、地元市民も観光客もメランジェ（俗にいうウィンナコーヒー）とザッハートルテ（マーマレードをサンドしたチョコレートケーキ）のお世話にならぬ者はいないだろう。東京のど真ん中の三越本店で本場の味を楽しめるのだからシアワセだ。地下の「ハロッズ」よりもこちらを推したい。

そしてこの店の魅力は下ごしらえも丁寧なウィーン料理。午後のティータイムはマダムたちが列をなすのに、ランチタイムは意外にも空いていることが多い。パン or ライス付きのメインディッシュに小サラダと飲みもののウィーン・セット（１５７５円）、これにケーキの加わるザルツブルグ・セット（１８９０円）がポピュラーだ。ある日のメインは、ソーセージ入りのポトフと、ヴィーナ・ファシェルテスと呼ばれるハンバーグの照り焼きソース。カイザー・ゼンメルという芥子の実パンが抜群のおいしさ。さすがにウィーンのもう１つの顔はパンの都であった。１食をおすすめする。

牛もも肉をコクのあるクリーミーなソースで仕上げたグラァシュ（１９９５円）、ポテトサラダをハムで巻き上げたシンケンローレ（９４５円）、きのこクリームのソースをかけ回したアマデュース・トースト（１６８０円）もお気に入り。

【名店二百選】

人形町 浜町

色気もへったくれもあったものではない吉原のソープランド地帯。もともとはこの地にあった。いや、ソープのハナシではない、吉原遊郭のことだ。人形町通りを挟んで「玉ひで」とは反対側の人形町2丁目あたり、大門通りの名が今に残る。江戸幕府開府から間もない頃、葭の茂る埋立地に開設された葭原遊郭は10年後に縁起をかついで吉原に改名、その後日本堤の現在地に移転を命ぜられ、新吉原として生まれ変わったものの、いつのまにかアタマの「新」が消滅する。

人形町には町名の通り、浄瑠璃の人形師や人形職人たちが住んでいた。コンパクトな下町の繁華街といった雰囲気が漂い、個性的な老舗も数多い。

公園と藪そばに名を残しても、浜町という粋な町名とはほど遠いイメージが定着してきた。この町のランドマークは明治座。両国橋に抜けてゆく浜町河岸にわずかながらの風情を感じ取ることができるが、そのあたりの地番はすでに東日本橋だ。

㐂寿司

（きずし）すし

★♥

中央区日本橋人形町2-7-13
03-3666-1682
日祝休　地図Ⅰ

㐂寿司名代は やりいか印籠

人形町におすし屋さんは数あれど、この店の右に出るものはない。もともとは芸者置屋だった日本家屋が下町の裏通りに風格を漂わせている。つけ場に自然体で立つ店主は三代目、この店にしてこの人ありといった面立ちがピタリとキマる。すでに役者と舞台は揃った、あとは芝居（すし）を楽しむのみ。

ここではひらめやまぐろの大物狙いよりも、小物と呼んではサカナたちに失礼だが、コンパクトなすしだねに徹したい。それもつまみよりにぎりが断然。春の春子（真鯛の幼魚）、初夏のきす、夏の終わりの小肌・はぜ。㐂寿司名代のやりいか印籠、江戸前シゴトを満喫したい。

5月の最終週に2階の座敷で宴会を催した。老舗のすし屋で団体（8名）というのは極めてまれ、その夜の料理を記すので何かの参考、目安になれば幸いだ。コースは1万5000円。

突き出し――天豆・もずく酢
刺盛り――まぐろ赤身・かんぱち・車海老・
　生たこ・あおりいか
お椀（真だら）　甘鯛西京焼き、煮穴子
にぎり――まこがれい・小肌・中とろ・
　いくら・玉子・かっぱ巻き・
　かんぴょう巻き

あとはデザートの小玉すいかに、飲みものはビールと焼酎（メロー小鶴）。会計は1人1万7800円。余計なチャージは一切なし。下町の良心、ここにあり。

鮨さいとう

（すしさいとう）すし

中央区日本橋人形町2-32-5
03-3666-5254
水休　夜のみ営業　地図 I

オールドタウンのニューフェイス

04年秋に開店したばかり。店主は勘八系の出身だ。数のわりには秀でたすし店の少ない人形町では期待の新星といっていい。土曜の夜、空《す》いていたのが近所の家族連れで一気に活気づき、若き親方は大忙し。ほかに誰もいなかったが、ここで女将がはせ参じた。いか塩辛のサラッとした舌触りはたら子を和えているようだ。白子ポン酢・ひらめ昆布〆め・青柳をつまんでにぎり。小肌・＊北寄貝・赤貝・赤身づけ・＊〆めさば・穴子・玉子。酢の浅い小肌とデカい赤貝が疑問。１人７０００円でオツリがきた。

つじ村

（つじむら）天ぷら

中央区日本橋箱崎町27-5
03-3666-3419
土日祝休　地図 I

夜に真価を発揮する

コスト・パフォーマンス極めて高し。特に夜がおトク。高級店や有名店さえもランチにはあまり損得勘定を持ち込まないから、天丼・天定ともに野口英世に１０００円硬貨を１、２枚程度でいけるのではないか。夜でも雪定食が３０００円、月は３６００円、満足感は大きい。といっても昼がいけないワケではなく、それが証拠に昼夜を問わず、常に満員御礼。天丼も天ぷら御飯も１２００円。海老2尾・きす・めそっ子半身・小海老かき揚げ・なす・ししとうの内容だ。西京味噌を混ぜた甘い味噌汁がユニーク。

人形町 藪そば

（にんぎょうちょうやぶそば）そば

中央区日本橋人形町1-7-2
03-3666-5922
土日祝休　19時閉店　地図Ⅰ

フラリと入って やみつきに

甘酒横丁からちょいと入った路地裏の変哲もないそば屋さん。失礼ながら期待もせずにフラリと入店。すると、おやおや、後述のおでん屋「美奈福」のオヤジが喪服姿でなにやらきこしめしているではないか。どうやら告別式の帰りらしい。

それはそれとして、もり（550円）を注文。キラリ輝くそばは冷水でピシッとしめられ、かなりの水準だ。つゆも甘辛のせめぎあいがほどよく、昔ながらの典型的な下町風、昨今のこだわりそば屋の甘みを排した気取りづゆとは相容れないゆとりを感じさせる。悪いくせで、隣りの近所の注文品にどうしても視線が泳いでしまう。左隣りのOLの鳥南蛮がおいしそう。彼女の上司風がかっこんでいるかつ丼も玉子のとじ方がいい塩梅、ぜひ食べてみたい。右隣りは猪口の中がよく見えないが、ねぎせいろかしら。

1週間と空けずに再訪。迷わず念願のかつ丼（800円）を。ドンブリの底につゆがたまるようなのは嫌いなタチで、つゆだくの牛丼なぞはもってのほか、念のため、つゆ少なめでお願いする。望みはかなえられました。最初にかつを1切れパクると、珍しいことにこれがチキンかつ。考えてみれば、豚より鳥のほうが日本そば屋にはふさわしいのかも。けんちん風味噌汁、きゅうりと白菜の新香もけっこうだった。

その翌週、この店で海老3本の天もり（1250円）に舌鼓を打つJ.C.オカザワの姿を見ることができた。

富沢町砂場

（とみざわちょうすなば）そば

中央区日本橋富沢町3-1
03-3661-1590
土日祝休　19時閉店　地図Ⅰ

そばはもりだが つゆはかけ

人形町の交差点から久松警察署に向かって2ブロック、左折すると右手にいかにもそば屋さんらしい店構え。あまり期待せずに入店した初回はもり（500円）を注文。薬味はさらしねぎとわさび。いい香りのそばは中細、ザラッとした舌ざわりながら、ほどよいコシが歯に快く、おいしい。つゆは醤油のトンガリが残るものの、甘みを伴った庶民的なタイプ。中ほどまで食べ進んで、わさびをひと舐め。ややっ、本わさびでないのっ！　くすんだ色ツヤに味見を忘れていたが、お見それしやした。すかさず「お替わりっ！」。天ぷらそば（1000円）には海老天でなくかき揚げが鎮座。小海老、小柱にみつば入りだ。種ものだとさすがにそばに疲労感が漂う。しかしつゆは違った。甘辛の塩梅よろしく、ドンブリを抱えて飲み干すほどの旨さ、もりつゆよりもかけつゆが好みだ。

2回目はお昼のランチセット（950円）。野沢菜・たくあん付きの親子丼にもり。これはかけも可。多めの丼つゆさえ気にしなければ、もも肉の小間切れを玉子でトロリととじたアタマが秀逸。近所の「玉ひで」のように濃い味ではないからおいしく食べられた。野沢菜も出色、よほどビールを頼もうと思ったくらいだ。

3回目は夜。キリンラガーの中瓶の突き出しにあさりの佃煮。とりわさにはみつばときざみ海苔。ちらし天ぷらは海老・海苔・うずら玉子・かき揚げ。さて今夜は何で仕上げよう。

浜町藪そば

（はまちょうやぶそば）そば

中央区日本橋浜町2-5-3
03-3666-6522
日休、第4土曜休　地図 I

ドンブリものは避けるべし

大正海老2本付きの天せいろ（1470円）を。海老はプリプリ感に欠けるが一応尻っぽまで食べられた。コロモはところどころカリカリながら、全体的にはしっとりとしたフリッターのような揚げ上がり、胡麻油が香る。細打ちのそばには柔らかいコシが残って、生パスタのタリオリーニを思わせる。好きなタイプのそばにニンマリ。ちょいと甘めのつゆはケレン味なくサラリ、これはこれでいい。隣りのテーブルの玉子丼が割り下でビショビショ。天丼もおいしそうには見えず、ごはんものは避けるべし。

古都里

（ことり）うどん

中央区日本橋蛎殻町2-2-1
03-3664-1030
無休　地図 I

滑り込みセーフ！

稲庭うどんの専門店。二百選にギリギリ入選。ひとえにかけうどん（750円）に張られるつゆのおかげだ。冷たいざる（750円）は醤油と胡麻の2種類のつゆで来るが魅力に薄い。この店はきつね（850円）、とり南蛮（1050円）など、温ものに限る。フツーのうどん屋としては割高感が残ってしまう。海苔1枚、柚子1片が彩りを添えるかけうどんに、海老天ぷらと変わりごはんが付く特膳古都里がランチタイムは1050円のご奉仕。といっても海老の質悪く、変わりごはんに具が見当たらない。

玉ひで

（たまひで）しゃも

中央区日本橋人形町1-17-10
03-3668-7651
日祝休　土曜夜のみ営業　地図Ｉ

改心も道半ば

東京しゃもの専門店ながら、昼の親子丼がつとに有名。東京広しといえども、これほどの行列は他に類を見ない。放っておいても客が押し寄せるせいか、店側の驕《おご》り昂《たか》ぶりは目に余るものがあり、夜のしゃも鍋でさえ、つっけんどんで乱暴なバアちゃんにイビられた。経営者の姿勢、従業員のサービスは本当にヒドかった。なにせ頼まなけりゃ箸も出さずにプラスチックのスプーンで親子丼を食べさせてたんだから。離乳食じゃあるまいし。最近はだいぶマシになったが、そのぶん値段がポーンと跳ね上がった。なんだかんだ言って味が悪くないのと、これだけの集客力、不本意ながら辛うじて二百選入りだ。

真夏日の11時10分に到着。すでに60人余りの行列。11時半入店後に食券を買わされて再び廊下で行列。11時50分に着席すると2～3分で注文のもつ入り親子丼（１５００円）が登場。かなり甘辛かったのが多少薄味に変化、ただし相変わらずのつゆだくだ。まぁまぁの鳥スープにおざなりのしその実漬け。キレイな割り箸と木製のさじに改善のあとが見られる。45分待って5分で食べ終えると、即刻退席。なんか自分自身がオートメーションの加工システムに乗っけられたブロイラーになった気分。炎天下で汗をかいたあと店内の強烈な冷房で一気に冷却されるから、女性にはかなりシンドいかもしれない。ボクにとってこの老舗はタマに出掛けちゃヒデぇ目に合わされるので、タマヒデなんです。

美奈福

（みなふく）おでん

中央区日本橋人形町2-11-12
03-3666-3729　日祝休　現在夜は休業中　昼の持ち帰りのみの営業
地図Ⅰ

空飛ぶ台ぶきん

「アッ、こんなところに台ぶきんが！」——オヤジの声とともに目の前に台ぶきんが飛んでくる。何のこたぁない、客自身にテーブルを拭かせる魂胆、こういう店はほかに知らぬが、ちっとも嫌味でないのも人徳か。ところが病気でもしたのかしらオヤジさん、パッタリ姿を見せなくなって久しい。今は母上のオバアちゃんが小売りをするのみ、1日も早い復帰を祈りたい。

50年以上も注ぎ足して使うでんつゆで煮られたおでんはいずれもいい味を醸す。中でもベスト・スリーは大根、つみれ、こんにゃくだ。

日山

（ひやま）牛肉

中央区日本橋人形町2-5-1
03-3666-2901
日祝休　地図Ⅰ

個室で囲むすき焼き鍋

人形町を代表する牛肉店。昭和2年から精肉店とすき焼き割烹を営む。すぐ裏の「今半」のように節操のない支店展開はしない。下足のお世話になって日本家屋の2階に上がると、牛鍋屋というより、うなぎの名店、明神下の「神田川」に似た雰囲気が漂っていた。すべて個室というのも同じ。土曜の昼に6825円のすき焼きコースは、適度に霜が降りたロース肉の量タップリ、アッサリ薄味の割下もよろしく、松茸まで入ったザクのそれぞれが丁寧。新香・赤だし・ごはんも手抜かりなく、まさに老舗の面目躍如。

大和

（やまと）馬肉

中央区日本橋人形町2-8-3
03-3666-7330
日祝休　夜のみ営業　地図Ⅰ

風情はないが情緒あり

入るといきなり入れ込みの座敷、傍らに小さな下駄箱、トンチンカンなオバちゃんたちのサービスも含めて風情に欠けるが、これもまた下町情緒、笑って許すしかない。奥州から来る牛肉と信州の馬肉の2本立てだが馬肉を推す。馬刺し（1800円）も桜鍋（1650円）もネットリと柔らかくヒレ肉に近い。濃いめの割下はだしで割ってほど良く、ねぎ・春菊・白滝・焼き豆腐のザクも良質。加えてチョコッとした酒肴が秀逸。枝豆・野沢菜・花らっきょう・千枚漬け・生たら子・うに煮凍り、気の利いた品揃え。

ホルモサ

羊肉

中央区日本橋本町1-10-2
03-3272-1191
日祝休　第1・3土曜休　地図Ⅰ

紙鍋で炊くジンギスカン

店名はポルトガル語で台湾のことだが英語でもこう呼ぶ人は少なくない。羊肉80gと野菜を特製のタレというかスープで煮込む鍋もので、使用するのは紙鍋。紙鍋というと柳橋にあった高級店「利休」を思い出すが、こちらはグッと庶民的、ランチなど950円だ。味噌は使わぬパンチのある胡麻味噌味、八角が効いているので、このあたりが台湾の由来か。夜でも1350円で肉の追加は100gにつき840円。豆腐やうどんは320円。枝豆（460円）、焼売（630円）など1品料理は弱い。

きく家

（きくや）和食

★

中央区日本橋人形町1-5-10
03-3664-9032　土日祝休 夜のみ営業
19時半までに入店　地図Ⅰ

造りとにぎりがウイークポイント

知る人とて少なかろうが人形町の裏町に小菊通りなる小道あり。三味《しゃみ》の音色に混じって小唄の1つも聞こえてきそうなたたずまいに、ふと足を止めてみたくなる粋な一郭だ。同じ並びに有形文化財の「よし梅芳町亭」があって、花柳界華やかなりし頃は一流料亭、その後は女優の花柳小菊の住まいとなっていた。61年の映画『赤穂浪士』では大石内蔵助の片岡千恵蔵に対して、妻りくを演じたのが彼女である。

おそらく「きく家」の屋号は小菊から由来するのだろう。こちらは見掛けによらず築10年ほどながら、内部は凝りも凝ったり、ここまでやるかの立派な造りだ。1階のカウンターでドラマの主人公になったつもりで杯を重ねるのが本来の楽しみ方かもしれぬが、小宴を張ったがために3階へ上がる。囲んだ丸テーブルと見上げた天井の梁のインパクトにはいささかたじろいだ。これだけでも一訪の価値あり。

選び抜かれた日本酒の数々はあえて列挙に及ぶまい。ただ飛騨高山の地ビールはすばらしかった。印象に残った料理は、柚子風味の自家製ざる豆腐、真鯛と穴子の押し寿司、からすみ・干し子・丸干しなどを盛った小付。逆にいけなかったのが造り（ひらめ・真鯛・赤貝）、にぎり鮨（まぐろ・あおりいか・関あじ）。ひらめなど白身はもっと薄く切らねば持ち味が活きないし、にぎりは一流すし店に遠く及ばない。餅は餅屋、すしはすし屋だ。

生駒

(いこま) とんかつ

中央区日本橋小舟町8-11
03-3661-3646　日祝休
土曜は昼のみ営業　地図Ⅰ

とんかつ屋ではカツひとすじに

店構えのハッキリしたとんかつ屋さん、巨大な看板が遠くからもよく見える。店先には献立を記した木札が整然と並び、人形町と室町の行き帰りに通る道すがら、ハンバーグカツというのはメンチカツのことだろうなぁ、などと横目で眺めていたものだ。店内には鉤型のカウンターと大きな相席用テーブル、奥には小上がりもある。初回はパワーランチで上ロース定食（１５５０円）を。ベツに並のロースカツ定食（１０５０円）でもじゅうぶんなのだが、先様に合わせることにした。かなりの厚切りで登場したとんかつは火の通しよろしく薄いピンク色、豚肉の香りと旨みも申し分ない。添えたキャベツの量はハンパでなく、食べきれるものではなかった。きゅうり・白菜・キャベツの新香、豆腐とわかめの味噌椀もグッド、立て混んでいたせいか、難を言えば、お茶の注ぎ足しが不十分。この定食なら一ツ星のレベルをクリアしている。

２度目は１人でミックスフライ定食（１０５０円）。海老ときすのフライに一口ヒレカツ、そしてバカデカい鳥ささみカツにてんこ盛りのキャベツだ。ボリュームがある上にコロモの付きが多くてしつっこい。この日はハズレ。

３度目の生姜焼き定食（９５０円）は薄手のポークソテーが３枚付けで現れた。味付けは濃いめの甘め。このたれがキャベツに染みとおっていくのがイヤだ。結論、ここではロースカツに徹するべきなのだ。

小春軒

（こはるけん）洋食

中央区日本橋人形町1-7-9
03- 3661-8830
日祝休　地図Ｉ

6年の月日をこえて

ホームページを拝見すると、山縣有朋のお抱え料理人だった小島種三郎さんが、お春さんと結婚したことが店名の由来とある。

04年の年の瀬に丸6年ぶりで訪れた。目指した店が閉まっていたため、急遽のれんをくぐったので、6年前に食べた料理をチェックしていない。何かベツのものをと考えてみても、記憶は定かでない。「まっ、いいか」——と選んだのが、とんかつ盛合わせ定食（950円）。やや小ぶりのとんかつ1枚が皿の真ん中に。脇を固めるのがメンチ風コロッケ、小さな鮭フライといかフライ、それにいかゲソと玉ねぎの洋風かき揚げ。千切りキャベツとポテトサラダが添えられる。揚げ油はラードと大豆油が9対1の割合いで、味も見た目も庶民的なことこの上ない。

貝のエキスがいっぱいのしじみ汁（200円）、色とりどりのお新香（150円）も丁寧に作られ、手抜きは一切なし。

カウンター席の雑誌の切抜きがいいガイダンス。店主は揚げもの、息子がソテーや炒めもの、あとは盛付けとサービスのオバちゃん1人ずつ。役割分担がしっかりしているから、料理の出が迅速だ。

ダイアリーをチェックして驚いた。6年前もおんなじモンを食べていた。内容、値段、ちっとも変わっていない。ボク自身も変わっていない、ってゆうか〜、進歩のあとが見られない。

来福亭

(らいふくてい) 洋食

中央区日本橋人形町1-17-10
03-3666-3895
土日祝休　地図Ｉ

黄色いカレーが懐かしい

隣りの「玉ひで」の行列がさぞやうっとうしいことだろう。ところがそんなことはどこ吹く風、マイペースで昔ながらの洋食を食べさせてくれる。創業明治37年とこの店も古い。狭い1階は使い込んだ木製のテーブル、2階には座敷が2部屋、どちらも癒しの空間、近所の「芳味亭」よりずっと落ち着くから、訪れて損はない。オムライス（700円）とチキンソテー（900円）がお気に入り。黄色いカレーライス（700円）も懐かしい。お運びはオバちゃんとオバアちゃん、階段はちょっとシンドそう。

どんぐり

洋食

★♥

中央区日本橋人形町3-12-11
03-3661-8910
土日祝休　地図Ｉ

2色のソースのロールキャベツ

人形町の交差点に近いのに1本裏道に入ると目立たず、この名店もひっそりと隠れている。客が大挙して押し寄せることもなく、ゆったりと食事ができる穴場だ。ロールキャベツ定食（1400円）はキャベツ自体もおいしいが、ベシャメルとドミグラの2色ソースが出色、にんじん・アスパラ・マッシュドポテトの付合せもいい。手作りのコンソメときんぴら、モチモチのごはんと欠点がない。コールスローときんぴらの付くタンシチュー定食（2300円）も良かった。夜は酒肴を数品揃えている。

キラク

洋食

中央区日本橋人形町2-6-6
03-3666-6555　日休　第2・3月休
（祝日の場合は営業）　地図Ⅰ

主役を食うか名脇役

多少の化調に目をつぶれば、オランダはゲッティ社の綿実油を使ったマカロニサラダ（400円）がホントにおいしい。付合わせとダブるのが判っていても注文してしまう。もも肉使用のビーフカツ（1550円）が名代。値段を考慮すれば東京一といってよい。にんにくを強烈に効かせたソースがあふれんばかりのポークソテー（1550円）はライスがすすむ。ちょいと甘めのハヤシライス（1200円）は昔風の正統派だ。カウンターだけの狭い店はいつも行列。近隣の人はテイクアウトが得策。

ル・ブション

フランス

★
中央区日本橋浜町2-22-3
03-5652-0655
日休　地図Ⅰ

あわびとキャヴィアの合わせ技

ランチは近所のOLでにぎわう。反してディナーはカップル1組で貸切りという事態が発生しないとも限らない。料理の水準は高く、ネックは夜の寂しい浜町という土地柄か。小さく刻んだ生あわびのアスピック（ゼリー寄せ）を敷いたキャヴィア（3780円）でスタート。すし屋以外でコリコリの生あわびは極めてまれ、アイデアだけにとどまらず、味もいい。仔牛レバーのソテー（3990円）も仔牛というより、若牛と呼びたいが素材は良質。白が基調の上品な店内にはカサブランカの香りが強烈だ。

アル・ポンテ

イタリア

★♥

中央区日本橋浜町2-4-3
03-3666-4499
日祝休　地図I

5年で倍になりました

はるかお江戸の昔から、粋でならした浜町に、こんなにオシャレなイタリアン、水天様もご存知あるめぇ。このロケーションにこの店の存在は意外と言えば意外。甘酒横丁のはずれ、グリーンベルトを突き抜けた先に端正なたたずまいを見せている。格調あるファサードにシックな店内、天井も高く居心地は快適だ。

99年には数回おジャマしているのにトンとご無沙汰、5年以上を経て久々の再訪。ワインリストを手にして懐かしくも驚愕した。前回抜いたバルバレスコの、ガイウン・マルティンガ'87年がいまだにリストアップされているではないか。即座に決めた「これで行こう！」。しかし値段を見てビックリのガックリ、前回1万5０００円だったのが2万１０００円とキッカリ倍増。5年間のインフレ率１００％と南米並みだ。いくらブレークした造り手とてトホホのホ。もうどうにも止まらなく泣きながら注文。エッ、お味はってか？　すばらしいに決まってるでしょ。

うちわ海老のサラダ仕立て、ひらめのカルパッチョ、冷たいキャヴィアのカッペリーニ、ブルターニュ産稚ムール貝のスープ煮、生うにのタリオリーニ、トマトとバジルのニョッキ、豪州産仔牛のファゴッティーニ（巾着包み）、アイスランド産仔羊のロースト、ドルチェはパスし、キャヴィアなど追加料金を含めて食事は2人で2万１０００円。なんとワインと同値で計4万２０００円也。

佐々舟

（ささふね）ラーメン

★
中央区日本橋人形町2-22-6
03-3664-1117
日祝休　地図Ｉ

決め手は白菜炒め

週末の昼下がり、小雨混じりのグズつく天気に嫌気が差していた矢先、ふとこの店の存在を思い出して、甘酒横丁から足を速める。カウンターのみの清潔な店内にはすでに3名の男性客、遠路はるばる行列してでも出掛けることをいとわない、なんてタイプの御仁は見当たらず、それぞれに競馬新聞やらコミック誌片手にのんびりとラーメンをすすっている。

ごはんと新香が付くラーメンランチ（７００円）と餃子（４００円）をオーダーして、こちらも毎日新聞を広げる。醤油・塩・味噌が揃うラーメンはみな同じ値段、オーソドックスに醤油を選んだ。ほどなく現れたドンブリには、バラ肉チャーシューとシナチク、ゆでたもやしにサッと油で炒めた白菜が。この白菜こそがこの店の特徴、少しく浮いた豚の背脂と相まってスープにまろやかさを与えている。中細ちぢれ、ほぼ純白の麺は粉々感を主張する歯ざわり、イヤ～、好きなタイプだなぁ。ふくら雀の如くに丸っこい餃子も薄皮がカリッと香ばしく上々だ。カウンター内のオバちゃんが面倒見のいいこと。

すっかり気に入り、今度は夜。「富沢町砂場」で飲んだあとに伺って塩ラーメン（７００円）。やはり白菜が決め手ですな、ここのラーメンは。周りは酒を楽しむ常連さんだ。枝豆・冷やしトマト・冷 or 温奴がオール３５０円。もつ煮込みは４５０円と庶民的な価格設定。

Trees
（トゥリーズ）カレー

中央区日本橋人形町3-6-8
03-3639-2525
日祝休　土曜昼のみ営業　地図Ⅰ

「夢民」を思い出す

野菜タップリのサラサラカレーは高田馬場の有名店「夢民」をダイレクトに連想させる。トッピングのトマトとスクランブルドエッグがその印象を深める。ご丁寧にライスの上に干しぶどうを散らしてくるのまで一緒だ。そして味も本家に負けてはいない。

ポークカレー（750円）を注文すると、ライス皿とカレーのドンブリが運ばれる。ひたひたのカレースープの中に豚肉の塊りがゴロンと3つ、それに玉ねぎとキャベツ。まるでうどん抜きのカレー南蛮を上からザバーッとブッカケられた肉野菜炒めの如し。タップリのソースは適度にスパイシー、野菜もシャッキリと歯ざわりよく、わざわざ上野広小路の酒悦製と明記した福神漬けとらっきょうが箸休めならぬスプーン休め。大盛りライスとチーズのトッピングは無料サービス。中辛（1.5倍）、辛口（2倍）もノーチャージだ。ただし、このタイプのカレーに福神漬け・らっきょうが合うとは思えない。甘みよりむしろ紅生姜の刺激やピクルスの酸味がほしい。自家製アチャールなど添えれば文句なし。「夢民」ではオニオンスライスを用意している。ほかにチキン、ベーコン（各750円）、シーフード（850円）など。

近所に「Mammy's Table」というカレー屋さん。こちらは対照的にドロリのコッテリ。液状ではないからスプーンも出さない。苦くて酸っぱい、ついでにしょっぱい複雑怪奇な味の妙。

【名店二百選】

門前仲町 深川 森下

深川不動尊と富岡八幡宮の周りに拓けた門前町。古き良き深川らしさが残るエリアといっていい。映画の書割のような辰巳新道、永代通りの南側を平行して走る飲み屋街、迷所・迷店があちらこちらに点在して、ハシゴ酒にはお誂え向きだ。

月に3回開催されるお不動様の縁日も昔のまま、戦前から変わらぬ情緒をたたえていると言ったら言い過ぎか。水掛け祭りの異名を取る八幡宮の神輿祭（じんこうさい）は深川の夏の風物詩。今年は3年に1度の本祭りの当たり年。神田明神の神田祭り、赤坂日枝神社の山王祭りと並んで江戸三大祭の一角を占めている。

清澄通りを北上し、往時の華やかさを失った高橋（たかばし）を渡る。ここから森下にかけての一帯は簡易旅館が目立つ。宮部みゆきの『理由』では、いきなり冒頭に登場して、強いインパクトが記憶に新しい。

森下は、その交差点を囲むように名店が立ち並び、グルメ的レベルは門仲をしのいでいる。浜町から新大橋を渡っても目と鼻の先、軽い気持ちで川向こうに出向いてみたい。

満る善

（まるぜん）天ぷら

江東区森下1-18-1
03-3631-1931
木休　地図J

野菜は揚げない江戸前天ぷら

森下から両国に向かって歩き始めると左手にポツンとある。3年前の冬の正午前、フラリと入った。カウンター10席のみの小体な店はキレイとは言えないが下町情緒はタップリ、客はみな常連さん、揚げ立ての天ぷらで燗酒を楽しむ人も。箸袋に「立喰い天ぷら」と記されている。江戸の名残りを目の当たりに嬉しくなってきた。揚げ場に立つのはオヤジさん、お運びするのがオカミさん、どうやら夫婦2人だけのようだ。

天ぷら定食（950円）は、海老・*めごち・*穴子・いか・青唐の天ぷらに、しじみ赤だし、きゅうりと大根のぬか漬け、ごはん。穴子はめそっこより小さいもので繊細な旨み。めごちもそうだが、ここの天ぷらは小魚がヤケに印象的。この値段だ、海老はそれなり、いかはするめで仕方がない。化調入りの赤だしはともかく、新香とごはんのおいしさも特筆。

3年ぶりの04年初冬に再び。スーパードライの大瓶とまぐろ刺し（700円）。「赤身と中とろですが半々もできますよ」——こう言われれば、もちろん半々。粉わさびだが、この値段ではビックリするよな質の良さ。ほかにあじ酢（700円）、すみいか刺し（800円）なども。天ぷらはお好みで揚げてもらい、はぜ・きす・めごち・穴子とサカナたちばかりを狙い撃ち。1尾250円からとある。あとは新香盛りで計2750円。これじゃ大手居酒屋チェーンなんてバカバカしくて行かれやしません。

京金

（きょうきん）そば

♥

江東区森下2-18-2
03-3632-8995
月火休　地図J

おろし置きが残念

最近ヤケに多いのだが、この店もビールはエビスだけ。そばやすしには合わないビールなのに、これでは店の見識を疑ってしまう。酒の飲めない店主がサッポロの営業マンにしてやられているのだ。

気を取り直してのれんをくぐろう。スリッパに履き替えフローリングの店内へ。取り仕切るのは女将だろうか、立ち居振る舞いが上品で丁寧だ。細め平打ちのせいろ（８４０円）はそれなりの香りとコシに、つゆは甘さを抑えキリッとした印象。薬味はねぎと本わさび。残念なのはせっかくのわさびがおろし置きでパンチもなければ、香りも薄い。ホンモノも扱いようでは間の抜けたニセわさび同様と相成る。続いてしそきり（１０５０円）を所望。更科そばに練りこまれたしそのみじん切りが透けて見え、緑一色に染まるのとは違うタイプだ。変わりそばは春がよもぎ、夏・秋がしそ、冬に柚子となる。

再訪時には喉が渇いて、渋々エビスの生中（６３０円）を1杯。穴子天せいろ（１７８５円）は穴子1本と彩りに青唐。下町のそば屋の天ぷらはもっと粗野でいいが、店のイメージ通りに品良く揚げられている。細かいさらしねぎとおろし置きのわさびは変わらず。みつばに青柚子をあしらったかけそば（８４０円）も試す。せいろに同じくつゆがいい。温ものでもコシを失わないそばはおいしく、色合いは異なるが形状は日清のチキンラーメンそっくりだ。

伊せ㐂

（いせき）どぜう

★★

江東区高橋2-5
03-3631-0005
月休　地図J

鯉の2品も外せない

吾妻橋の「ひら井」に対して高橋《たかばし》の「伊せ㐂」、東京下町どぜうワールドの両横綱である。どちらを東の正横綱とするかは難問中の難問、料理は互角、雰囲気は高橋、客あしらいは吾妻橋で、とりあえず水入りとしておこう。

小名木川に架かる高橋のふもとに平屋の瓦葺きが1軒立つ。左手に入れ込みの座敷を見ながら中ほどへ進んだところでしばし待たされるのはいつものこと。この間、店側から無視されている気配が漂い、せっかちな客は胸にイチモツを抱くこととなる。この店唯一の欠点はちょっとした気配りで解消されるハズだが、あえて突っぱねているフシがあり、確信犯と言えぬこともない。みやげにくれる団扇はいらないから、そこを改善していただきたい。

ともに２２００円のどぜう鍋はマルもヌキも文句なし。どちらか選ぶとしたら、ここではマルだ。柳川鍋と、柳川をドンブリにした舞子丼、乗っかりモノがどぜうの蒲焼きになると蒲丼、これらはオール２１００円。どぜうの旨さはすでに語り尽くされているので、からめ手から攻めるとすれば、外せないのが鯉のあらい（２０００円）と鯉こく（１０５０円）だ。殊に鯉こくはすばらしい。身肉だけでなく、臓物や鱗《うろこ》まで美味の極み、鯉特有の泥臭さなどこれっぽっちもない。粒の立ったごはん、きゅうりとなすのぬか漬けも名店の証しである。

鳥信

（とりしん）焼き鳥

♥

江東区門前仲町2-9-4
03-3643-5821　日祝休　月曜の祝日は営業　夜のみ営業　地図K

映画のセットに迷い込み

門前仲町の交差点と赤札堂の間の裏路地に辰巳新道という小路がある。昭和30年代を彷彿とさせるレトロな一郭はまるで映画のセットのよう。小津安二郎、あるいは東宝の駅前シリーズさながらで、今にも東野英治郎や伴淳が一杯飲み屋から千鳥足で現れそうな雰囲気、そぞろ歩くだけでもゴキゲンだ。

01年7月末の蒸し暑い夜、「魚三酒場」、「大坂屋」とハシゴしての3軒目、フラフラと迷い込んだ。何のこたぁない、テメエで伴淳やってるよ。2軒でスーパードライ、サッポロ赤星と、さんざビールを飲んだのにまだ飲み足りずドライのスタイニー。谷中生姜に焼き鳥はレバ・正肉・心臓を焼いてもらう。ハツではなく心臓と言われるとドキッとする。1種類2本からで一律1本140円。手羽先やネックなど中串は1本でもOKで210円。大吟醸のゆとりをヒヤで1杯やって、1人2200円は御の字だ。ブッツケの飛び込みながら大当たりであった。

3年半ぶりに1人で訪れ、おすすめコース（9種10本2100円）を。初っ端につくねが2本、あとは1本ずつ。砂肝・手羽先・レバ・ナンコツ・心臓・正肉・ネック・ささみ。つくねと正肉がタレで来るほかはすべて塩。レアに焼いたささみの本わさびがうれしい。空のジョッキに王冠と串を溜めておき、その数で精算する。秋冬限定の鳥スープがまた旨し。

みの家本店

（みのやほんてん）馬肉

♥

江東区森下2-19-9
03-3631-8298　木休　第3水曜休
（5〜10月）　地図J

新香で馬を待ちながら

渋谷の「はち賀」がのれんを下ろして、都内のけとばし屋は、ここと日本堤の「中江」、人形町の「大和」だけになった。みな創業は古い。「大和」の昭和初期を除いて、みな明治後期にはのれんを揚げている。木場の職人衆が丹精込めて建てた日本家屋は下町の粋と色気を放ち、風格の「中江」とはハナから方向性が違う。

下足番のオジさんに靴の面倒をみてもらって入れ込みの座敷へ。ステンレス打ちっぱなしの1本テーブルが、部屋の左右に分かれて計2本走っている。客はブロイラーよろしく、奥から詰めて座ってゆく。壁に掛かった円い時計のデカいこと。その脇の熊手がそれに輪をかけてデカい。食べもの屋でこんなに巨大なのは初めて目にした。新香でビールを飲みながら、鍋の到来を待つ。浅いぬか漬けがことのほかビールに合う。桜肉は、並（1800円）、ロースとヒレ（各2000円）の3種類。それぞれの持ち味が微妙に異なる。甘め赤茶色の味噌仕立てながら、三州岡崎の八丁味噌ではない。鍋の中央に盛られた味噌を少しずつ溶かしからめて、生玉子にくぐらせる。牛すき焼きのようなしつっこさがないから、箸の上げ下げのピッチも早い。ザクは白滝・焼き麩・ねぎ。これに焼き豆腐（300円）を追加した。あとは肉刺し（1800円）と脂刺し（1200円）で満腹だ。小石川の伝通院前・新宿御苑前・北千住の仲町に支店あり。

志づ香

（しづか）和食

★

江東区門前仲町1-4-10
03-3641-6704
日月祝休　夜のみ営業　地図K

穴子は冬季休暇中

コスト・パフォーマンスの高さはピカイチ。とにかく、旨い！　安い！　早い！　多い！「吉野家」も真っ青の4拍子、敬服いたしました。予約はそう困難ではないが簡単でもない。フリで出掛けたらまずアウトだろう。

亀甲形を真っ二つにしたようなカウンターでアラカルトをいただいた。ほとんどの客は5000円ほどのコースを選択している。奥の座敷よりも調理プロセスを目の当たりにできるカウンターを断然おすすめしたい。ビールはサッポロのラガー（赤星）のみ。同じサッポロでもエビスには目くじら立てるくせに、これだとご満悦なのだから我ながら身勝手。前菜にたらば蟹の京かぶ巻きと蛇腹きゅうりの酢のものが黄身酢の彩りも鮮やかに登場。これだけで1品料理に匹敵するほど真っ当なものだ。押し出しの強い味付けも下町らしく好もしい。

刺盛りの内容は、ひらめ・たこ・めじまぐろに、もちろんおろし立ての本わさび。包丁もダイナミックな男仕事だ。蟹サラダは貝割れと合わせてほのかなマヨネーズ味。かきの天ぷらには青海苔とばふんうにのあんかけが掛かっている。合鴨と水菜の煮ものは鳥ガラも濃厚なスープ煮仕立て、小鍋を胃に収めたような満足感が残る。隣りの客のコースには百合根まんじゅう、ぶりのみぞれ煮なども組み込まれていた。看板料理の穴子はこの時期もっとも不安定になるのでお休みとのこと、夏になったらまた来よう。

深川煉瓦亭

（ふかがわれんがてい）洋食

★

江東区新大橋2-7-4
03-3631-7900
水休　第3日休　地図 J

家族で出掛けてみなハッピー

有名な銀座3丁目の「煉瓦亭」ののれん分けは都内各地に散在していて、山梨県甲府市にもあるそうだ。さすがに甲府店には行っていないが、銀座1丁目・新富・亀戸は訪れた。そのうちでは森下のこの店が断トツ、他の追随を許さない。献立のヴァラエティにおいては本家をしのぎ、キャパシティ大きく、居心地もよく、家族連れにはうってつけの名店といってよい。お父さんはビーフシチュー（1600円）、お母さんはミックスフライ（1150円）、オジイちゃんがカツ丼（880円）にオバアちゃんは五目そば（880円）、オネエちゃんがマカロニグラタン（850円）でボクはオムライス（850円）、あとは野菜サラダと野菜炒め（ともに680円）を取って、みんなで分けましょう、こんなファミリーならば家庭内暴力とは無縁だ。

メンチエッグ（780円）でスーパードライの中瓶（580円）を飲む。風変わりな名前の1皿は平たいハンバーグに目玉焼きが乗り、ポテサラと千切りキャベツ添え。手抜きのない丁寧な仕事が施されマズいワケがない。そして中華そば風のラーメン（550円）。チャーシュー・シナチク・ナルト・わかめに、中細の麺とシンプルな醤油スープがなじむ。日替わりランチが3種あり、ある日のランチA（1300円）はチキン南蛮・大海老フライ、B（1100円）が魚フライ・チーズハンバーグ、C（900円）は串カツ・ハムエッグであった。

とんかつ家庭

（とんかつかてい）とんかつ

★♥

江東区深川2-1-2
03-3630-8248
日休　祝日は夜のみ営業　地図K

ボクは賛成ハーブとんかつ

子どもの頃、いっとき深川に住んでいた。深川不動の縁日、富岡八幡の水掛祭り、たまらなく懐かしい。夏休みには清澄庭園の脇の深川図書館に通ったものだ。街には「いつでも夢を」、「可愛いベイビー」が流れていたあの頃。

当時はなかった清澄通り上の高架道路のほぼ真下にこの店がある。地元では有名店らしいがアンテナにかからず、つい最近偶然に見つけた。ビルの1階なのにビルともどもあまり目立たない。電光掲示板は創業1905年などと明示しているものの、どこかひっそりとしている。ところが入店して驚いた。ウッディ・レトロな店内は独特の雰囲気、なかなかのセンスで時を止めている。いかにも家族経営といったスタッフ構成はまだ若い店主とそのお母さんにお祖母ちゃんだろうか。

この店のウリはハーブ。とにかく何にでも乾燥ハーブが振り掛かっている。ロースカツ（1050円）をお願いすると、まずコールスローと大根の新香がきて、どちらにもハーブ。わかめ・豆腐の味噌汁とライス、そしてポテサラ・キャベツを従えたロースカツの上にまたハーブ。賛否両論あろうが、こういうとんかつがあってもいいと思う。もっと増えていいと思うくらいだ。豚肉もおいしい。じゃが芋ホクホク、りんごサクサクのサラダもいい。願わくばフレッシュハーブも使うべき。セルフィーユやバジルでさわやかなインパクトが生まれよう。

ことぶき本店

（ことぶきほんてん）食堂

♥

江東区白河3-7-13
03-3642-1465
金休　地図J

2皿食べても千円未満

洋食と中華の両刀を操る食堂。和食っぽいものも多少は揃えて、工事現場で働く人やタクシードライバーに人気だ。変哲のない店構えに、庶民的で清潔な店内。親切な三代目女将がサービスを担当。見掛けからは気が付かなかったが、創業100年というから日露戦争の頃だ。ハナシ好きの彼女自身も嫁いできて40年という。

壁にズラリと貼られた品書きは豊富、カレーライス・タンメン・ワンタンメン（各450円）・ハムサラダライス・炒飯（各500円）・カツ丼・カツライス・ハンバーグライス（各600円）・かきフライライス・カツカレー（各700円）・酢豚・肉団子（各800円）。和系では冷奴ライス（500円）に生玉子付きの焼き魚定食（550円）が用意されている。

ラーメン（350円）とチキンライス（500円）を注文。細打ち黄色のちぢれ麺はイメージ通り。醤油スープは和と中の中間の感じ。柔らかいチャーシューに、海苔・わかめ・ナルトのトッピングで、この値段なら文句なし。ケチャップの甘さ・酸っぱさ・青臭さが混然となったチキンライスは、グリーンピースをいっぱい散らせた昔風。どちらも飛びっきりおいしいというワケではないが、料理にも価格にも気持ちがこもっている。

地域に貢献した先代の告別式は国会議員並みで、目の前の清洲橋通りが通行止めになったそうだ。

七福

（しちふく）食堂

江東区白河3-9-13
03-3641-9312
水休　第1日曜　地図 J

奈々子も食べた実用洋食

清洲橋通りと三ツ目通りの交差点にあって、実用洋食を名乗る。地元の人たちの愛着は相当なもので、これも名店の条件。学生・サラリーマン・職人さん・家族連れで昼も夜も客足の絶えることはない。そんな人々が自発的に相席の卓に収まってゆく。番号札を打ち込んだテーブルとパイプチェアに下町情緒が漂う。40席ほどのホールには三角巾のオネエさんが1人きり。テキパキと立ち働いてサービスによどみがなく、客あしらいもサラリとしていながら真心にあふれている。こういうヒト好きだなぁ。「ちょいと、そこのビッグコミック読みながらカツカレー食ってる学生さん、キミも将来、こういう娘を嫁にもらわにゃイカンぜよ」。洋食と中華が主体の店内にはラードの匂いが立ちこめている。

サッポロ黒ラベルの大瓶（５４０円）とミックスフライ（５７０円）をお願い。海老１本・帆立２枚・いか３本がサラダやマカロニと一緒盛り。脇のタルタルと辛子に卓上の醤油やソースを駆使して平らげる。人気を二分するのは七福ランチ（メンチボール・海老フライ・ハム・肉天＝７９０円）とサービスランチ（海老フライ・カニコロ・オムレツ・鳥唐＝８８０円）。ランチといっても終日注文可能だ。

餃子・タンメン・焼きそばなど、中華系もよく出ている。壁には訪問者の色紙がズラリ、山本一力はいかにもだが、松嶋奈々子は意外や意外。

浅七

（あさしち）酒亭

★ 畳

江東区富岡1-5-15
03-3630-3127
日祝休　夜のみ営業　地図K

ぜがひでもカウンター

店独自の、いわばローカル・ルールは毅然としていて、キャパシティは異なるが浅草の「松風」に合い通ずるものがある。すでにきこしめしている方の入店はお断り。酒亭につき、酒を飲まぬ人もダメ。これは当然だろう。ゴルフ場だってゴルフをしない人間に18ホール回られたらたまったものではない。同伴者以外の注しつ注されつもご法度だ。

初回は00年の晩春。スーパードライの生小があって助かった。もちろん日本酒狙いでのれんをくぐったのだが、日ごろからまずビールを飲んでからでないと、日本酒の旨さを感じられないように自分の舌と喉を躾けているのだもの。雨後の月の冷たいのをお願いすると、たこの頭（ジッサイは胴体）ときゅうりもみが突き出しに出て、これが実にいい。ひや豆腐（冷奴）もまずまず。きす酒塩火どり、まぐろづけはともに花マルであった。

05年松の内に再び。壁の品書きには、純米の群馬泉に三千盛、本醸造の銀嶺立山と浦霞からくちなどすべて正1合８００円。まず湯豆腐（５００円）で立山のぬる燗を。ふつふつと沸く湯の中に酒を数滴たらすと風味が格段に違ってきた。続いていわし醤油干し（７００円）で群馬泉のヒヤ。立山の力強さのあとで、群馬泉のキレ味を楽しんだ。銀座の一流バーにも通ずる空気が流れ、この店では小上がりに上がらずに、ステイ・アット・バー！

魚三酒場

（うおさんさかば）居酒屋

江東区富岡1-5-4
03-3641-8071
日祝休　夜のみ営業　地図 K

階上は別の店

門前仲町のランドマーク。森下と新子岩にも支店があるがここが本家本元、居酒屋というより大衆酒場と呼ぶにふさわしい。4階まであって階上は入れ込みの座敷ながら小汚いし、雰囲気も悪いから、なんとしても名物女将の仕切る1階カウンターを確保したい。この無愛想な女将が相当にキビシく、誰しも1度や2度はお叱りを受けた経験がおありだろう。三つ子の魂百まで、今さら改めてもらおうなんぞと思わない、こうなりゃ死ぬまでその調子で頑張ってと、応援したくもなる。

もともとは魚屋さん。小学生の頃、深川に住んでいたのだが、おぼろげにその店構えを覚えている。現在のビルに建て替えられて40年近くになろうか。とにかく何でも安くボリュームじゅうぶん。しゃこわさ（３３０円）・＊あじ酢（３３０円）・まぐろ刺し（４００円）・＊エシャレット（１５０円）。この値段で＊ジルシものが出てくるのは立派。あじ酢など下手なすし屋はサヨウナラの旨さだ。エシャレットも小ぶりでデリケート、デカいのはあとで胸がヤケるから、このほうがずっといい。ひらめフライ（４００円）だけはさすがに上ものというワケには参らなかった。

貼り出された品書き札はすさまじい数、刺身・煮魚・焼き魚・揚げもの・小鉢がズラリと並び、見ていて飽きないが、早く決めないとホラ、またオバちゃんに叱られちゃうよ。

大坂屋

（おおさかや）居酒屋

★

江東区門前仲町2-9-12
03-3641-4997
日祝休　夜のみ営業　地図K

殻つきの煮玉子

門仲の名店。カウンター8席のみの小さな牛もつ専門店。サッポロ赤星の大瓶（620円）を頼むと突き出しにきゅうりのぬか漬けが出た。串に刺した煮込み（1本100円）を立て続けに5、6本。長いこと注ぎ足して使っている八丁味噌のスープのコクがたまらない。そして箸休めのオニオンスライス（300円）。最後に玉子入りスープ（300円）。殻ごと煮込んだ煮玉子に目パチクリ、もちろん殻をむいて食するが、煮込みの上をいく美味に脱帽だ。この3品だけでメニュー完全制覇となる。

山利喜

（やまりき）居酒屋

江東区森下2-18-8
03-3633-1638
日祝休　夜のみ営業　地図J

赤ワイン入りもつ煮込み

森下といえば「山利喜」、「山利喜」といえば森下、この街きっての超人気店。開店時間の5時過ぎには早くも行列だ。赤ワイン入りのもつ煮込み（500円）とガーリックトースト（220円）のコンビを頼まぬ客はまずいない。シロやレバの焼きとんは1人前2本からで260円。生野菜の焼き味噌和え（600円）が夏向きならば、冬には鱈入り湯豆腐（700円）だ。あまりの盛況ぶりにお断りする客も少なくなく、すぐそばに新館を増設、どちらも18時までに全員揃って入店するなら予約も可。

はっちゃき家

（はっちゃきや）ラーメン

江東区富岡1-9-8
03-3643-6106
無休　地図K

函館ラーメンに変化あり

深川不動入り口の北海道ラーメン専門店。北海道弁の「はっちゃき家」は「はりきり家」という意味。2年前には、旭川正油・札幌味噌・函館塩の揃い踏みであった。正油と塩ネギを2人でシエアし、半熟味付け玉子も、無料サービスの小ライスもいただいた。細打ちちぢれ薄黄色の麺はコシのあるワリにのびやすい。隣り客の味噌らーめんは逆に真っ黄色の太麺だ。正油のスープは豚骨醤油を思わせて、これなら太打ちのほうが合いそう。塩は大阪うどんのつゆのよう。ネギとの相性はいいがコッテリしすぎて化調も気になる。本場函館のアッサリ澄みきったスープとは似ても似つかない別物だ。それでも全体的なまとまりは悪くない。函館の塩ラーメンといえば、朝市近くの「星龍軒」が忘れられない。絶品です。

05年、松の取れないうちに再チェック。函館らーめんが北のコク塩らーめん（600円）とその名を変えている。店内に並びながら客たちのドンブリを眺めると、塩はかなり白濁して博多ラーメンみたい。秋冬限定の海老味噌らーめん（800円）にそそられたものの、ゆで海老・水菜・オニオンスライスの具に魅力なく、未踏の札幌味噌らーめん（650円）にする。豚挽き・もやし・ナルトに焼き麩が入って、コクのあるスープに太麺がからみ、ラーメンフリークにはもの足りないかもしれないが、いい仕上がりを見せていた。ギリギリ二百選入り。

こうかいぼう

ラーメン

♥

江東区深川2-13-10
03-5620-4777
水休　地図K

ラーメンよりも温かい

会社の部下たちに大人気。昼休みに三越前から門仲へ、徒党を組んでの地下鉄通い、ある日つき合った。味付茹たまごらーめん（７００円）は中太ややちぢれ薄黄色の麺がモチモチと快適な食感、スープは豚骨よりも魚介系がプンとくる。2度目の水豚餃子らーめん（９００円）は大きく外した。厚い皮がモコモコのヌルヌル、日本人には向かない。誰も注文しないワケだ。店主の奥さんかしら、サービスの女性がすばらしい。応対が温かく、言葉遣いに知性を感じさせる。二百選入りはひとえに彼女の功績です。

ベッラ・ナポリ

イタリア

江東区高橋9-3
03-5600-8986
月休　夜のみ営業　地図J

ピッツァとドルチェが二枚看板

高橋夜店通り（通称のらくろード）にあるピッツェリア。水牛（ブッファラ）のミルクで作ったモッツァレッラのマルゲリータを味わえる。ナポリ風ピッツァの水準は高いが、パスタとセコンディ（主菜）が弱い。ウォッカ風味のスパゲッティ・トマトクリーム、すずきのホイル焼き、牛肩肉の煮込み、いずれもイマイチ。やはりこの店はキアンティ・クラッシコやサルディーニャのカンノナウのグラス片手にピッツァに徹したい。意外だったのはパンナコッタ、かぼちゃのタルトなどドルチェの秀逸さ。

平和閣

（へいわかく）コリア

江東区森下2-19-8
03-5624-3977
無休　夜のみ営業　地図 J

必食のタン塩・レバ刺し

界隈に焼肉店が少ないこともあってかなりの人気。牛レバ刺し（1000円）が良質、半分は生、残りはサッとあぶって旨し。イチ推しは上タン塩（1200円）でペラペラした冷凍品とはマッタクの別物だ。上カルビ（2000円）よりもカルビ（1100円）のほうがしつこくなくていい。旨みに欠ける上ロース（2000円）はパスしておこう。あっさりタイプのキムチ（500円）はいいが、生ではなく塩だら使用のたらチゲ鍋（1100円）は素材に問題がある上、味付けにコクもパンチもなかった。

Didean

（ディデアン）無国籍

江東区富岡1-14-15
03-3643-7883
月休　朝も営業　地図 K

健康食に国境はない

店名も含めてなかなかにキッカイなお店ではある。いい意味ではあるけれど。朝と昼は茶館というかティールームというか、そんな感じ。

モーニングサービスもあれば高麗人参をはじめ各種フレッシュジュース、中国茶に韓国茶、リゾットや薬膳カレー、素八饅（スーパーマン）と呼ばれる中華饅頭まで多種多彩。夜はディデアン風パテ、砂肝のエスカルゴ（各630円）、牛すね肉とセロリのトマト煮（840円）と欧風色豊か、最近見ないが若鶏の香草焼き（840円）は高級フレンチ真っ青だった。

近為

（きんため）お茶漬け

江東区富岡1-14-3　03-3641-4561
月休　祝日の場合は翌日休　深川不動尊の縁日のある1、15、28日は営業
地図K

茶漬けに銀だらはシツコすぎ

経営するのは京都の漬けもの店。下町のど真ん中、深川不動尊の参道に店を構えてはや四半世紀になるという。

一番人気は、京のぶぶ漬けと黄金漬けのセット（1575円）。黄金漬けは銀だらの粕漬けで、お茶漬けの物足りなさを補うための抱き合わせメニューなのだが、かなり脂っこく、これなら塩鮭や小あじの開きのほうがありがたい。

ぶぶ漬けの構成は、しば漬け・柚子こぼし・日野菜・竹の子漬け・奈良漬け・菜花漬け・たくあんの漬けもの類のほかに、ふきのとう佃煮・小鮎甘露煮・昆布巻き・きゃらぶき・小梅はちみつ漬けと、豊富な取り揃え。その前に漬けもの3点盛り（詩仙きゅうり・壬生菜・柚子こぼし）がすでに供された。これをチンチン沸いている茶釜の湯を急須に注いで、いただくのである。急須の中には煎茶、ほかに湯呑みでほうじ茶もサービスされる。漬けもの・ごはん・お茶、みなおいしくて食べすぎ必至。ただし配膳に20分は客を待たせすぎ。オマケに1つしかないキャッシャーが店頭販売と共用のため、会計を待たされることもしばしば、改善を要する。

後日、黄金漬け3点盛り定食（1365円）を。銀だら・さわら・目鯛の粕漬けの中では、目鯛がベスト。惜しいかな、玉子とキャベツのおざなり味噌汁が、京の老舗の風格を損ねている。

【名店二百選】

柳橋 浅草橋 蔵前

隆盛を極めた柳橋の衰退は目を覆うばかり。維新後、新政府の要職におさまった薩長のおエラいさんが、もっぱら新橋を贔屓としたのが大きな原因。もっとも地元の粋筋は彼らを田舎モンと呼んで軽蔑していたようだが。橋のたもとの「亀清楼」がビルに建替えられてから四半世紀は経過したろうか。すぐそばの「大黒家」もつい最近、鉄筋コンクリートの味気ない裸体をさらすようになった。

人形と花火と包装用品の街・浅草橋。日曜日などは人もまばらで、人間よりも人形の数のほうが多いくらい。ＪＲと都営浅草線の両駅も乗降客より乗換え客が圧倒的。途中下車する人とていない。

蔵前橋通りの両サイドに拡がる蔵前はおもちゃの問屋街、かって橋のたもとには蔵前国技館が両国方面を見据えていた。それも現在は水処理センターに。

幸鮓

（こうずし）すし

★♥

台東区蔵前3-4-8
03-3863-1622
日祝休　地図L

江戸前シゴトが冴えわたる

　自ら「江戸前の小肌・煮はまぐりの旨い店」を名乗るからには相当な自信があるとみた。確かに2品とも自信を裏付ける仕上がり。しかしその上をいった江戸前シゴトが小ぶりのやりいかを使った煮いか。薄くとも張りのある身肉を噛みしめたときの歯ざわりが最高で、耳をすませば、かすかにパキッパキッと音がする。にぎりでいただいて、アッサリとした煮つめとの相性にうなづく。歯応えを残して煮含めた穴子も注目に値する。おぼろをかませた春子には意表をつかれた。春子とは真鯛や血鯛（花鯛）の幼魚のことで、身は柔らかいが皮目が硬い。ところが皮も身もフックラとソフトタッチ、一瞬で酢めしと溶け合った。熱湯で瞬間処理したのだそうだ。他店が見習っていいシゴトと言えよう。すり身入りの玉子も昔ながらの製法。ここでハタと膝を打つ。煮いかも玉子も浅草は馬道の「弁天山美家古」にそっくりなのだ。特筆すべきは漬け生姜、若い生姜を極薄にスライスし、甘味・酸味ともに控えめな漬け酢に漬けて、実にデリケート。連れて行った会社の部下のT村がそれを大根サラダの如くにムシャムシャやりやがって、お替わりに次ぐお替わり、恥ずかしいったらありゃしない。

　そのときは暖かい冬の一夜だったが、春先の再訪時もほたるいかとすみいかが絶品だった。この店の得意種目は、小肌・煮はまぐりにも増して、様々ないかたちではなかろうか。

江戸平

（えどへい）天ぷら

台東区柳橋1-22-7
03-3851-2413
土日祝休　地図M

半世紀を越えてなお

成瀬巳喜男の名作『流れる』に、この「江戸平」がほぼ現在の姿で登場する。さびれゆく柳橋界隈だが、この一郭は50年経った現在も変わることがない。田中絹代がたたずんだ総武線高架下のコンクリートの橋梁など、今もあのまんま、空恐ろしい気さえしてくるなぁ。

01年の師走の昼にお好みで揚げてもらった。品書き札を吟味したのち、車海老・かき大葉巻き・ふぐ・はぜを2つずつ。素材は真っ当なもので、殊にジューシーなかきがおいしかった。小ぶりな海老とかきは2つでいいが、やや大柄のふぐとはぜは1本でよかったと少々悔やむ。ふぐはホックリと揚がっていたが、サカナの風味がないぶんもの足りない。しじみ赤だし・新香・ごはんで計5400円は妥当なところだろう。カウンター10席、テーブルは4人掛けが3卓。清潔な店内は下町の粋をそこかしこに垣間見せる。

およそ3年ぶり、今度は天丼（2200円）を。海老3本・めごち・すみいか大葉巻き・穴子・オクラがドンブリではなく、蓋付きのお重で登場。蓋があるということは当然カリカリではなくシットリ仕上げだ。ほかには天ぷら定食が並（2200円）、上（3200円）、特（4500円）、穴子天丼（2500円）、かき揚げ天丼（2700円）など。廃れても柳橋、色気のにじむ天ぷらは、浅草の大店のようにガサツなものではない。

大黒家

（だいこくや）天ぷら

★♥

台東区柳橋1-2-1
03-3851-4560
日祝休　地図M

メロンと穴子の交換条件

建て替えでしばらく休業していたが04年12月20日にやっとリオープン。コンクリート打ちっぱなしの4階建てに変身しても、柳橋のたもとに変わらぬたたずまい、眼下の船宿小松屋は煮・一と口あなごの品書きが見える。玄関脇の待合室で緑茶とおしぼりを使い、待つこと5分、準備整った2階の揚げ場に案内された。馬蹄形のカウンターは詰めこんでも11席がやっとだ。正午前ですでに満席の盛況ぶり、これなら浅草の「大黒家」の流れをくむなどと明かさぬほうが身のためなのに。

お昼は定食と天丼（各3675円）があり、ボクも含めて全員が定食。背広姿3人男のみ、海老すり身トースト・かき・ふきのとうなどの内容から推察して1万円のコースのようだ。単発に揚がる天ぷらをお茶でいただくのはいささか侘しく、ビールと的矢産生がき（1人前3個）を注文。う〜ん、やはりかきは的矢が好きだ。女将と若い女性2人のサービスも気持ちがいい。先代の姿が見えず、揚げ手は息子さん。才巻き2尾・＊きす・はす・しいたけ・ブロッコリー・＊芝海老と小柱のかき揚げの内容はボリューム的にややもの足りない、天つゆは甘めの下町風で、胡麻油の香る天ぷらとマッチする。ごはんのおいしさは特筆。食べ終わって再び階下の部屋でメロンとほうじ茶。まことにけっこうだけれどメロンの替わりに穴子が1匹ほしかった。意地汚くてゴメンナサイ。

日向亭
（ひゅうがてい）うどん

台東区浅草橋4-19-7
03-3865-8282
日祝休　地図M

コシが命の宮崎うどん

水天宮の「古都里」はかけつゆの旨さで面目を施したが、この店はうどん本体の歯応え、喉ごしで生き残った。うどんとつゆ、あちらを立てればこちらが立たず、どうも下町のうどん屋さんは安定感に欠けるきらいがありますな。それにしても、ここのうどんを噛みしめていると、えも言われぬ快感に襲われる。ツルツルのモチモチのシコシコ、う〜ん、たまらん。

「当店のうどんは生から茹で上げているため7、8分お時間がかかります」――いやいや15分はたっぷりかかりましたぜ。それでも不平不満はございやせん。

問題はつゆ。色は薄くともかなりしょっぱく、しかも甘い。化調も感じさせて、とにかく味のつけすぎ。熱々で来るのは評価するが改善の余地は大いにあろう。

5年にもなろうか、初回は夜におジャマして一杯やった。サントリーモルツの生中と浦霞のヒヤ。合いの手の冷奴は大きく切った木綿豆腐。おろし生姜・きざみねぎ・花がつおの薬味トリオもタップリと、これには満足。きゅうりとわかめの酢のものは、素人だってもっとマシなのが作れよう。締めはおぼろうどん。しばらくおいて炊き込みごはん付きの味噌煮込みうどん定食（1050円）のランチ。さすがに売れスジだけあって美味。そしてこの本のための最終チェックにかき揚げうどん（820円）。やはりうどんの旨さだけが際立って、つゆはダメ。

よし田

（よしだ）うなぎ

★

台東区柳橋1-26-10
03-3851-7802
日祝休　地図M

よ多漬は専売特許

この店も「江戸平」同様に、映画『流れる』のフィルムに収められている。

多少看板の角度が違うようだが、名物・うなぎよ多漬の文字もハッキリと映っている。セットとロケが混在しているものの、山田五十鈴・高峰秀子の親娘が住む芸者置屋は、この店のすぐ脇のような気がしてならない。田中絹代の駆け出す路地、その向こうに見える柳橋病院、今もそのままだ。

昼の11時半に立ち寄って、うな重の徳（1900円）を注文しておき、近所で用を足す。ほかにランチタイムのみの松（1260円）と、上（2520円）・特上（3150円）がある。30分ほどして店に戻り、重箱が出てきたのは12時10分過ぎ。うなぎの焼きは強め、たれは辛口、アッサリとした味わいに香ばしさが引き立つ。

夜の品書きに目を通すと、魅かれるものの多いこと、ウラを返すのもそう先のことではあるまい。

カッキリ1ヵ月半後、白鷹のぬる燗でくだんのよ多漬。いわゆる味噌漬けは特許を取得しているそうだ。珍しいのは、おでんをちり酢（ポン酢）で食べさせること。昼にはおでんちり定食が630円と格安だ。子持ち昆布・もずく・あおりいか刺身・うなぎ塩焼きなどと合わせて2人で1万9000円。

後日も、こち刺し・はも落とし・うなぎたたき・肝焼きを堪能してしまい、肝心のうな重には初回以来お目に掛かっていないのだ。

千葉家
（ちばや）うなぎ

♥
台東区浅草橋1-19-10
03-3851-2261
日祝休　地図M

お年寄り向き柔らかごはん

明治26年創業。JRあるいは都営地下鉄の浅草橋駅から徒歩1分とかからない。看板に eel Restaurant の文字。今は廃れた花街・柳橋を控えて、訪れる外人客も少なくはなかったのだろう、その名残りとみた。

うな重は竹（2000円）、梅（2600円）、特（3100円）の3種類。うなぎとごはんが別れた重ね重も3100円。ここではいつも竹を所望する。小ぶりなうなぎは繊細な味わいで、蒸しが深いためか、かなりの柔らかさ。昔懐かしい風味のたれは気に入りなのだが、ごはんにまぶしすぎで、あとから喉が渇く。そのごはんもかなり柔らかく炊かれて、お年寄りには喜ばれよう。卓上の粉山椒はやや香りに乏しい。みつばとしいたけをあしらった肝吸いは上々。

注文を通してから20分ほどは待たされるから、上新香（500円）、肝煮（700円）、鳥わさ（800円）あたりでビールや燗酒もいい。この焼き鳥（800円）はもも肉に串を打たず、網焼きにして出す。うなぎマニアなら白焼き（2600円）という手もある。

土曜の正午前、近所の常連が続々と来店する。中高年の男性が目立ち、お婆ちゃんの姿もちらりほらり。この店の御曹司だろう、世話をする青年の応対がとても丁寧で、見ていてすがすがしい。週末のせいか、ビールでくつろぎ、朝刊に目を通す客の多いこと。

やしま
うなぎ

★♥
台東区小島2-18-19
03-3851-2108
日祝休　土曜不定休　地図L

つまみで稼がぬ潔さ

左衛門橋通りと春日通りの交差点、交番の隣りにある。注文が入ってからうなぎを冥土に送るので30分は待つことになろう。あらかじめ電話を入れておけば、到着時間に仕上げてくれもする。一杯やりながら待つのだが酒肴がヤケに安い。板わさ・冷奴・もずく・焼き鳥がオール315円。もろきゅうなど210円だ。「お待ちいただいてるのだから、おつまみでは儲けません」――そう宣言しているようで、見上げた潔さ。肝吸い・新香を従えて登場したうな重の中（1575円）、マズいワケがありゃしません。

伝丸
（でんまる）和食

★♥
台東区柳橋1-6-3
03-3851-3432
日祝休　土曜昼のみ営業　地図M

料亭から酒亭に変身

いかにも柳橋の料亭といったたずまい、粋な黒塀に往時を偲ぶことができる。月日は流れて昼は定食屋、夜は酒亭に変身した。煮魚定食（950円）は金目鯛。小さな冷奴付きで、食べ得感が大きい。カウンター・小上がりともに落ち着いた雰囲気が漂って、これだけでも一訪に値する。天ぷらや銀だら西京焼きの定食も同じく950円。大ぶりのさば塩は800円。夜はコースよりも気楽に飲みたい。酒肴のエシャレット・もろきゅう・谷中は350円。丸干し・えいひれ・針子（小さんま干し）が450円と格安だ。

亀清楼

（かめせいろう）和食

★★♥

台東区柳橋1-1-3
03-3851-3101　日祝休　土曜はコースの予約のみ　地図M

江戸の名残りの柳橋

安政元年（１８５５年）創業。この年に日本とロシアが通交条約を締結している。神田川の最下流、今まさに隅田川にそそぎ込もうとするところに架かる柳橋、そのたもとに拡がる花柳界はかって赤坂や新橋をしのぐほどの格式と繁栄を誇ったが、明治に入って急速に廃れていく。西国から新政府に乗り込んできた無粋者には江戸の美学は荷が重かった。数年前に「いな垣」が廃業して、以来料亭らしい体裁を維持しているのはここ１軒となった。永井荷風や池波正太郎が愛した柳橋はもはや死滅したと言っても過言ではない。

モダンなビルに建て替えられて、かっての威風は失われはしたが、大きな窓越しに隅田川の流れや対岸の国技館を眺めながらの食事は風雅きわまりない。横綱審議会が開かれる広間で懐石料理をいただいた。１万８０００円のコースをダイジェストで紹介すると、

前菜—あん肝・＊子持ち若布・穴子八幡巻
吸いもの—真鯛としめじ
造り—真鯛・まぐろ・やりいか
口代り—＊甘鯛とっくり蒸し
鉢肴—鰤大根・かもじ牛蒡・合鴨塩焼き
煮もの—海老芋・うずら・水菜
食事—＊十日町妻有そば
果物—＊洋梨・苺

＊ジルシ以外もかなりの出来映え、江戸風味付けもさほど濃いものではなかった。

ビストロ・モンペリエ

フランス

★★
台東区蔵前3-16-7
03-3864-1611
日祝休　地図L

氷見の寒ぶり ブレスの子鳩

下町のベスト・フレンチ。もっと早く来ればよかった。1度はドアノブに手が掛かる寸前に心変わり。店先にチャリンコが3台横並びだもの、萎《な》えるよなぁ。

意を決したのは05年1月末日。銀座唯一のロシアンフレンチで活躍する女性シェフ2人をお連れした。味もポーションも満足できるという風評に誘われて、多種類の料理をガッツリいただく寸法だ。ワインもしっかり飲もうと、まずモレ・サン・ドニ'00年の白（6000円）。そして赤はラドワ・プルミエ・クリュ'95年（7000円）。なんとまぁ良心的な値付けだろう。

田舎風パテと豚レバーのテリーヌの盛合わせ（1400円）は、まろ味のテリーヌに対してインパクトのパテがいいコントラスト。ライ麦・レーズン・ポテトなどが入った4種類の自家製パンがバスケットに山盛りで250円とはバター代にもなりゃしない。氷見産寒ぶりのグリエ・マスタードソース（2400円）も衝撃の美味。世の板前さん、刺身や照り焼きばかりが、ぶりの魅力じゃありやせんぜ。豚バラ肉とソーセージが酸っぱいキャベツと一体となるシュークルート（1800円）、ブレス産子鳩のロースト（3600円）、どちらも素材の持つおだやかな旨みがストレートに伝わり、感涙ものだ。気がかりなのは心もとない客足で、こんな名店をツブしちゃったら、ご近所のみなさんの名折れですよ。

大吉

（だいきち）洋食

台東区柳橋1-30-5　KYビルB-1
03-3866-7969
第2土曜休　地図M

年中食べられる真がき

花街に洋食屋はつきものながら、柳橋ではここ1軒のみ。置屋も料亭もどんどん消えてゆくのに、洋食ばかりが生き残るというワケにもいくまい。メニューは豊富だが、いささか出来不出来の差が激しい。牛レバー下町ステーキ（580円）など、臭みもなく柔らかくオマケに安い。マイクロバブル製法でかきの産卵パターンを変えることにより、1年中食べられる広島は能美島の若がき（2個525円）と、天皇陛下も召し上がられたという岩手県岩中牧場産銘柄豚のとんかつ（320g1800円）が自慢の2品。

KORYO

（コリョー）冷麺

★

台東区柳橋1-12-8　朝日MMビル2F
03-3863-0023
無休　日祝は夜のみ営業　地図M

愚作の中で際立つ冷麺

赤坂と大宮に支店があるが、ここが本店。冷麺専門店を名乗るだけあって、自慢の平壌冷麺（1155円）はおいしい。まろやかな甘みを持つスープは化調をまったく感じさせない自然な旨み、スックと立つ背高な盛付けも見事で、生涯ベストと断言できる。ただしほかがイケナい。総じて焼肉がダメな上、ビビンパもビビン麺も冴えなかった。白菜キムチのデキだけは良く、冷麺のおいしさに一役買っている。一ツ星は冷麺に捧げるもので、もしこの店が一般的な焼肉店の看板を掲げていたら、★を外すところだ。

【名店二百選】

駒形 寿

蔵前とともに、浅草橋と浅草を結ぶコンパクトな一郭ながら、老舗やひそやかな名店に恵まれている。この地域の4辺を囲むのは、春日通り・新堀通り・浅草通り、そして隅田川。元来、浅草は寺院の多いところだが、国際通りの西側の寿1・2丁目ではそれこそ、犬も歩けば…だ。

夏の隅田川花火大会の第2打上げ会場は厩橋の脇、川に面した駒形2丁目の目の前だ。もう1つオマケに両国橋あたりでも打上げてくれたらどんなにすばらしいだろう。江戸時代享保年間に始まった江戸両国川開き花火がそのルーツなのだから。

松波
（まつなみ）すし

★★
台東区駒形1-9-5
03-3841-4317
土日祝休　地図L

いつも変わらぬ ひらめの食感

入り口の重い扉を開けて誰に迎えられることもなく、殺風景な1階から勝手に2階に上がる。予約なしの1人で訪問。12席ほどあるカウンターが今晩は大盛況、左手に初老の管理職4人衆、右手には某劇団の代表A氏が率いる6人組。大御所を大塚の「江戸一」でお見かけしたのが00年の2月だから5年ぶりだ。それにしてもA氏はよくしゃべる。相手はアメリカ人の興行関係者で、同時通訳のオバちゃんがすべてトランスレートするから会話量はハンパじゃない。「ライオン・キング」、「キャッツ」の中国上陸がテーマ、聞くともなしに全部聞いちゃった。

青森産のひらめでスタート。薄めに切られた4切れはミシッ、ミシッという歯ざわり、これはいつものことで、〆めて寝かせる時間の妙だ。聞きそびれたが氷見《ひみ》産だろうか、さばもスゴい。酢の効いた酢味噌でいただく。蒸しあわびも平貝もみな薄切り、かえって素材の個性が引き立つ。気になったのはひらめとさばに残った小骨。

にぎりは、即席に〆めた酢あじ・＊梅肉をカマせたさより・小肌・すみいか・赤身づけ・キャヴィア・＊ひもと一緒の赤貝・穴子・酢めしなしの玉子。十八番のキャヴィアは見たところオセトラのようだ。1粒ずつが頑固に独立した酢めしが白眉。ドライの小瓶2本に賀茂鶴のお銚子2本と合わせて1万8600円。鉄骨の階段を下りながら「オペラ座の怪人」の1シーンを思い出したのはA氏からの連想だろう。

蕎上人

（そばしょうにん）そば

★★♥
台東区駒形2-7-3
03-3841-7856
月休　第2・4日曜休　地図L

懐メロ聞きつつ 鴨南そば

自宅から近いこともあって好きなそば屋さんではあるのだが、リピート率が低いためにそれほどの回数おジャマしたワケではない。そうだ、温かい種ものを試してないなと気付いて出掛けた。

壁の品書きは本日提供できる品々。せいろ・田舎・ざるうどん（各１０００円）・茶切り・けし切り・ゆず切り（各１３００円）などが並んでいる。冷やし鴨南そばに魅かれたが、いやいや今日は温ものなのだ。鴨南うどんも試してみたい、いやいや温ものでもそばでなければならぬ。堂々巡りの末に鴨南そば（鴨ものすべて１９００円）に白羽の矢。余裕があったら、そのあとでざるうどんなどと目論んだものの、目の前に現れたデッカいドンブリに無謀な考えを即刻改める。自慢の蔵王地鴨が6切れほどお行儀よく並ぶ。さすがに旨みは強いがやや火の通しすぎ。棒状太めの南蛮ねぎもズドンと3本、クルリと結んだみつばに柚子皮が3片、なかなかに素敵な光景だ。ノビないうちに早いとこと焦ってみても、中身熱々こちら猫舌、箸の上げ下げの振幅が大きくなるのも当たり前。いい汗かいて食べ終わり、氷入りおひやで体温調節を済ませ、ホッと一息。

ほぼ満席の店内に流れるのは大正琴のＢＧＭ。ボーっとして耳を傾ければ、「星の砂」、「何も云わないで」、「北の宿から」、「無縁坂」と懐メロばかり。全部知ってる自分がイヤだね。

前川

（まえかわ）うなぎ

台東区駒形2-1-29
03-3841-6314
第1月曜を除く月休　地図L

名店の復活

前著『浅草を食べる』では単に「百選」にもれた有名店にに収録しただけでなく、ケチョンケチョン書かせてもらった。お店として恨み骨髄なのは推測にあまりあって、ボク自身も月の隠れた夜には、駒形界隈を歩かなかったものだ。

04年11月に再訪して嬉しく思った。あれだけ乱れていた玄関先がキレイに整理整頓されている。ダンボール箱は影も形もない。因縁のスリッパもキチンと並んでいた。だが惜しいかな、布製なので汚れジミが気になる。「スミマセンねぇ、重箱の隅つつくようで」。

2階に上がり、重箱の隅、もとい、部屋の隅の窓際の席。目の前は隅田川。目の前が川だから「前川」を名乗る店名の由来は、知られているようで案外知られていない。肝焼き（2本1050円）をお願いして、ビールといきたいところを二日酔いのため、ペリエの小瓶（735円）でガマン。そして前回食べ損ねた坂東太郎うな重の一番小ちゃいの（3465円、あとは3990円と4725円）。利根川で育った、より天然に近い養殖うなぎの太郎クンはおいしかった。ごはん・肝吸いも秀逸だ。

アラを探すと2点ほど。昼夜兼用の品書きは、立派なコース料理や蒲焼がドーンと威張っているのに、昼だけのうな重・天重（各2200円）の文字が小さくてトリッキー。レモンのスライスを浮かべたとはいえ、ペリエも高すぎる。とは言うものの、名店の復活を素直に慶びたい。

すぎ田

（すぎた）とんかつ

★★♥
台東区寿3-8-3
03-3844-5529
木、第2水休　地図 L

コロモは薄く肉厚く

東京都内でここまで薄いコロモのとんかつはまず見かけない。じゃが芋ではないから、素揚げにはできないが、極力それに近い仕上がりを求めて行き着いたのがこの方法で、豚肉の風味と肉汁を逃がさずに包み込むための薄着であろう。しかも温度の違う2つの鍋を駆使して丁寧に2度揚げされるのだから豚も本望だ。どうしてもロースとんかつ（1800円）を注文する機会が増える。ヒレと異なり、左右別々の旨さを楽しめるからだ。ごはん・漬もの・豚汁と合わせて、計2300円也の至福を味わう。

【名店二百選】

浅草

深川が隅田川左岸の典型的下町ならば、右岸は浅草だ。高倉健の唄う「唐獅子牡丹」の何番かに「エンコ生まれの浅草育ち」という歌詞があるが、このエンコの意味をご存知だろうか。隠語で上野をノガミ（漢字の逆さ読み）、池袋をブクロと呼ぶがごとく、浅草のことなのだ。明治中期に浅草は、浅草公園全六区として区画整理された。その公園を逆さにカナ読みしてエンコウ、それを縮めたのがエンコ。まぁ、裏の世界のスラングだが、今の浅草にそれほどのヤクザが暗躍しているワケではない。東京のほかの街に比べると確かにガラのいいほうではないけれど、新宿あたりよりずっと安全だ。ハナから敬遠せずにチョクチョク出かけて、浅草の魅力に浸ってほしい。東京広しといえども、こんな街はほかにない。

鮨よしだ

（すしよしだ）すし

★★

台東区浅草2-1-14
03-3845-7557
日休　地図O

パンチとケムリに耐えてでも

4回目で初めて親方の前に座った。往年の名優にして名ドラマー、フランキー堺の息子みたいな面立ち。ガハハッと笑ったときにゃ顔だけでなく声までおんなじ、思わずこちらも吹き出した。

1月、小柄だがやっと小柴のしゃこが出回りだして、さすがに抜群の旨さ。ひらめも秀逸。厚切りの鯨ベーコンの魅力を初めて知り、やりいかエンペラのコリコリ感を楽しんだあと、おろしを添えた甘鯛の西京焼き。うーん、このサカナはこのくらい漬け込まにゃ個性が出てこんな。飲みものはスーパードライの中瓶、グラスに並々の村尾のロック2杯。ビールはドライのほかにスーパーモルト、富士山、黒ビールと揃って、この店はアサヒの回し者か。

にぎりへ。かなりの小ぶりは銀座「久兵衛」を偲ばせる。さよりは昆布〆めにされて持ち味発揮。新子サイズの小肌も酢の塩梅がいい。赤貝の深いコクは閖上《ゆりあげ》産だろう。煮はま・しゃこ・穴子と、煮つめの3連発。つめには穴子のほかに、いか類のエキスが溶け込んでいるようだ。赤身の素材に文句はないが、冷蔵庫から出し立てでは冷たすぎて違和感が残る。すり身入りの玉子が白眉。砂糖を使わず甘味ゼロ。初めて出会うシゴトはその着眼に拍手喝采。以上で1万1000円は明日にでもウラを返したくなる。ほとんどの客がスモーカー、オマケにパンチパーマも少なくない。そんなことには目をつぶり、行かなきゃいけないこの店だけは！

弁天山美家古寿司

（べんてんやまみやこずし）すし

★★♥

台東区浅草2-1-16
03-3844-0034
月休　第3日曜休　地図O

真鯛松皮
穴子の白煮

数軒先の「鮨よしだ」と二ツ星が2軒並んでいる。さすがに浅草、銀座にヒケは取らない。

ニューヨーク時代からの友人に十数年ぶりで会い、案内する。頃は6月の終わり。彼女は観音裏のそのまた裏、竜泉の生まれで、常々この店に来てみたかったと言う。ドライで乾杯後、つまみで飲むよりもにぎり派のツレには、にぎり17カン、巻きもの1本の美家古コース（9975円）を堪能してもらい、こちらは山田錦でいつものようにみどり酢。その内容は、あじにやりいか、そして貝類のひも（赤貝・みる貝・北寄貝）。きゅうりの緑も鮮やかな夏向きの一品だ。殊にあじとみどり酢は抜群の相性を見せる。

第2の皿はつまみの盛合わせ。しゃこ・たこ・煮いか（するめいか）・蒸しあわび。あわびにはいか墨と和えた肝が添えられている。甲殻類・軟体動物・巻貝の取合せの妙、アッという間に酒瓶がカラになって2本目。

「おいしい、おいしい！」――連呼する隣りの声に負けじと、おもむろににぎり。おぼろ入り小肌・＊真鯛・＊穴子・赤身・＊赤身づけ・おぼろ入り車海老・ひらめ昆布〆め・＊かっぱ巻き。皮目を霜降りにした松皮づくりの真鯛はこの店の真骨頂、白煮をあぶってにぎる穴子と二枚看板だ。五代目の娘さんに初めてお目にかかると、なかなかの器量良し。「オヤジに似なくてよかったね」――すかさず五代目応えて「みなさんそうおっしゃいます」。

高勢

（たかせ）すし

★★♥

台東区浅草3-11-7
03-3873-4757
無休　地図N

晴れて「高勢」を名乗る

04年11月、店名を「新高勢」から「高勢」に改めた。ここではくどくど語らぬが、洋食「香味屋」のはす向かい、根岸時代の「高勢」を知る者にはそれなりの感慨が湧こうというものだ。これに伴い、西浅草の旧「高勢」は「貴乃」を名乗ることとなった。

改名前の6月、銀座のバー「A」のT田チーフと、クラブ「L．J」のM子嬢を案内した。このご両人、銀座のすし屋にゃ、ちとウルサいが浅草ばかりはド素人、それでも「新高勢」の名声は聞き及んでいて、彼らのリクエストに応えた次第だ。なぜかその夜は日本酒ナイト、八海山の冷酒に始まって、黒松白鹿の常温、そして賀茂鶴のぬる燗。M子はぬる燗の良さを初認識。＊しゃこ・＊北海縞海老・まこがれい・粒うに・真鯛梅肉和え・青柳ひも・稚鮎姿揚げ・穴子白焼き・＊あわびバター焼きと平らげてほぼ満腹。にぎりはやっとこさ小肌・赤貝・＊玉子を1カンずつ。勘定は1人2万円弱。

明後日はお正月という夜に1人で。白身はひらめ。見たところ弾力がありそうで、薄めに切ってもらう。毛蟹は醤油を垂らした生《き》酢《ず》で。ともに花マル。すぐににぎり。おぼろ入り小肌、そして赤貝、相変わらずのワンパターン。即席の赤身づけと、同じく即席の〆めあじは、あじと大葉の相性がすばらしい。穴子を煮つめでやり、玉子で締めて計6カン。それにビール1本で今宵は7000円ポッキリざんす。

橋口

（はしぐち）すし

★♥
台東区雷門2-8-10
03-3847-0334
月休　地図O

かんぴょう巻きを忘れずに！

　その「高勢」がまだ「新高勢」だった去年の8月、二番手の職人が独立のために店を離れ、その秋に開いたのがこの店。夫婦2人で切盛りする。経緯は知らずに散歩の途中、偶然に見つけた。うなぎ屋の「初小川」と「色川」の中間あたり、目立たぬ場所ながら新築マンションの1階にあった。ガラス張りの店をグルリと囲むように竹林が配されて風情を醸している。

　04年2月初旬の土曜夜に初訪問。ツレは前述のM子嬢というのもどこか因縁めいている。店内はゆったりとして「高勢」よりも高級感が漂うほどだ。おしぼりを使って「さぁ今夜もまた、飲んで食べるぞ！」――という気になってきた。スーパードライ・菊正宗・森伊蔵・薩摩宝山とずいぶん飲んだ。ビール冷え冷え、酒はぬる燗、芋焼酎はロックでやって、宝山がベスト。さつま芋のスイートにして華やかな香りと喉越しがすばらしい。さて、つまみ。＊北海縞海老・＊蒸しうに・ひらめ・＊さば・たこ・＊あん肝・＊わたり蟹・鯨ベーコン・赤むつ煮こごり・からすみ・とらふぐ白子焼き・＊床ぶしガーリックバター。縞海老を知ると甘海老に食指が動かない。わたり蟹は内子が濃厚な旨み。続いてにぎり。小肌・車海老おどり・＊北寄貝・＊すみいか・＊赤身づけ・＊中とろ・カマとろ・穴子・玉子・＊かんぴょう巻き。づけと海苔巻きに瞠目した。しじみ味噌椀で締め、2人で3万8000円は「高勢」とセイム・プライス。

紀文寿司

（きぶんずし）すし

★

台東区浅草1-17-10
03-3841-0984
水休　地図O

決まってうれしい後継者

息子がつけ場に立つようになった。五代目を継ぐ決心をしたようで四代目も一安心、まずはメデタシ。観音裏のスナック「N」は土曜が休み、日本酒党のママを誘っておジャマしたのは10月末の土曜の夕暮れ。生いくら・赤貝の肝煮・穴子の肝焼き・たかべの一夜干しなどで燗酒を2合ずつ。にぎりはパキパキのすみいかが断然ベスト。気に入りの酢あじもよかった。すしにはうるさい彼女もご満悦だ。春に再訪。煮つめでやったしゃこがいい。ひらめ・小肌・たこなど8カンにビール中瓶と酒1本で5000円也。

栄寿司

（さかえずし）すし

★ ♥

台東区浅草3-21-6
03-3874-2303
日休　夜のみ営業　地図N

夜更けの飲んだくれ

この店で知り合った観音裏のドン・O津会長（ヤクザではない）のファミリー御用達の店。最近は2人してはしご酒の終着駅として深夜に訪れ、ろくすっぽ注文せずに飲んだくれて、迷惑をおかけしている。この場を借りてお詫び申し上げます。つけ台に着くと、すかさず白いかの沖漬けと谷中の漬けしょうが。これにひらめの昆布〆めでビール1本、酒2本くらいは飲めてしまうのだから店には気の毒だ。たまには奮発して目の前の水槽で気持ちよく泳いでる車海老をお願いするが、無益な殺生のためか寝覚め悪し。

鮨一新
(すしいっしん) すし

★
台東区浅草4-11-3
03-5603-1108
日祝休　夜のみ営業　地図N

シャレた酒肴に舌鼓

前述のO津氏の自宅の真ん前。したがって彼に案内されることが多くなった。シャレた酒肴が揃っているのは相変わらず。しゃこ爪・ばちこ・白海老・生とり貝・いばら蟹外子・あわび酒煮。白身の薄造りはお家芸、夏のこちに星がれいなど最高だ。生ものばかりでは飽きるからと、〆めさばの焼き霜、中とろのあぶり焼きで目先を変えてくれもする。春子（真鯛の幼魚）、きすの昆布〆めがあれば必ずにぎってもらう。

親方はクソが付くくらいに真面目、初めての客は多少の緊張を余儀なくされよう。

基寿司
(もとずし) すし

★♥
台東区浅草4-37-8
03-3874-1751
水休　夜のみ営業　地図N

柚子皮と削り節

バーや飲み屋はベツとして、食べもの屋に贔屓は作らぬほうだが、この店にはずいぶんと通っている。少々ヤクザっぽいけれど、職人気質の親方とウマが合ったのだろう。仕事をしながらタバコも吸うし、酒も飲む。そういうのが苦手な方は初めから近づかないのが賢明だ。やや小ぶりの真鯛が抜群に旨い。そぎ切りにした刺身も塩焼きにするカマも文句なし。にぎりは小肌と穴子だ。わさび巻きが十八番だが先日お目にかかった柚子皮と削り節の巻きものには驚いた。近年まれに見る傑作、試していただきたい。

あかし
天ぷら

★

台東区雷門1-16-1
03-3841-0788
日休　地図O

変わらぬ旨さ豆腐の味噌椀

前著『浅草を食べる』で指摘したようにこの店はランチに限る。竹天丼（900円）、あかし定食（1000円）には満足したので今回は上天丼（1200円）。入店してオヤッと思う。夜しか店に出ていないハズの店主が1人で鍋の前に立つ。先客にイタリア人の夫婦を案内した中年女性がいて、彼女の予約に対応したのだろうか。上天丼は、海老2尾・きす・小海老かき揚げ・金時芋・なす・ししとう。魚介はみなプリプリ、ごはんおいしく、丼つゆにもコクがある。そして豆腐の味噌椀が変わらぬすばらしさ。

小柳
（こやなぎ）うなぎ

♥

台東区浅草1-29-11
03-3843-2861
木休　地図O

一杯やって小さいうな重

いかにも浅草らしい店構えと、良心的な価格設定がうれしい。サービスが粗いという声を聞かないではないが、下町のオバちゃん（遠くからの通いにせよ）って、こんなんが当たり前。ほとんどの客はうな重の松（2100円）を注文。ボクはいつも竹（1470円）で、その代わりにうなぎ肝焼き・鳥もつ焼き（各420円）や玉子焼き（525円）あたりで必ず一杯やる。ある夏の夕暮れ、季節の水なす（1050円）でビールを飲んだ。皮が柔らかくていいが、量を減らしても値段を下げておくれでないかい。

大三

（だいさん）そば

★♥

台東区浅草5-30-8
03-3873-1437
水休　16時頃閉店　地図N

叶わぬ願い

1日4時間ほどしか営業しないから、遠方から来られる方は注意が必要。相変わらずビールを含めてアルコールはなし。立ち働くのもこの日は天ぷらを揚げるオバちゃんと、お運びのオバちゃんの2人だけ。実は種ものを試していないことに気付いて、おっとり刀で駆けつけた次第。いつも冷たいのばかりで、いまだかけつゆを味わっていないのだった。久しぶりだし、名代の海老天も食べたいしなぁ、思案の末に天とじ（950円）に決定。ほどなく店先に設えた天ぷら鍋がピチピチと小気味よい音を奏で始める。おいしい音とはこのことだ。仕上がりは玉子とじの上に海老が1匹鎮座まします光景で、天ぷらをとじる他店のものとは別景だった。こいつはいいやと、空いた薬味皿に海老を緊急避難させておく。フンワリ玉子をからめたそばをツルッとやっては海老をパクッ、山本益博さんではないが「うまいの、なんのっ！」。柚子とみつばもいい香り。額に薄っすら汗がにじんで、2月というのに冷たい麦茶がこれまた旨い。もり・かけが470円、カレー南蛮と冷やし肉南蛮は720円、天婦羅そばの並は920円、鴨南蛮が1400円。

常連客とオバちゃんたちの取りとめのない会話が響く店内。ハナシに相槌を打ちながらも空いたグラスには麦茶を注いでくれる。「1度でいいから、ここの海老天でぬる燗を！」――こんな願いを野暮天というのかもしれない。

酔い虎

（よいとら）ふぐ

★

台東区浅草1-4-10
03-3841-1576　月休（祝日の場合は営業）　夜のみ営業　地図O

入ってみなきゃ判らない

天然のとらふぐが良心的な価格で味わえる。ふぐ刺しもふぐちり（ちりは２人前より）も３０００円。浅草のふぐ屋のご多分にもれず、刺しは１人前でタップリの量が嬉しい。白とらというヤツだろう、厚めのスライスが歯に舌に快く、白皮までも旨みいっぱい、ポン酢の塩梅もけっこうだ。ちりは上身とアラのバランスよく、アッという間に平らげてしまうから、２人前からというのもうなずける。ザクはねぎ・春菊・白滝・木綿豆腐。とらふぐコースは、煮こごり・刺し・ちり・唐揚げ・雑炊。これが７５００円とは格安だ。

ふぐ以外の献立もなかなかの充実ぶりを見せる。生がき（８００円）、活け車海老（１０００円）、中とろ刺身（１５００円）、真鯛かぶと焼き（２０００円）、焼き鳥（６００円）。薄切りを網焼きにした鴨ロース（８００円）には白髪ねぎがこんもりと添えられて美味。季節の松茸料理に、バナナ海老（インドネシア産小海老）のかき揚げなどという珍品も。

『浅草を食べる　浅草の名店百選』を執筆中に店の存在は承知していた。雷門から歩いても１、２分という好立地、前を何度も通りすぎている。しかし、どことなく常連さん御用達という雰囲気に、ついついオミットしてしまったのは我ながら浅はか。今回は晴れて下町の名店二百選入りを果たした。自分で選んどいておこがましいが、オメデトウございます。

三角

(さんかく) ふぐ・活魚

台東区浅草1-20-7
03-3841-7650
水休　地図O

ふぐよりかつおが旨い夏

真夏の養殖とらふぐはどんなものかいのぉ、と飲み友達が誘い合い、４人で出掛けた。冬場の繁盛ぶりと満足度の高さは知り抜いている。あえて暑い時期に、ふぐ刺しと毛蟹。う〜ん、やはりこのシーズンのふぐは味わいに深みがない。オマケに２ハイ取った毛蟹の１匹がどうもハズレのようで、身肉・味噌ともに旨みに欠けた。きすの塩焼きも少々匂う。刺身とたたきの両方注文したかつおはさすが。会計は２万８０００円。そんなこんなで過酷と思わぬでもないが、今回は★を見送ることにしたのだ。

三浦屋

(みうらや) ふぐ・活魚

★

台東区浅草2-19-9
03-3841-3151　10〜3月無休、4〜7月水木休、8月全休、9月水休　地図N

夏休みもほどほどに

月替わりのこまやかな休日配分は東京広しといえども、この店独自のものだろう。個人的には８月の全休はカンベンしてほしい。名残りのしゃこにハシリの新子、あわびやかつおもイン・シーズンだ。並にしようか、上でいこうか、ふぐのランクに想い迷うこともなく、ポケットに５０００円もあれば、お大尽になった気分になれる廉価な優良店に丸々１ヶ月も休まれたひにゃ庶民はたまったものではない。町の魚屋さんのような持ち帰りコーナーだって、近所の主婦に愛されてるんだから、策はないもんですかいな。

かねまん

ふぐ・和食

★♥🍱

台東区浅草3-20-9
03-3874-0015
日祝休　夜のみ営業　地図N

アラカルトの醍醐味

観音裏のふぐの名店。ふぐを供するのは秋の彼岸から春の彼岸までの半年間、あとの半年は寝て暮らす、というワケではなく、懐石風の和食がいただける。

03年12月、会社の業績が良かったこともあり、この店で忘年会を奮発した。一同、天然のとらふぐに舌鼓を打って、大いに英気を養い、間もなく訪れる新年の奮闘を誓い合う。当時は1万5750円のコースがあり（現在は1万8900円のみ）これに唐揚げ（4200円）を追加して約2万円、翌年の頑張りが約束されるなら、会社にとっては安いものだ。

05年2月、アラカルトでいろいろと食べたくて再訪する。2人連れで小卓をはさんで向かい合うのも悪くはないが、せっかくカウンター席があるのだ、店主の仕事ぶり拝見の恩恵に浴するのが得策というもの。お通しは、上身をホックリとあぶったつけ焼きと、薄味も上品な煮凍り。歯を押し返す刺し（8400円）には添えられたかぼすを搾る。珍しい西京味噌仕立ての白子椀（2940円）の旨さよ。中落ち焼き（3360円）、白子焼き（4200円）、唐揚げ（4200円）も文句なし。ちり（8400円）を味わい尽くして雑炊はパス。

2人で3万8000円ほどは、当地にあるすしの名店、「高勢」・「松波」・「橋口」などとほぼ同値段。縁戚スジの「人形町かねまん」をしのいで、二ツ星にあと一歩。

金泉

（きんせん）和食

♥
台東区花川戸2-16-1
03-3841-6380
水休　地図N

浅草の正月だからこそ

電話確認して訪れたのが正月3日。さすが浅草、ほかの街とは違って新年早々フル稼働の店が多い。天ぷら主体の総合和食店はうなぎも鍋ものも欠点がなく、ユーティリティー・プレイヤーの面目躍如といったところ。今回は普段カバーしきれていない脇役陣に焦点を当ててみた。いわゆる酒肴類や箸休めなどのささやかな1品料理だ。

真っ先に注文した本日のおすすめ、たこ柔らか煮はすでに売り切れ。気に入りのうなぎ肝焼きといきたい気持ちを抑えて初めての焼き鳥（2本525円）を。他店と比べて細く長い串を打たれたもも肉は不自然に固まって、見るからに冷凍の解凍、七色を振ってもどうにもならない。海老しんじょ湯葉揚げ（945円）はさすがに得意種目で無難にこなしている。品書きのあら煮（840円）に目が留まり、この時期だからぶり大根あたりかと見当をつけて尋ねると、今日はすずきとの返答、イヤな予感はしたがそのままオーダーして、これが最悪。形の揃ったカマ下ばかりが8つほど、明らかにこのパーツだけをまとめて仕入れている。しかも養殖の冷凍だから、白身魚にあるまじき匂いさえ放っている。築地の河岸が休みのうえに、浅草の人出はすさまじい。やりくりが大変なのは理解できる。しかし正月だけしか浅草に来ない人も多いのだ。天ぷら・うなぎを食べていれば一ツ星確実なだけに残念。それでも二百選には残った。

花櫚

（かりん）和食

台東区浅草3-31-3
03-3875-2600
月休　夜のみ営業　地図N

迫力の金目かぶと煮

飲み友だちのO津会長とスナック「N」で、ほどほどに飲んだあと、彼行きつけのこの店に誘われて初訪問。観音裏の目立たぬロケーションながら存在は知っていた。ほたるいかと中国大根のサラダ仕立て、おせち風前菜の盛合わせ、おこぜとその胃袋の肝和えで、吉四六のロックを3杯ほどやり、ほのかな充実感にウラを返すことを心に決める。

2週間後、この店のカウンター席にJ・C・オカザワの姿を見ることができる（池波先生、スンマセン）。この夜はサイの目に切った鴨肉と揚げいか団子のサラダ仕立てが突き出し。前菜にはエシャレット、いか塩辛とチーズの和えもの、錦糸玉子の押し寿司。焼酎も芋で攻めて、さつま芋の甘い香りが鼻腔をくすぐる薩摩宝山だ。品揃え豊富なサカナたちから、石鯛とひも付きの北寄貝、それにひらめの昆布〆めを盛合わせてもらう。もちろん本わさびで、これが2000円。赤貝や青柳のひもは珍しくもないが北寄のそれは野趣を感じさせてなかなかの珍味であった。浅く〆められたひらめも、すぐ近所の「栄寿司」のそれに似てボクの好み。煮魚が食べたくなって注文した金目鯛のかぶと煮（1000円）はド迫力。2人でじゅうぶんに楽しめた。その晩はこれで切り上げ、目と鼻の先にある酒亭「ぬる燗」で飲み直したが、その翌週も再訪してるのだから、相当気に入ったんでしょうな。

田毎

（たごと）釜めし・焼き鳥

★♥

台東区浅草3-27-3
03-3874-3253　木休　第1・3水休
夜のみ営業　地図N

生涯ベストの釜めし

好みの釜めしを注文しておき、待つ間に焼き鳥や鳥わさで杯を傾ける。白鶴の生貯蔵酒の冷たいの、本醸造のヒヤか燗。きんぴら・ひじきなどの突き出しもチマチマせずにドンと来る。焼き鳥は、つくね・正肉・ねぎま・はさみ（ししとう入り）・砂肝・もつが170円、手羽先は320円。小ぶりでシットリ柔らかく、色の濃い辛口のたれにマッチする。新香盛合わせ（420円）も忘れちゃいけない。きゅうり・なす・かぶのぬか漬け、漬かり具合がとてもいい。

そうこうするうち釜めしが炊き上がる。いろいろ食べたが、今回は気に入りのかき（1580円）と初挑戦の貝柱（1790円）。焼き鳥その他をつまんだあとの2人で2釜は胃にコタエるとは知りつつも、歯止めの効かない食いしん坊、自滅覚悟で頼んでしまう。みつばをあしらったかき釜めしはいつものおいしさ、相変わらずの安定感。さて貝柱の蓋を開けて驚いた。てっきり帆立の貝柱と早合点していたが、目に飛び込んだのは大粒の小柱、いわゆる青柳（ばか貝）の貝柱だったのだ。こちらにはグリーンピースが散っている。小柱は絶妙の火の通しで、プチプチのサクサク、そしてほのかなエキスを吸い込んだごはんの旨いこと。わが生涯ベストの釜めしとなった。帰りに行きつけのスナック「N」に寄り、「田毎」ファンのママに報告すると、「あすこの釜めしは鮭に限るわよ」――だとサ。近頃のオバさんは可愛くないや。

大宮

（おおみや）洋食

★
台東区浅草2-1-3
03-3844-0038
月休　地図O

サカナ好きならブイヤベースを

05年元旦。再調査のため1年半ぶりに訪れる。2階席は十数年ぶり。すぐ目の前の「松むら」でロースかつと海老ふらいでキリンのラガーを飲んだあとなのでボジョレ地区のモルゴン'00年（6300円）を。料理もそんなには入らないから2皿のみにする。シェフ気まぐれオードブル（1890円）はスモークサーモンと湯葉のミルフィーユ仕立て。クリーミーなチーズを仲介役に、黒トリュフとディルの香りがインパクトのあるアクセント。イクラまで散らしてあった。バランスよくスターターとしては上々だ。ただし、ナイフを入れると湯葉が頑張るせいか、スパッとは切れてくれず、真ん中だけ沈んで両端が跳ね上がってしまう。結果、せっかくの美形がグチャグチャに。作り手の食べ手に対する思いやりの欠如。お次は特製ブイヤベース（4730円）。アイオリとガーリックトーストが添えられて、サフランが香りに香る。配役は、ほうぼう・あいなめ・そい・穴子・帆立・はまぐり・ムール貝、そして小ぶりな伊勢海老だ。皮目を見せているから、サカナ通ならすべての材料を言い当てることができるだろう。じゅうぶん満足したがムール貝のみ身がやせて貧相、枯れ木も山のにぎわいの域を出ていない。

コースが5種類もあるわりにアラカルトは少ない。鴨のコンフィ、仔羊の網焼きタイム風味に、お得意の若鶏蒸し焼き粒マスタードソースは健在だ。

グリル・グランド

洋食

★★♥

台東区浅草3-24-6
03-3874-2351
日祝休　土昼休　地図N

薄カツの2枚付け

前著『浅草を食べる』のために通ったのは03年の夏だった。「美家古寿司」に同伴した前述の友人と、約1年ぶりにおジャマする。

「正直ビヤホール」で生ビールを2杯やってきたあとなので、さっそくジョセフ・ドルーアンのブルゴーニュ・ルージュ'02年をお願い。バジルとトマトを付合わせた真鯛のカルパッチョ、コンビネーションサラダを添えた和牛フィレ肉のたたきが当夜の前菜。牛フィレは肉質が良すぎて、銀座・六本木あたりのステーキハウスで注文したら、いくら取られるか図りかねるほど、相変わらずいいモン出してるわ。子すみいかと言うか、すみいかの赤ちゃんのにんにくバター焼きは、最近のスペシャリテにして、人気商品のようだ。神田神保町の中華料理店「咸亨飯店」の自慢料理でもあって、久々のご対面と相成った。そして山本益博氏も絶賛の薄カツ。2枚付けの薄いポークカツレツは軽やかに香ばしく「ゆたか」や「すぎ田」のそれらとはまったく異質の魅力を知らしめてくれる。ビールやワインの供には絶対にこちらを勧めたい。仕上げは牛肉入りハヤシソースを掛け回した特製オムライス。感涙にむせび始めたツレは最後にスポンジケーキ風のズコットまで平らげ、お2人様締めて1万3000円とちょっと。フレンチやイタリアンと比較して、洋食屋さんって安すぎやしないかい？

洋食 はぎわら

（ようしょくはぎわら）洋食

♥

台東区雷門1-12-12
03-5828-5108
木休　第3水休　地図 O

早くも根付いた優良店

浅草寺の北側の観音裏には洋食屋さんが多いのだが、雷門の南側では非常に少ない。そんな地の利も幸いしてかオープンして5年足らずで、すでに地元の人たちの信頼を得ている。常連さんから「マスター、マスター」と慕われるシェフ、目配りと気配りにたけたマダム、まさにグッド・コンビネーションで繁盛するのも道理だろう。

初詣の客もやっと落ち着いた夜、1年ぶりで訪れた。グランド・メニューのほかに本日の前菜（600〜1200円）のリストがあって、ずいぶんと貝類が目立つ。つぶ貝のサラダ・あさり酒蒸し・帆立と青菜のバター炒め・とこぶしのガーリック風味・かきフライ・かきコキール。ほかには砂肝のバターソテーや牛の刺身も並んでいる。つぶ貝はオニオンスライス、きゅうりの千切りと和えて、味はいいがオニオンの芯は除かないと、辛味が強いし胸ヤケを誘う。とこぶしは傑作、貝殻の外にあふれ出たジュースも逃さず飲み干す。突き出しのマスタードグリーンのおひたしがシャープなおいしさ。ワインも手頃なムートン・カデが赤白ともにフルボトルで3700円。

多彩な料理を紹介すると、カニクリームコロッケ、ポークカツ（ともに1000円）、ハンバーグ（1100円）、カツカレー（1200円）、牛ヒレカツ（1800円）、タンシチュー（2000円）、もはや一ツ星は目前だ。

松むら

（まつむら）とんかつ

台東区浅草1-32-13
03-3841-3589
木休　地図O

年の初めのためしとて

05年元旦。初詣でに浅草へ。長蛇の列の観音様のすぐお隣りの三社様は逆にスッカスカ。お寺か神社か、どちらに手を合わせたか、賢明な読者諸兄にはもうお判りでしょう。

記念すべき新年の初ディナー。1軒だけでは原稿が進まないので、まずはこの店のとんかつでビールを飲むつもり。すでに数回訪れているから、あれやこれやと注文する必要はない。

ガラリと引き戸を引くと、広くもない店内はほぼ満員の盛況ぶり。2階もいっぱいとのこと。1卓だけ残ったテーブルに着いて初めて壁に貼られたデカい品書きに気付く。いつものメニューは見当たらない。2人で出向き、ロースを1枚に冷奴かぬたで済まそうという腹積もりが崩れた。浅草の飲食店の正月営業の一例として後学のため、品書きのすべてを記す。

ヒレかつ…1380円　ごはん…260円
ロースかつ…1380円　味噌汁…210円
海老ふらい…1770円　新香…270円

おやおや、ずいぶんと選択肢を狭めてくれましたな。しかもヒレかつに、ごはんの3点セットでお願いすると2120円。普段のヒレかつ定食が1570円だから、かなりのプレミアム。ついでにビールはあっても酒はなし。お運びはお手伝いの慣れない女の子。孤軍奮闘のオヤジさんの揚げたロースと海老はいつもの水準だったが、多少の引っかかりは否めず、★を失うことに。不運だが、不運も実力のウチだ。

ゆたか

とんかつ

★

台東区浅草1-15-9
03-3841-7433
木休　地図O

ロースカツのみ偉大なり

『浅草を食べる』では自信を持って二ツ星としたが、告白すると今回は迷った。とんかつとキャベツは文句なし。しかし、ほかの献立に多少の難が目に付きだした。刺身の素材はいいが、いまだに粉わさびが悲しい。これでは板わさも鳥わさも楽しめない。早く不明に気付くべし。あん肝・まぐろぬたはまずまずで、甘海老・とこぶし・くらげの入る酢のものはイマイチ。かきフライもとんかつほどの冴えがない。これだけアラが目については二ツ星は無理。ロースカツ定食（1890円）だけではカバーしきれない。

志ぶや

（しぶや）居酒屋

★

台東区浅草1-1-6
03-3841-5612　月休（祝日の場合は翌日休）　夜のみ営業　地図O

花火の夜の新さんま

浅草きっての優良居酒屋。早くて安くて旨い。あじ酢か小肌酢、しゃこかしゃこ爪は必ず注文。タップリの本わさびに泣けてくる。いや、わさびのせいじゃなくってサ。去年（04年）の花火大会（7月31日）の夜に焼いてもらった新さんまの旨かったこと。釧路あたりで揚がった死に急ぎのさんまは程よい脂のノリ具合だ。焼き鳥のもつを頼めば、1本にレバ・ハツ・砂肝がミックスされているじゃないの、これにも感激。

選挙のたびに自民党のF谷さんを泣かせている民社党のN山さんご夫妻も常連さんだ。

末ッ子

（すえっこ）餃子・ラーメン

★

台東区浅草5-17-8
03-3875-2274
月休　夜のみ営業　地図N

たまの浮気がクリーンヒット

やはりここは餃子（４００円）とラーメン（５００円）だ。何度も出向いていると初めの頃の感激は薄れるが、薄皮の両サイドのコントラストが何とも言えない餃子、支那そばと呼びたくなるほどの醬油スープに細打ち麺のラーメン、この２品に尽きますなぁ。毎度ビールの供とするガツのニンニク炒め（８００円）をパスして、タン・ハツ盛合わせ炒め（９００円）に浮気をしてみたら、はたしてコイツも負けず劣らず、期待通りのクリーンヒット。たまの浮気はしなきゃいけないと自分に言い聞かせました。

神谷バー

（かみやばー）ビアホール

♥

台東区浅草1-1-1
03-3841-5400
火休　地図O

居心地いいのは２階席

「神谷バー」、「レストラン・カミヤ」、「割烹神谷」の３部門が１、２、３階に分かれている。３階の和食も優良ながら、訪れるのはいつも２階。１階とは居心地が格段に違う。生ビールとデンキブランが人気を二分。しょっちゅう利用していると、目先を変えたくなり、最近の気に入りはチェリーブランデーをブレンドしたデンキブラン・フィックス（４５０円）。軽いカクテルやロングドリンクの感覚でグラスを傾けている。１階におみやげコーナーも新設されて、売り上げに貢献し始めた。

オマージュ

フランス

★♥

台東区浅草4-43-4
03-3874-1552
月休　地図N

花開く日がやって来た

『浅草を食べる』ではこの店のサブタイトルに「花開く日を待っている」と銘打った。次から次へと登場する氷菓に辟易として「お口直しはお口汚しにも等しいことを肝に銘じてほしい」——と注文もつけたし、「料理のおいしさは承知している。けれど、それがストレートに伝わってこない」——と苦言を呈しもした。

うれしいじゃありませんか、花開いたのですよ、やっと。前回は03年の隅田川花火大会の夜だったから、1年半ぶりの再訪。

1人だったので、ハートランドの生のあとはハウスワインのブルゴーニュの赤を1グラスにしておく。突き出しに緑のオリーヴ・テリーヌ・コルニッション。続いてアミューズのクルトンを散らしたなすのピュレ。前菜はイベリコ豚のチョリソを射込んだ帆立のソテー。下にはクスクスでおなじみのスムールに見立てたカリフラワーが敷かれ、順調な滑り出しだ。

主菜は蝦夷鹿もも肉のポワレ。黒胡椒を効かせたポワブラード・ソースで供された。これが鹿肉の魅力いっぱい、ワインとの相性もドンピシャリ。ただし付合わせのマッシュポテトはなぜかワインに反発する。

デセールはマロンのパフェ。花梨のグラッスの上に栗のペーストと金柑のコンポート。そして白い羽ペンのような1枚のメレンゲ。クミンとピンクペッパーをあしらわれたメレンゲに作り手の感性をみた。お勘定は6000円弱。

トラットリア・マドンナ

イタリア

★★

台東区浅草1-18-4
03-5828-2007
月休　夜のみ営業　地図O

8年ぶりのプンタレッラ

輝く二ツ星。04年の年の瀬に再訪して格上げを決定。その夜はバルバレスコ'97年カ・デル・バイオ（8400円）を抜いてもらい、プンタレッラと小やりいかのサラダ（1000円）、毛蟹のサラダ（1500円）、コニッリオ（仔うさぎ）の冷製盛合わせ（1000円）、うなぎのラグーのガルガネッリ（1700円）、チンギアーレ（若猪）のグリル（3500円）と継いだ。セロとにかくチョー珍しいのがプンタレッラ。セロリのような京菜のような、いわば茎のような葉のような、サラダにするとチョー美味のイタリア野菜なのだ。ローマの初春の風物詩だが、最後に食べたのは8年前、ニューヨークはチェルシーの「Le Madri」であった。コニッリオの盛合わせは、もも肉をマリネ、鞍下肉は野菜を巻き込んだインヴォルティーニ、レバーはペーストにしてクロスティーニ。メニューにあったら必食だろう。ランチに室町の「亀とみ」で鰻重を食べたのを忘れて注文してしまったパスタに後悔はしない。手巻きマカロニのガルガネッリが大好物なのだもの。カナダ産のチンギアーレは若いワリにかなりの脂肪を蓄えて滋味いっぱい、追いかけるバルバレスコと瞬時にシンクロナイズする。冬場のセルヴァッジーナ（野禽獣）とネッビオーロの相性は、まっことたまりませぬ。

雷門のすぐ脇に、これほどのトラットリアを持つ浅草っ子が心底うらやましい。

正華飯店

（せいかはんてん）中国

台東区浅草1-3-5
03-3841-9701
無休　地図Ｏ

秋深し　かき
松茸に　上海蟹

以前は雷門に近いロケーションのメリットで客を呼び込んでいるだけで、料理はお粗末なものだった。それも食べていて腹が立つほどに。ようやく最近おいしくなったと噂を耳にして、重い腰を上げたのは04年の晩秋、おりしも上海蟹の季節到来、海のかきもプックリとふくらみ始め、山の松茸も最盛期を迎えていた。はたして料理はまったくの別物に生まれ変わっておりました。新料理長は「聘珍樓」の出身。いまだ欠点も目に付き、さすがに★は上げられないが、あと一歩に迫っていることは確かだ。

飲みものはスーパードライの生中（５３０円）と紹興酒の花彫（1合４２０円）。最初の1皿、蒸しがきのねぎ生姜ソース（７５０円）は「聘珍樓」でもおなじみの清蒸という白身魚には最良の調理法で、魚介類なら何でも相性がいい。空芯菜のにんにく炒め（１０００円）も快調そのもの、これだけで1日ぶんの野菜を摂取したことになる。松茸入りふかひれスープ（１０００円）は一応及第点。ネチャッとした餃子（４８０円）が減点材料で、もっとカリッと焼き上げなければ。ここで赤酢と針生姜を添えた上海蟹（1尾１６００円）の登場、小ぶりながら醍醐味は楽しめた。薄味の青椒牛肉糸（１０００円）とフワッとした食感が快適な蟹と松茸の炒飯（１３００円）で仕上げ、2人で1万２０００円は充実感あり。

マノス

ロシア

★
台東区雷門2-17-4
03-3843-8286
火休　地図 O

名店に蔭りあり

ロシア料理の宝庫・浅草を代表する名店ながら全盛期は越えたようだ。相変わらず料理は極めて秀逸。定番のセリョートカ（1200円）は生にしんのマリネでロシア人の大好物だ。なかなか鮮度の良いものには出会わぬが、さすがに文句のつけようがない。スモークサーモン（1500円）も程よい脂のノリ。おなじみのボルシチ（700円）には安定感があり、一緒に食べるキャラウェイ入りのライ麦パン（ハムペースト付き350円）も抜群。ピクルスの盛合わせ（800円）はウォッカやズブロッカには欠かせないし、牛挽肉がいい匂いのピロシキ（380円）はビールあるいは赤ワインの供となる。麺状のマッシュポテトを巻きつけた海老を揚げたケセラン（1500円）はロシアンを超越して、もはやフレンチの領域だ。ビーフストロガノフ（1800円）もレアに仕上げた牛フィレ肉の持ち味を満喫できる。以上のように何を注文してもハズレることはほとんどない。

では何ゆえに峠を越えたのか。もっとも不満なのはグルジアやアルメニアなど旧ソヴィエト連邦構成国のワインが消滅したこと。現在はみな独立共和国、需要に供給が追いつかないのは想像に難くないが、あの郷土色と割安感は魅力的だった。そして学生アルバイトだろう、若い娘たちのサービスがあまりにアマチュアだ。性格のいいハバロフスク出身のウェイトレスも、この商売にはシャイすぎる。

【名店二百選】

西浅草
入谷

国際通りを隔てて浅草ロックの反対側に位置するのが西浅草。やっとのことでもうじき終了する新常磐線の長期に渡る工事のガミをモロに喰らった。その間、耐え切れずに灯りを消した店々の何と多いことよ。浅草寺から移動してくる客たちの流れが遮断され、まるで生命線を絶たれたも同然、他人事とは思えなかった。陰ながら応援しているエリアだが、合羽橋通り（有名な合羽橋道具街ではなく、どぜうの「飯田屋」前の通り）で毎年開催される七夕は、プラスチックっぽいというか、ビニールっぽいというか、とにかくチープな印象、もっと下町の情緒を大切にしてもらいたい。

朝顔市はもとより、「恐れ入谷の鬼子母神、びっくり下谷の広徳寺」でも世に知られた入谷、そして鬼子母神だが、地番は入谷ではなく下谷。ついでに広徳寺のほうもすでに下谷から練馬区の桜台に移転してしまった。入谷のメイン商店街の金美館通りはどこかおっとりとした面持ち、のんびり買い物をしていると、いつしか心が和んでくる。

鎌寿司

（かまずし）すし

★★ ♥

台東区西浅草2-11-1
03-3844-6915
月休　地図Q

言葉を失うまながつお

輝く二ツ星。しかも優良マークもすべてクリアしての百点満点、故池波正太郎に愛された名店だ。

栃木訛りの親方の人柄に江戸っ子の女将さんの気風のよさ、オマケに息子までつけ場に立つようになって「紀文寿司」に引き続きメデタシメデタシである。

三代目親方はおいしいモンで客を喜ばせるのが生きがいみたいな人、黙って座ればその日のタネをみな少しずつ出してくれる。赤いかの身に、するめいかの肝がネットリ絡む塩辛は絶品。なぜか伊豆半島の下田で揚がるするめの肝でないと、このコクが出ないそうだ。他店では見られぬこの店ならではのシゴト。ばちまぐろの背とろがこれまたすばらしい。アッサリとほどよい脂が乗り、口の中でとろけるまろやかさ。本まぐろ、あるいは脂の乗りは断トツの南まぐろにはない爽やかさが持ち味で、先代からずっとこれで通している。熱湯でしゃぶしゃぶっとしただけの活け車海老も必食科目、生より茹でより、これがイチバン。とこぶしの肝とひもの煮付け、たこの吸盤、まこがれいとそのえんがわをその肝で、とにかく旨いモンだらけ。軽く塩をしたまながつおの焼きものを醤油バターでやったときは言葉を失った。ファイバーのひとすじひとすじが立って、歯を舌を魅了する。

にぎりにも江戸前シゴトが冴え渡る。酢あじ・煮いか・煮はまぐり。そして玉子とかんぴょう巻きで仕上げるのだ。

鮨はちまん

（すしはちまん）すし

台東区西浅草2-26-1
03-3843-0080
月休　深夜まで営業　地図Q

職人泣かせの穴子刺し

すぐそばに八幡神社があるから「鮨はちまん」を名乗るのかしら。隣りは「来集軒」だから、店の前は幾度も通り過ぎている。それでもノーマークだったのは店頭の電光掲示板にシラケるからだ。「来集軒」のシューマイと新香に肩透かしを食った直後にヤケッパチで入店する。すし屋は見掛けで判るものだが、ここはうれしい誤算、こんなに真っ当だったとは。

突き出しの花わさび醤油漬けでオヤッと期待が芽生える。こちの昆布〆め、小柴のしゃこ、開いたにしんのあぶり焼き、ちょこっと出してくれる水なすやザーサイの浅漬けなど、漬けものの水準も高い。店内の水槽には穴子・松皮がれい・北寄貝・車海老・せみ海老などが生息、水管がみる貝ほどもある三重産の大あさりなんてのも居た。穴子もバカデカいのから小さいめそっこまで千差満別、めそっこを生のままにぎってもらうと、これが超美味。穴子の刺身はもっと食べられていいがシゴトが面倒くさく、職人がやりたがらない。酢の強い小肌も好きなタイプ。にんにくでやったかつおはイマイチだった。つくづくかつおは難しい。じゅうぶんに飲んで食べての８０００円は格安であった。

以来、何度かおジャマしている。遅番担当の親方には接していないが、若い職人さんのシゴトは満足に値する。お願いすれば１００％本わさびに応えてくれるし、外道のサーモンやうなぎの使用には目をつむるのだ。

貴乃
（たかの）すし

♥

台東区西浅草2-24-1
03-3841-1645
無休　地図Q

皮はぎには肝醤油

「高勢」の名跡を本家に返上し、新たに「貴乃」を名乗るようになった。家紋の鷹の羽が店名の由来だろう。日本十大紋の1つである。名は変わっても中身は一緒、良心的な価格で良質のすしを提供する。つまみを頼んでも原則2切れずつ、多種類楽しめるのがなんともありがたい。1月の寒い夜、旨い皮はぎに遭遇、肝ポン酢と肝醤油の2種類用意してもらって比べると、断然醤油、ポン酢だと水っぽく感じて旨みがもれる。小肌・赤貝・穴子・づけ・玉子、にぎりにもいつも通りのいいシゴトを再確認。

富士
（ふじ）天ぷら

★

台東区西浅草3-14-9
03-3844-6940
日祝休　地図Q

これから夜にも通おうっと！

昼の天丼には定評があり、いつも近所のオジさんたちで大盛況。サービス品の上天丼（900円）、活け穴子の穴子天丼（1800円）、海老が才巻きになり、活け穴子と小柱かき揚げも入る特上天丼（2000円）、いろいろ楽しませてもらっている。ついこの間は初めて夜に伺った。九十九里のめざし（350円）、木曽の花豆（400円）、口揚げ（500円）、つくね焼き（400円）、海老一し。あの味でこの値段では居酒屋チェーンなどバカバカしくって行ってられっかい！

天三

(てんさん) 天ぷら

♥ 🏯
台東区入谷1-8-1
03-3872-8236
水休　地図Q

三ノ輪より入谷へ

忘れ去られつつある下町・三ノ輪。都電荒川線に三ノ輪橋の駅名を見ることができ、そばにアーケードの商店街も擁するが、駅も商店も地番はすでに荒川区南千住だ。明治通りと日光街道が交差する大関横丁、その東側の三ノ輪1・2丁目の衰退ぶりは目を覆うばかり、食べもの商売にはもはやゴーストタウンに等しい。

かの地で130年もの長きに渡り、のれんを守り続けた老舗が入谷に移転してきた。05年1月末、昼どきに訪れると清潔な店内はカウンター13席に4人掛けのテーブルが2卓。何も聞かれず、品書きもなく、玄関に「昼の部3150円より」とあったので、それに目星をつけての着席。かなりご年配の先代に揚げてもらう。古武士然たる枯れた風格をたたえた三代目は言葉遣いもまさに下町、口八丁手八丁で立ち働く女将とは、好対照ながらいいコンビだ。

宍道湖産の白魚のばら揚げで始まった。もうしばらくすると小さなサイズのまま子を持って、それもまた美味とのこと。巻き海老2本のあと帆立をはさんで、もう1度巻き海老、穴子・ししとう・なすと続き、ここで「天ぷらはこのくらいでよろしいですか？」――と聞かれて、うなずく。天ぷら・赤だし・新香はいいが柔らかいごはんが残念。コーヒーゼリーが出たところで訊ねると、四代目は扁桃腺の手術で入院中、ただ今先代が老骨にムチを打っているんだそうだ。お勘定はやはり3150円でした。

鍋茶屋

（なべちゃや）うなぎ

★

台東区西浅草3-16-3
03-3844-3337
木休　地図Q

うな重は1種類

気に入りのうなぎ屋さんにつき、酢めしのうな重のうなちらし（2100円）、生姜風味の吸いものの吸い鍋（800円）など珍しいものも含めてすべて制覇した。暮れには例のO津氏にかき鍋までご馳走になった。彼もまたこの店に入れ込んでいる。毎度注文するのは肝焼き（200円）と新香盛り（500円）。これでスーパードライと麦焼酎の田苑をやるシアワセよ！　1種類のみのうな重（1900円）の潔さったらない。店主がこれと決めたサイズのうなぎにこだわることの大切さを他店も見習ってほしい。

飯田屋

（いいだや）どぜう

★

台東区西浅草3-3-2
03-3843-0881
水休　祝日の場合は営業　地図Q

なまずも出てきてコンニチワ

どぜう初心者を案内するには最適の店。ここで食べ手との相性を見極めてから「ひら井」、「伊せ喜」と通好みの店に誘うのだ。月桂冠（840円）の冷たいのと本わさびの板わさ（630円）で始める。ビールは「正直ビヤホール」で1リットル飲んできた。丸鍋（1400円）、ぬき鍋（1500円）のあとは旬のなまず鍋（2100円）だ。締まった身肉はアッサリとクセがない。どぜう初心者はなまずも初体験、すっかり味をしめて「深川へはいつ連れて行ってくれるの？」——開いた口がふさがらない。

木ノ実

（このみ）和食

★★♥

台東区西浅草1-7-2
03-3843-7773
水休　地図Q

安定感に最敬礼

いつ訪れても和食の真髄を味わえる。安定感には敬意を表したい。元旦だけ休んで2日からの営業、さっそく2日のランチにおジャマした。はたして、その仕事ぶりにはいささかの揺るぎも見当たらなかった。

新年につき昼間からまずビール。突き出しのいか塩辛からしてかなりのハイレベル。お刺身セット（１８９０円）の内容は、真鯛・まぐろ赤身・白いかに、当然のごとく本わさび。いずれの素材も良質なもので、特に白いか（赤いかも知れぬが）はそのネットリとした旨みに、思わず賀茂鶴の燗酒を頼んでいた。牛ヒレ肉味噌漬セット（２１００円）も負けてはいない。火の通しが繊細でシットリと焼き上がっている。前回は単品で陶板焼き（３１５０円）をいただいたが、こちらはそのコンパクト版、付合せの温野菜がサラダに替わっている。食事のセットは、炊合わせ・赤だし・新香・炊込みごはん・抹茶アイスの陣容だ。ボリュームはさほどでないから、アラカルトを追加するのも一法。手ごろなところでは、茶碗蒸し、鰆の西京漬、海老真丈揚げなどがみな８４０円。

昼の京弁当は２９４０円より。イチ推しの点心が５２５０円。夜の懐石コースは８４００円からだ。創作料理が大手を振る世の中だが、伝統に裏打ちされたホンモノの日本料理をぜひ味わってほしい。

食事処ふじ

（しょくじどころふじ）食堂

★

台東区西浅草2-25-3
03-3841-4150
木休　第1・3水休　地図Q

おふくろならぬ おやじの味

スタッフは調理もサービスも男性ばかり、それもみなオジさん。「おふくろの味」をも連想させるタイプの店としては非常に珍しいのではないか。しかしここの「おやじの味」がとってもイケるのだ。

焼き魚でビールでも飲もうと立ち寄った。品書きのつぼ鯛の塩焼き（５００円）に目が留まる。北海道あたりで獲れるこのイカツい白身魚は脂の乗りもよく、身が厚いワリに廉価で、居酒屋や大衆食堂には絶好なのだが、惜しいかな漁獲量が少ない。的鯛に姿かたちや味が似ていなくもなく、デリカシーでは遅れをとりながらも、なかなかに美味なのだ。柿の種とピーナッツでビールを飲みながら焼き上がるのを待つ。注文の際に「キリンとアサヒがありますが」――この一言が嬉しいものだ。果たしてつぼ鯛には期待通りの満足感。豚肉のロースとバラがいい具合に混じり合った生姜焼き（５００円）も花マル。きゅうりと赤かぶが秀でた新香盛合わせ（３５０円）も追加して中瓶２本がカラになる。

後日食事に。カツ煮定食（８５０円）がかなりのボリュームで、厚揚げ焼き（３８０円）を頼むんじゃなかった。いかフライ（４５０円）のつもりが、突き出しにいかのバター焼きが出たので急遽変更したカツ煮は、ごはん、味噌汁とともに納得の定食。居酒屋にも食堂にも使い分けのきく便利な店である。

みよし

活魚

★

台東区西浅草2-26-8
03-3844-6509
無休　地図Q

眺めるだけでも楽しめる

活魚の泳ぐ水槽が別館に3つ、本館に2つ。2月初め、国際通りの別館には、とらふぐ・真鯛・石鯛・石垣鯛・皮はぎ・ひらめ・真あじの雑居槽と、やりいかと赤座海老の同居槽、伊勢海老だけの独居槽が。路地を入った本館の2つはすっぽんとやりいかがそれぞれ独居。イチ推しはやりいかのおどり食い。夏場はするめだが、この時期はやりだ。1尾3000円とそこそこ。ほかに毛蟹・伊勢海老・あわび・あんこう・うなぎと何でもござれ。1000円前後のお昼の定食も充実していて全くスキがない。

清月

（せいげつ）食堂

♥

台東区入谷2-23-14
03-3873-3994
日休　地図Q

お忍びで様子見

晶文社出版宛てに届いた女将さんの手紙がちょいと寂しそう。それじゃ様子を見に行くかってんで、表紙のイラストを書いてくれてるH岡さん、編集でお世話になってるO岡さん、そしてボクの岡も取って、三岡《みつおか》の名前で予約し、総勢6人、お忍びで出掛けた。富乃宝山で、いかの塩辛・野菜の煮付け・＊地だこきゅうり酢・わらさ照り焼き・さわら西京焼き・＊天然白舞茸バター焼き・＊かきフライなどを堪能。家庭的でありながらプロの手際が光る。結局身元は割れちゃったが楽しくもおいしい一夜でござんした。

来集軒

（らいしゅうけん）ラーメン

★

台東区西浅草2-26-3
03-3844-7409
火休　19時閉店　地図 Q

あんなにおいしかったのに

このところ閉店していることが多く、ちょっと心配している。遠方の方は電話確認をおすすめする。

入谷に同名の「来衆軒」という店があり、そこのおいしいラーメンのあと、はしごでこの店へ。やはりここのラーメン（５５０円）は格段に旨いが「油少なめ」を言い忘れて、かなりギトギト。後日ビールとシューマイ（４５０円）。夜は何年ぶりだろう。シューマイにも往年のキレがない。それではと新香（３００円）。これも以前は浅漬けだったのに古漬けになっていた。その後、店主が亡くなっていたと聞く。合掌。

【名店二百選】

竜泉
千束
日本堤

24歳で生涯を閉じた樋口一葉が死ぬ数年前、たった1年ほど住んだのが竜泉。新5千円札で注目を浴び、一葉記念館の来館者も増えた。すぐそばにはスチュワーデスが空の安全を祈願する飛不動がある。

千束というと吉原（正確には新吉原）のソープランドばかりがクローズアップされるが、それは4丁目に限ったこと。3丁目にはお酉様として有名な鷲神社、新吉原遊郭の鎮守様・吉原神社、その本宮である吉原弁財天が居並んでいる。バナナシュートのように反り返って走る商店街・千束通りの地番は浅草3・4・5丁目、新区画整理の際に、通りが改名されなかったためだ。

その千束4丁目のソープ街を抜け、吉原大門の交差点に出たなら、その向こうは日本堤。天ぷらの「土手の伊勢屋」、ケトバシの「中江」が二枚看板だ。ここまで来ると、山谷の入口に足を踏み入れたことになる。

梵

(ぼん) 普茶

★★♥

台東区竜泉1-2-11
03-3872-0375
火休　地図P

一葉ゆかりの竜泉寺

本郷菊坂と並んで樋口一葉ゆかりの地・竜泉。往時は竜泉寺町といった。由緒ある町に風雅なたたずまいを見せて、訪れる客の心を和ませるこの店の存在は極めて貴重だ。

中国式精進料理の普茶は「普《あまね》く衆に茶を共する」ことを、そのモットーとする。禅寺の法要における茶礼のあとの謝茶と呼ばれる食事会がそもそもの始まり。丸テーブルを囲むメンバーは上下の隔てなく、みな同等という潔白さが仏の教えにふさわしい。すがすがしさの残る食後感に誰もが心満たされるだろう。

前回は夜に伺い、二汁七菜のコース（8400円）をいただき、2皿のオマケもあってストマックが悲鳴を上げた。今回は昼の普茶弁当（3990円）でコンパクトにまとめる腹積もり。ところがこのお弁当、またもやかなりのボリュームであった。梅茶と梵字菓子の茶礼で幕が開き、如月椀は昆布のだしが舌にやさしい。続いての縁高弁当は、五穀春巻き・金柑芋・流氷羹・色麩まんじゅう・梅ひじき・麻筍と盛りだくさん。もうこれだけでじゅうぶんなのだが、お次は春雪と名づけられた蕪《かぶら》蒸し。つくね揚げと焼き餅まで入って食べ応えがハンパではない。とどめに精進揚げを添えた稲庭うどん。胃袋が脳みそにクレームをつけているのが聞こえる。

ヘアスタイルをいにしえの中国美女のごとくにまとめ上げた若いお運びさんがとても愛らしい。

寿司幸

(すしこう) すし

★♥

台東区千束3-1-1
03-3874-2789　4の日休（土日祝の場合は翌平日休）　夜のみ営業　地図 P

いまだ恋は散らず

吉原に咲いた恋もいよいよ第4コーナーを回りつつある(ご興味のある方は『浅草を食べる』を参照して下さい)。夫婦2人きりでハッスルしても、ともに70代の中盤に差し掛かり、後継者もいない。一人娘もサッサと嫁にいった。先日その娘をさらった悪い男にスナック「N」で遭遇、柴俊夫みたいな顔して「恋人も濡れる街角」を歌っていやがった。

夜更けに赤貝・すみいか・ばふんうにで燗酒を飲み、にぎりは小肌・赤身・穴子。さてこれからお酉様。生まれて初めて熊手を買うんだ。

土手の伊勢屋

(どてのいせや) 天ぷら

台東区日本堤1-9-2
03-3872-4886　水休　祝日の場合は翌日休　地図 P

並ぶ価値あり江戸前穴子

同じ行列でも「大黒家」のそれとはワケが違う。冷凍海老ではなく、穴子を主役に据えたホンモノの江戸前天丼が味わえるからだ。一番人気は「ロ」天丼（1900円）だが、ここはもう一声、「ハ」（2300円）にグレードアップしたい。硬いばかりで味のないもんごいかのかき揚げが小海老と小柱に替わるのだ。行列の長さにガマンできないときには隣りのやはりクラシック建築「中江」のケトバシもよし、ソープランド乱立でヒヤカシ甲斐はなくなったが吉原に踏み入り、「梅月」の天ぷらそばもまたよし。

中江

（なかえ）馬肉

♥

台東区日本堤1-9-2
03-3872-5398
月休　地図P

愛宕の山を偲ばせる

04年7月の暑い夜、美男美女が4人揃い、みな浴衣姿で出掛けた。真夏の桜鍋もまた一興。突き出しの馬刺しじゅんさいには首を捻ったが、ロースの馬刺し（2000円）の旨さは相変わらず。同じくロース（1700円）とバラ肉（2400円）の鍋を囲み、肉やらザクやら多少残ったところを玉子でとじて、馬肉の他人丼をこしらえ、仕上げとする。震災後に建てられた日本家屋は今も健在。曲垣平九郎が馬にまたがり駆け上がった愛宕神社の石段さながらの急な階段も、引き続き客をビビらせている。

【名店二百選】

両国
本所
吾妻橋

江戸時代以降の名所旧跡、あるいは所縁の歴史上人物に事欠かないのが両国。江戸末期には両国橋の両詰めは最大の盛り場であった。赤穂浪士が討ち入った旧吉良邸、鼠小僧次郎吉のねむる回向院、葛飾北斎生誕の地、町のシンボル・国技館と、枚挙にいとまがない。当然のことながら、ちゃんこ鍋屋の数においては全国一だ。

本所は歴史的ビッグネームながら、現在の区画ではさびれた狭い地域に押し込められている感じ、ちょっと可哀想。人気店でも生まれない限り、忘れ去られそうなのだ。

隅田川の左岸の墨田区でありながら、浅草にくくり込む人も少なくないのが吾妻橋界隈。雷門から本堂に到達するよりも、黄金のオブジェ輝くウン○ビルのほうが近いのだから、さもありなん。川を基盤に栄えただけに、うなぎ・どぜうの優良店多し。

与兵衛鮨

（よへいずし）すし

墨田区業平1-15-2
03-3623-6692
月休　地図 R

刀の柄に手が掛かる

業平橋のたもとでたまたま発見した。下町風のスッキリした店構えに、「大きく外す心配はなかろう」——そう踏んで予約を入れる。

日曜夜の7時前。一歩踏み入れてあまりの繁盛ぶりにいささかたじろぐ。カウンターはわれわれの席を残して満席。テーブルもすべて埋まっている。客層は近所の家族連れが圧倒的多数。こんな風なら、財布の心配はまずいらない。やはり勘定は1人7000円ほどだった。

目の前のケースを覗くと、かなりの充実ぶりだ。毛蟹・たらば・香箱（メスのずわい）と蟹だけで3種類。白身はひらめと皮はぎ。いかはするめとすみいか。海老も甘海老・ぼたん海老に車海老は活けと茹での両面待ち。そのほかにも大ぶりのはたはたに脂の乗っためひかり。これだけ揃えば旨い酒を保証されたようなものだ。事実、つまみもにぎりも良かったのだが。

わさびにホンの少しだけニセが混ざっている。わさびの要らない焼きめひかりや白子のみぞれ煮でビールのあと、焼酎に切り替えて穴子。このときに「スイマセンけど、おろし立ての本わさびをいただけませんか？」——とお願いすると「忙しいのでできません」——と親方。目の前にホンモノがあるのに、こんなことを言われたのは生まれて初めての体験だ。その直後に、見かねた二番手が気を利かせておろしてくれたが、すでに拙者、カウンターの下で刀の柄に手を掛けておりもうした。

元禄二八そば処

両ごく玉屋

（げんろくにはちそばりょうごくたまや）そば

墨田区両国3-21-16
03-3631-3844
木休　地図S

ちゃんこのぁとのもりと玉丼

たいそうな店名だが、ジッサイは庶民的な下町のそば屋さん。2月の初旬のこと、更科そばに柚子皮を打ち込んだゆず切り（650円）をいただく。ゆず切り・しそ切り・桜切りなど、いわゆる変わりそばは1枚1000円を超える店が多い中、控えめな値付けに加え、香り・コシ・喉越しと、3拍子揃うのは優秀だ。つゆは甘みを排した辛口、薬味はねぎ・おろし・粉わさび。量もタップリあり、満足の1品だった。海老となすの天丼にざるそば付きの玉屋定食（980円）がこの店の一番人気。中国人女性がたった1人でサービスするがこの娘さん、利発な上に、気立ても良く、動きも素早ぃ。

国技館、旧吉良屋敷、北斎旧居からほど近い場所柄、横綱定食（1600円）、討入り定食・義士御膳・北斎御膳（各1050円）と所縁のメニューが並ぶ。全て名代の海老天ぷらが付いて、高価な横綱だけは車海老使用となる。もり・かけ（各500円）・天丼（1150円）のほか、珍しい八丁味噌せいろ（950円）・トマトせいろ（1000円）なども。

若い相撲取りが現れ、相席となった。いまだ瘦身、序の口か序二段がいいとこだろう。注文品は安価な玉子丼ともり。ちゃんこのあとのおやつの時間か、なけなしの小遣いをやりくりしてるんだ。ホントは、かつ丼と天ぷらそばが食いたかろうに。袖擦り合うも他生の縁、彼の出世を祈らずにはいられない。

ほそ川

（ほそかわ）そば

墨田区亀沢1-6-5
03-3626-1125
月休　地図S

むせるばかりの辛味大根

　埼玉県吉川から両国に移転してきた。このエリアの住人として、優れたおそば屋さんの開店はうれしい限りだ。威風堂々の江戸東京博物館前を走る清澄通りの1本裏の細道にモダンとクラシックを兼ね備えた玄関先、のれんをくぐるとセミ・オープンエアにウェイティング・テーブルが1卓、喫煙コーナーを兼ねているようだ。自動ドアをワン・プッシュして改めて入店する。

　店内には大きめの木製テーブルがゆったりと配置されている。4人掛けが2卓、6人掛けと8人掛けが1卓ずつ、単身客は8人掛けの相席となるが違和感はない。冬期限定の青ねぎおろしそば（1500円）を最初に注文して、待つこと8分。かけそばの上にきざんだ青ねぎがどっさり、その中心部には辛味大根のおろし立てがこんもり。そばを一口すすった瞬間、おろしの辛味が喉元を直撃、あやうくむせそうになった。食べ進むうちにふと思う。青ねぎはともかく、おろしを別盛りにしてくれたらどんなにありがたかろう。それでもおだやかなふくらみを持つつゆを飲み干した。続いてひやごぼう（1400円）を。ひやかけそばにごぼうのバラ揚げ、いんげんも2本、そしてみつばと柚子1片。冷たいつゆも上品な旨みが際立つ。熱いつゆにも負けなかったそばは冷水に打たれて元気はつらつ、真価を発揮する。どぶろくのように濃厚なそば湯は必飲である。

業平屋

（なりひらや）そば

★

墨田区亀沢2-8-7
03-3622-7978
日休　地図S

名酒のあとは熱いそば

この店の魅力は、そう簡単に伝わってこないかもしれない。それを見抜いた方はその眼力を素直に誇ってしかるべきだ。

錦糸町から両国に向かう散歩の途中、北斎通りで偶然に見つけたのは00年の10月。総武線ガード脇の「天亀八」で天丼という予定を変更して入店。壁の貼り紙につられ、かきせいろ（1155円）を注文する。前日に谷中の「花家」でかきラーメンを食べたのに再びかき。ここ数年来シーズンになると年明けまではかきづくしが恒例となった。しなやかな細打ちそばは歯ざわり、喉越しともに大好きなタイプ、そしてかけつゆもすばらしい。気をよくしてもり（525円）を追加する。

すぐにウラを返し、銘酒の数々をそば味噌と巣ごもり（日本そばの硬焼き）で。くくり姫と菊姫黒吟の冷たいの、久保田の碧寿はぬる燗だ。海老天とみつばを玉子でとじた天とじで仕上げ、この晩もニッコリ笑顔で帰宅の途。

元の場所にマンションを建設するため、現在ははす向かいで仮営業中。海の日にイタリア風の冷たいトマトそば（1200円）を楽しむ。バジル・松の実・あさつき・オリーヴ油で調味され、完成度が高い。

年末には村上産鮭の塩焼き、かきフライで早瀬浦と十四代本丸。もりの甘めのつゆは許せるが、さらしていないねぎとニセわさびだけは何とかしてほしい。ここでは絶対に温ものを！

吾妻橋やぶそば

（あづまばしやぶそば）そば

★

墨田区吾妻橋1-19-11
03-3625-1550
火休　19時半閉店　地図 R

腹持ちのいい胡麻汁そば

　墨田区では錦糸町の「花や」とともに大好きなそば屋さん。あちらはモダン、こちらはクラシック、そのスタイルはまさに好対照、その中間タイプが亀沢の「業平屋」で、隅田川を渡って食べるそばはほとんどこの3軒に集約される。ほかの2軒では必ず酒を飲むが、ここでは食事一辺倒、そば味噌やわさび芋は揃っているけど、ビールすら注文した記憶がないくらい。

　カツ丼（850円）を食べたくなると、つい足が向いてしまう。カツ丼ならば銀座の「とん㐂」と甲乙つけがたい。概してそば屋のカツ丼は旨い。とんかつ屋あるいは洋食屋よりもレベルが高いように思う。そば屋で豚肉を使う献立はカレー南蛮・肉南蛮くらいのもので、それほど食材にこだわる店もあるまい。結局は割り下に果たすそばつゆの役割が大きいのだ。そばつゆを持たないとんかつ屋とはひと味もふた味も違ってくるのは当然の帰結で、親子丼もしかり。

　しっかり昼めしを食おうというときにはカツ丼だが、前夜の食事が焼肉だったり、当日のディナーがフレンチだったりというケースにはクロレラの緑も美しいせいろう（500円）にしておく。それではちょっともの足りないかなぁ、てなときには胡麻汁そば（550円）にすると効果てきめん、不思議と満腹感が持続するのは胡麻パワーの賜物だろう。

　日曜祝日は売り切れ早仕舞いが多く、要注意。

桔梗家

(ききょうや) どぜう

墨田区両国1-13-15
03-3631-1091　日祝休（相撲開催中の夜は営業）　地図S

鯉にもいろいろありまして

昭和8年創業の川魚専門店。両国橋東詰にあって川魚を扱うには絶好のロケーション。最寄り駅は両国だが、都営浅草線の浅草橋か東日本橋から両国橋を歩いて渡るのもおすすめ、柳橋、薬研堀、浜町河岸とそぞろ歩きには情緒あふれる名所が目白押しだ。

メインはもちろんどぜう。丸ごと下煮した小ぶりのどぜうを使う丸鍋（1100円）は頭も中骨も柔らかくツルヌルッとすべって抵抗がない。反対に大きめのを割き、生から煮てゆくぬき鍋（1200円）はプリプリの食感を楽しむ。

ランチタイムには柳川をドンブリ仕立てにした舞子丼が丸・ヌキと選べ、小鉢・新香・味噌汁付きで1000円と格安。鯉にも力を注いでいて、あらい（800円）、鯉こく（400円）のみならず、あら煮（500円）、あらこく（200円）など珍品も。鯉こくはデカい筒切りがズドンと入り、立派なメイン料理の風格が漂う。江戸時代の庶民の好物は濃いめの味噌仕立て、味覚人飛行物体の小泉教授ではないが、ドンブリめしもすっ飛んでいく。

季節感にも敏感で、冬ともなればなまず鍋（1600円）、かきの土手鍋（1100円）が登場。つまみも夏は枝豆に生姜みそ（谷中生姜）、冬はべったら漬けが季節限定のオール350円。注文が1つ。可愛い小瓶で控えめながら、味の素だけは食卓から撤去すべし。

ひら井

（ひらい）どぜう

★★♥

墨田区吾妻橋1-7-8
03-3622-7837
日休　地図Ｒ

酒でも飯でもパーフェクト

　満点の二ツ星に加え、名店の条件をすべてクリア、下町の誇りうる優良店である。21世紀にあっては希少な食材・どぜうを扱う料理屋としては深川・高橋の「伊せ喜」と双璧、知名度は一歩譲るとしても、実力では勝るとも劣らない。正直言ってボクはこの店が東京一だと思っている。ということは日本一、いやいや世界一といっていい。他店のようにうなぎを扱うことは一切せず、どぜう一本勝負の心意気も潔い。

　骨を柔らげるためにマルのまま下煮したどぜう鍋（１７９０円）、活けのどぜうを割いて供するぬき鍋（１８９０円）、せっかくのれんをくぐったのだ、ぜひ両方食べてほしい。酒肴の数々も実に充実、みつばわさび（７４０円）、このわた（７９０円）、あさりぬた・いわし三杯酢（各６８０円）、すみいか刺し・〆めさば（各８４０円）、玉子焼き・なすしぎ焼き（各５３０円）、何を取ってもハズレはない。天ぷらも、めごち・はぜ・巻き海老・穴子が揃って、冬場はかきが加わり、もちろん主役のどぜう天ぷらも。

　初めて昼に訪れてみた。ぬき鍋にどぜう汁（４００円）、新香（３００円）とごはん（２２０円）。ささがきごぼうの上のどぜうがフツフツ囁《ささや》いたら、ざるの中のきざみねぎをドバッと入れ、煮え立つそばからハフハフだ。途中、ガマンできなくなってビールの小瓶（４５０円）。締めて３２６０円は至福のランチであった。

ひょうたん

ふぐ

★♥

墨田区緑1-15-7
03-3631-0408　日休　8月休
12月は無休　地図S

身を置くだけでシアワセ気分

東京のふぐ屋さんではもっとも好きな店である。京葉道路に面してポツンと風情ある姿を見せる2階建て。鬼平犯科帳の世界にこのままスリップさせても、それほど違和感はあるまい。引き戸を開けると、目の前の卓上で女性たちが鷹の爪と格闘中、さやの中の種を抜いているのだろう。この作業は営業中もずっと続いて、打ち切られることがない。入り口前ではガラス戸が開くたびに寒風が吹き込んでしまい、この卓に座った客に申し訳ない、そんな下町人情のなせる気配りがまた、ふぐ刺し、ふぐちりをよりいっそうおいしいものにしてくれる。

1階奥の大きな写真は、若かりし横綱大鵬の土俵入り、さすが全盛期、いい眼をしている。懐かしさに浸りながらトントンと2階に上がると、入れ込みの座敷が何とも言えぬいい雰囲気、使い込まれた柱が黒光りする間を縫って、サロン姿の若いお運びさんが立ち働く。

4人で出掛け、ふぐ刺し・あん肝・焼き鳥・ふぐちり・雑炊を各2人前、ちりのときに白子を1人1切れずつ入れてもらう。飲みものはサッポロのラガーとひれ酒で、お勘定は3万円でオツリがきた。驚いたのは自家製のあん肝、キメこまかく上品な舌ざわりは絶品。ふぐの肝は危ないが、あんこうならば安心だ。焼き鳥も水準が高い。下町を代表する名店のこと、刺しとちりで外すワケもなく、ポン酢・あさつき・紅葉おろしも完璧だった。

川崎

（かわさき）ちゃんこ

★★♥

墨田区両国2-13-1
03-3631-2529
日祝休　夜のみ営業　地図Ｓ

鳥肉だけのちゃんこ鍋

昭和12年創業、両国随一の名店である。ちゃんこと言えば真っ先にこの店が思い浮かぶが、鳥料理専門店にカテゴライズしても不自然な感じはしない。ご覧のように星もマークも百点満点、国技館の周辺ではチョーの付く人気店につき、場所中は避けておくのが無難だ。

気に入らないのは一番搾りしかないビール。好みの問題だが、ボクはこれが一番苦手。同じキリンならクラシックラガーにしてもらいたい。仕方がないので毎度、駅前の「両国地ビール麦酒館」に立ち寄り、黒ラベルの生をやってから訪れる。ビールの穴埋めというワケでもあるまいが、白雪の樽酒がサラリと旨い。ほのかな杉の香りは菊正のそれとは全く異なるタイプだ。

たまたまカウンターの店主の前に陣取り、みつば・海苔・本わさびをあしらった鳥わさ（840円）で幕を開けた。ささみ肉が樽酒によくマッチする。お次のもも肉平焼き（840円）にはすだちを搾って、これもなかなか。ここで待望のちゃんこ鍋（3990円）。もも・レバー・砂肝・京揚げ・白滝・焼き豆腐・ねぎ・白菜・にんじん・ごぼう・大根をドッサリ一緒に入れて来た。グツグツ言いだしたら、みつばを加え、おもむろに平らげてゆく。鳥のスープで炊くだけなのに、どうしてこんなに旨いんだろう。店主の受け応えが「弁天山美家古」の五代目親方そっくり。江戸っ子の粋がにじみ出る。

かど家

（かどや）しゃも

墨田区緑1-6-13
03-3631-5007
日祝休　地図S

「五鉄」のモデルになった店

文久2年創業のしゃも鍋専門店。池波正太郎の「鬼平犯科帳」に登場するしゃも鍋屋「五鉄」のモデルにもなっている。あっさり仕上げたスープ煮、コクのある水たき、八丁味噌仕立てのしゃも鍋と3種類（いずれも定食で6500円）あるうち、9割近くの客は味噌仕立てを注文。品書きに定食とあっても立派なコース料理で、煮こごり・鳥スープ・鳥刺しなど5品続いて、鍋となる。もも・肝・砂肝とザクを生玉子にくぐらせていただく。アラカルトの唐揚げ・立田揚げ・オイル焼きを頼む余裕などありゃしない。

わくい亭

（わくいてい）居酒屋

★

墨田区本所3-22-12
03-3829-3751
日祝休　夜のみ営業　地図R

丸ごと金目にジャンボメンチ

安い！　この値段でこのレベルの料理を出されたら★を進呈しないワケには参らぬ。駅からは遠く、最寄りは浅草線の本所吾妻橋、大江戸線の蔵前からも徒歩圏内、歩く価値はある。名物はジャンボなメンチカツ（600円）。これにポテサラまで添えられて2人でももてあますほど。おいしいから結局食べちゃうけれど。金目鯛煮付け（780円）にも驚いた。なんと1匹丸ごとだもの。赤貝刺し（580円）はヒモ付きで鮮度も高い。ふきと新竹の子の煮もの、たらば蟹入りのオムレツ、短角牛のステーキ、全てよし。

レストラン河村

(れすとらんかわむら) 洋食

墨田区両国4-20-5
03-3631-3901
水休　第2・3木休　地図 S

ハンバOK
カレーNG

店の前を通り過ぎると、いい匂いが漂ってきて自然に足が止まり、メニューボードや雑誌の切り抜きに目がいってしまう。しょっちゅうテレビで紹介される店で、オムライスはつとに有名。店内にはテレビメニューとして毎日20食限定のオムハヤシ（3675円）の貼り紙も。オーナーシェフが修業した吾妻橋の「レストラン吾妻」ほどではないが、かなり割高な価格設定だ。

ステーキランチ（U．Sのフィレ）、ビーフカツランチがともに2415円。単品のハンバーグが1680円、ポークソテーとハヤシライスは2100円、海老フライ、海老グラタン2310円、オムライスが2625円でタンシチューは3675円。

最安値のハンバーグBランチ（1155円）はとてもジューシー、これにポテサラ・ボンレスハム・茹で玉子が添えられ、ライスも炊きたてで一ッ星クラス。ハンバーグA（2205円）はさらにスープとコーヒーが付く。

2年の空白ののち、土曜の11時半すぎに伺うと、カウンター11席、テーブル6席がほぼ満席。サラリーマンとOLのカップルが目立ち、この近辺の会社は土曜出勤が多いのだろうか。海老フライとインド風カレーライス（1890円）を注文。2本の海老は立派なサイズだが、値段が値段だけにこれくらいはほしい。スパイスの香りに乏しいカレーはあまりに凡庸、星が1つ消えちゃった。

キッチン・ベル

洋食

墨田区緑1-27-11
03-3633-3085
日休　地図S

目移りしちゃうコンビ定食

都営大江戸線両国駅より徒歩1分にあっても、京葉道路・清澄通りから1本入るために、近所の人以外は訪れる客とてなさそうだ。インターネットにもその足跡が皆無だから、ほとんどノーマーク、界隈を踏査中に辛うじて見つけた。

コンビ定食（850円）に惹かれた。様々な料理から2品選んで定食にしてもらえる。ハンバーグ・豚肉生姜焼き・メンチカツ・チキンカツ・クリームコロッケ・あじフライ・いかフライが並び、冬場のかきフライと合わせると900円、海老フライかポークソテーがからめば1200円。ほかにカレーライスやナポリタン（各650円）も。生姜焼きとあじフライを選択してコンビ定食を注文。豚肉はボリュームがないが味付けはいい。あじも小ぶりながら、おいしく揚がっている。メニューに謳われている通り、揚げものはサクッとした食感が快い。付合わせのキャベツの上にどういうワケか生のオニオンスライスがタップリ、ドレッシングとよくマッチする。わかめともやしの赤だし、きゅうりと大根をきざんだ浅漬け、ムッチリと炊かれたライス、すべて合格点。

気に入って1週間後に再訪。今度はスペシャルセット（1000円）だ。ハンバーグ・海老フライ・帆立クリームコロッケのトリオで来た。つなぎの多いハンバーグ、モッタリしちゃったクリコロ、この店では魚介類の揚げものに徹したい。

ラ・ラナリータ

イタリア

♥

墨田区吾妻橋1-23-1
アサヒビール吾妻橋ビル22F
03-5608-5277　無休　地図 R

仔牛消えたら星消えた

1年半ぶりに再訪してガッカリした。メニューから仔牛が跡形もなく消えていた。このレストランとのつきあいは長い。7年前には骨付き仔牛のグリルに狂喜したものだ。前回だってロース肉のピッツァ職人風に一応納得した。前著『浅草を食べる』でことわったハズ、仔牛を提供しなくなったら、このエリアのベスト・イタリアンの座を失いますよと。もう1つのウリ、手長海老は健在だが片翼飛行ではいかにも苦しい。ほかに魅力のある料理が少ない以上、星を失うことになりました。

この店の出資者にしてビルオーナーが生産しているビールを飲んだあと、やはり同社が輸入しているバローロ・プルノット'99年（9980円）を。軽い仕上げのモダンなバローロだ。海老・帆立・やりいか・ムール貝などが盛込まれた海の幸のマリネ（1700円）でスタートして、これはまずまず。続いて魚介類の網焼き（2800円）は手長海老・帆立・かさご・すずき・寒ぶり・真鯛カマ・チビ舌びらめと盛りだくさん、惜しいかな、かさごとすずきに力がない。もっと鮮度に配慮するべきだ。いつものようにパスタは最後にいただく。毛蟹のタリオリーニ（1400円）は濃厚なトマト味。ポルチーニのスパゲッティ（1700円）は白トリュフの香りも強烈なクリームソースがタップリ。以上2人でシェアして2万円。ビルの最上階からの眺望も含めてこの値段は評価に価する。

おだ亭

（おだてい）ラーメン

★♥
墨田区石原1-31-4
03-3622-0363
日休　地図S

いつでも元気をもらえます

ご夫婦2人だけで頑張るが、いやはやご両人とも大のハナシ好きだ。放っておいたら朝までしゃべってるんじゃないか。ラーメン（600円）がおいしく、特にもも肉のチャーシューがスゴい。このチャーシューに一ツ星を進呈する次第だ。1日に50玉ほどしか打てない自家製麺はチリチリの平打ち、シコシコ感を楽しめる。回鍋肉を乗っけたおだ亭ラーメン（900円）はキャベツがトゥー・マッチ。茹で時間はラーメンの1.5倍の冷やし中華（900円）もコシを失わない。1品料理が弱いのが難。ゴメンよ大将！

【名店二百選】

向島
曳舟
玉の井

滅びゆく花街のよすがを辛うじて偲ばせるのが向島。消滅するのもそう遠い日のことではあるまい。隅田川と水戸街道に挟まれた狭い地域に料亭街がポツンと残っている。逆にかなりの面積を占めるのが東向島。何でもかんでもこの地番といった具合で、曳舟も玉の井も組込まれてしまっている。従って一口に東向島と言っても土地カンがほとんど機能しない。曳舟は曳舟、玉の井は玉の井だ、意地でも東向島などとは呼ばないぞ。

曳舟は大衆酒場の宝庫。まぁ、数が数だからタマにはハズレもあるけれど、アタリのほうがはるかに多い。居酒屋ファンならずとも訪れるべし。

永井荷風の『濹東綺譚』の舞台になったのが玉の井。最寄り駅は東向島だ。この駅の旧名が玉ノ井。メインストリートの商店街・いろは通りがいい味を出しまくって、都内屈指のボクのお気に入りストリート。各店舗の店構えや看板を眺めるだけでも楽しい。なにせ記されている電話番号なんぞ、みんな7桁だもんね。やたらに中華屋・ラーメン屋が多いのが特徴で、色街のワリに洋食屋が目立たぬが、代わりに中華屋さんがトンカツやオムライスを作ってくれちゃうのだ。

むらさき寿司

（むらさきずし）すし

墨田区向島2-9-15
03-3623-3962
水休　地図 T

理屈はいらない下町気質

地元では知らない人とてない人気店。昔ながらの江戸前というタイプではないし、モダンな洗練とも無縁だが、四の五のごちゃごちゃ言わずに、旨いサカナを食ってくれ！　というスタイル。もずくの突き出しのあと、しゃこ・すずき・しまあじをつまむ。しゃこの鮮度少々が気になった。白身ももうちょいと薄く切ってほしい。新いかのげそをあぶってもらったときの煮つめが秀逸。穴子の旨味とコクが凝縮している。にぎりは小肌・車海老・づけ・穴子、締めはつぼ漬けたくあん入りのとろ鉄火巻き。

長浦本店

（ながうらほんてん）そば

墨田区東向島6-38-2
03-3611-6022
月休　地図 T

そばは寺から始まった

浅草と銀座に支店あり。寺方蕎麦を名乗るのは町方蕎麦と一線を画するため。普段はもりだが、雰囲気のせいか海苔が恋しくなり、珍しくざる（７５０円）を注文。コシの強い細打ちのそばは冷水で引き締まり、とても旨い。つゆはややトンガッて落ち着きがない。薬味はねぎ・おろし・ニセわさび・うずら玉子。そばを盛るざるの目がこまかく水が溜まるのが難点。千切り大根と混ぜた妙興寺そば、おろしと和えるそば雲水も味わい深く、こんにゃく田楽や玉ねぎの酢味噌和えで般若湯（日本酒）もまた楽し。

カタヤマ

洋食

★

墨田区東向島4-2-6
03-3610-1500
無休　地図Ｔ

駄敏丁《だびんちょ》おそるべし

墨東の誇る名物ステーキハウス兼洋食屋。化学調味料まみれの焼肉店に行くなら、絶対にこの店をおすすめしたい。目の前は白鬚《しらひげ》橋、西に渡れば台東区の山谷だ。橋の上を通るのは明治通りだが、すぐ近所にある大正通りは明治の陰に隠れて意外に知られていない。

ナリは小さいがステーキならまかせとけ！という女友だちを伴って参上すると、メニューがやたらに豊富。スーパードライの大瓶（600円）で乾杯し、ブルゴーニュの赤、ヴォルネイ'00年ニコラ・ポテル（6500円）を抜栓してもらう。組合せが複雑なのでランダムに食べたものを紹介してゆくと、16番盛合わせは、海老フライ・めかじき生姜焼き・豚ロース生姜焼き。豚ロースはちょっとしたポークソテーのいでたちだ。ウルトラ牡蠣ステーキなる1品は岩手赤崎産のかきフライのコロモが粗めでサクッとおいしい。かきフライとコンビを組む相棒の駄敏丁カットなるスペシャルカットを施されたランプステーキが信じられないほどに柔らかく、しかも美味。固いスジや余分な脂身を取り除く秘術は特許を取得しただけのことはある。特撰サーロインステーキは一瞬フィレかと思ったほどだ。付合わせも揚げものにはポテサラ、ステーキにはフレンチフライと使い分ける。固めのケチャップライスを包んだオムライスも人気者、サイドのキャベツとポテトのサラダまでおいしい。これで1万円ポッキリ。

赤坂酒場

（あかさかさかば）居酒屋

★

墨田区東向島2-30-9
03-3611-5822
日祝休　夜のみ営業　地図 T

アブサン・ミード・レッツィーナ

一般の人は曳舟《ひきふね》という地名にあまりなじみがないだろう。幹線道路が走っているにもかかわらず、どこか掴みどころのない土地（地元の人には大きなお世話だが）である。

ところが灯ともし頃になると、この街はその魅力を一気に発揮し始めるのだ。とにかく東武伊勢崎線の曳舟から旧玉ノ井（駅名は現在東向島だがこの地番ではエリアが広すぎて土地カンが働かない）にかけて、大衆酒場の宝庫なのだ。殊にこの店は筆頭格、ひと目で惚れちゃった。

酒の品揃えがすばらしい。しかも安い。この地域の定番ハイボールはもとより、地酒、焼酎は言うに及ばず、96度のウォッカ、妖酒アブサン、松脂（まつやに）ワインのレッツィーナ、人類最古の酒ミードなどなど。こういった変わりモンが1杯300～500円で楽しめるのだから、もはや酒飲みのパラダイス、自分がバッカスになった気分だ。

つまみは豚もつ主体で、刺身などシーフードは一切なし、強いて挙げればかまぼこくらいか。豆腐入り煮込み（350円）、エシャレット（280円）、レバたれ（2本1人前200円）、オッパイ焼き（200円）、なかなかのツワモノ揃いだ。オススメはロシア豚大串焼き（300円）、玉ねぎと一緒に酢漬けにしたのを焼き上げる。そしてイチ推しはシビレ（280円）、いわゆるリードヴォー（仔牛の胸腺）だが下手なフレンチのはるか上をゆく。

三河屋

（みかわや）居酒屋

♥

墨田区東向島5-40-6
03-3611-1832
日休　夜のみ営業　地図Ｔ

牛もつだけのもつ煮込み

東武伊勢崎線東向島駅、ひと昔前の駅名は玉ノ井。ヨソ者がとやかく言う筋合いではないが、つまらん改名をしたものだ。色街のイメージを払拭したい地元の気持ちも判らぬではないけれど、あまりにも素っ気ない。改札を出て北へ２００ｍほど行くと、いろは通り入り口に。この通りが魅力的で、昭和30年代にタイムスリップしたようだ。懐かしい景色にキョロキョロしながら、鐘ヶ淵通りにぶつかったら右折、判りにくい場所だが、なんとか到達できるだろう。

日曜日の昼どき、散歩していて店の前を通りかかると、店主夫婦が一生懸命掃除をしている。見るからに人の好さそうなご両人で、佳店を確信した。

訪れてみればやはり居心地がいい。タオル地のおしぼりもちゃんと出してくれるし、割り箸もずいぶんと立派なものを使っている。チューハイ（２２０円）のあとに、サントリーホワイトを使ったウィスキーハイ（２５０円）、続いて瓶入りの電気ブラン（２００円）。つまみの品書きに目をやると、チーズ（２００円）、玉ねぎスライス（３００円）、湯豆腐（４００円）、いかフライ（４５０円）と、なにやら日本堤の「大林」を連想させる。あれほどの風格はなくとも、スッと入れる気安さが信条。もつ煮込み（３００円）が抜群だ。牛もつのみの赤味噌仕立てには、きざみねぎがパラリと散るだけ、大根やこんにゃくの姿は見えぬ本格派。

スミダ

居酒屋

墨田区東向島4-20-18
03-3619-8442
日休　夜のみ営業　地図 T

忘れてならない白菜新香

明治通りを挟んで対面は永井荷風もたびたび足を運んだ向島百花園。赤ちょうちんと、のれんの「もつ焼き酒場」の文字がかなりの迫力だ。入り口脇には焼き鳥屋・うなぎ屋にありがちなガラス張りの焼き場。その小窓の周りを囲む白タイルがなんともレトロで、さすが大衆酒場のメッカ、曳舟・玉の井の面目躍如だ。

入ると左手の小上がりにテーブルが2卓、右手のカウンターに腰を落ち着けてキリン一番搾り黒ビールの小瓶（４００円）を頼み、壁の品書きに目を移す。まずは一律1本１００円のもつ焼きから。売り切れで裏返しの札が数枚、好物のナンコツもすでにない。残ったハツ・シロ・レバー・カシラ、以上4種を焼いてもらう。あとは牛煮込み（３２０円）だ。大きめのブツ切りの牛もつは輪郭をクッキリ残したまま、柔らかく煮込まれている。こんにゃくと豆腐も他店よりずっと大型、辛子をつけて口に運べば、おでん屋にいる気分だ。

けっこうな客の入りなのに働き手は店主のオッちゃん1人きり、ちょうちんとは裏腹に控えめな人柄が好もしい。人気の厚揚げ（２８０円）も売り切れだったが、白菜新香（２００円）がこの冬ベストの漬かり具合、思わずお替わりしようとするも、ツレにたしなめられてあきらめる。しらすおろし（２９０円）を箸休めにして、この夜は辛子とにんにくで食べるガツ刺し（３００円）までたどり着けなかった。

興華楼

(こうかろう) ラーメン

★♥

墨田区東向島5-28-2
03-3611-2671
火休　地図T

ハムエッグ入り冷やしタンメン

永井荷風の愛した玉の井。「抜けられます」の小看板で有名な迷路のような一郭のメインストリート・いろは通りの中ほどにある。この通りには中華料理屋、それも本格的な飯店・菜館に程遠い、いわゆる町のラーメン屋さんがやたらに多く、しかも看板商品のラーメンのレベルが高い。

カーブをつけた鉄棒に通したのれんがなんともレトロ、くぐって入る店内も時が止まったようだ。初回はサンプルケースを見て決めたニラソバ（700円）を。豚肉の細切りにニラともやしと玉ねぎがタップリ。塩と醤油の中間カンジのスープと黄色い中太ちぢれ麺がよくマッチする。具を炒める油をもうちょい控えてくれると言うことなしだ。日曜日の昼下がり、近所の常連が入れ替わり立ち替わり。これを気のいいオバちゃんがテキパキとさばく。2度目はワンタンメン（650円）。トリガラ主体の醤油スープが旨い。他の客はみな本日のサービスランチのカツカレー（700円）をかっこんでいる。

夏が来て3度目は冷やし中華（900円）。ハムときゅうりに、乱切り目玉焼き風の錦糸玉子とザク切りゆがきキャベツの具がユニーク。冷たいタンメンとハムエッグを一緒に食べてる気がする。4度目はサービスランチのカツカレーにぶち当たった。昔懐かしの真っ黄色、そうだあの頃はそば屋も給食もみんなこの色だったっけ。サービスのアイスコーヒーがありがたい。

下町

二百選にあと一歩の優良店

八千代

（やちよ）洋食

中央区築地5-2-1　6号館
03-3547-6762　5:00〜13:15
日祝休　水不定休　地図 C-2

一見さんは海老フライ

のれんにはとんかつの文字が躍るが、尾頭付きの大車海老フライがつとに有名。2尾付けの定食で3000円だ。海老1本に帆立とあじのフライの盛合わせは2000円だった。揚げものが主流で、揚げ油はサラダ油にラードとヘットを合わせたもの。もう1つの人気商品がチャーシューと目玉焼きを盛込んだチャーシューエッグ定食（1050円）。ボリューム満点で若いサラリーマンを喜ばせても、料理としての完成度は低い。常連さんが目立ち、あじ酢やまぐろ中落ちでビールをやる客も多い。

たけだ

洋食

中央区築地5-2-1　8号館
03-3543-0855　3:00〜13:30
日祝休　水不定休　地図 C-2

味噌汁だけが情けない

名物料理がいろいろあって目移りは必至。ライス・味噌汁付きの定食は760円と1020円のグループにおおむね二分されている。前者は、ポークソテー・ハンバーグ・トンカツ・帆立フライ・めかじきバター焼き・まぐろほほ肉バター焼き・オムライスなど。後者は、ヒレカツ・チキンカツ・海老フライなど。庶民的な味わいが特徴で、揚げものよりもソテーやバター焼きがオススメ。ドミグラが魅力のポークソテーが食べたくなって再訪を繰り返しているが、崩れた豆腐と変色したわかめの味噌汁は情けない。

江戸川

（えどがわ）食堂

中央区築地5-2-1　6号館
03-3541-2167　5:00〜13:00
日祝休　水不定休　地図 C-2

肉豆腐が吉野屋風

まぐろブツにいか刺し、煮魚・焼き魚はむろんのこと、ワンタンメンにカレーライスまでカバーするメニューは実に豊富。味噌煮とくれば通常はさばだが、ここではいわしも味わえる。カウンターに料理が並んでいるのがネックで二の足を踏んだが、それらはみなサンプル、ちゃんと作り立てを出してくれる。もっと早く来ればよかった。表面をあぶっただけの焼きたらこ、吉野家風味付けの肉豆腐が気に入りだ。口八丁、手八丁の女将がとても親切、その人情がひときわ料理を引き立てる。

魚竹

（うおたけ）和食

中央区築地1-9-1
03-3541-0168
土日祝休　地図 B

やはりサカナで昼ごはん

昼も夜もサカナ、サカナ、サカナ〜！　安くて旨くて新鮮なサカナを昼も夜もたらふく食べられるが、どちらかと言えばランチタイムのほうが使い勝手がいい。夜にまぐろ中落ち、あら煮大根あたりで一杯やるのも悪くない。ただ両サイドも背中も狭苦しいから、長居をするとくたびれる。やはり時鮭やさばの塩焼き、わらさの照り焼きでおいしいごはんを満喫したい。つい先日の品揃えは、あこう鯛西京漬け（８００円）、まぐろねぎま煮（１０００円）、寒ぶりと寒さわらの刺盛り（１２００円）という陣容だった。

紅蘭
（こうらん）中国

中央区築地2-8-8
03-3546-6007
土日祝休　地図B

家族も料理もみなユニーク

毎週木曜夜、TBSラジオの生放送でご一緒する「日刊ゲンダイ」のF木氏に連れられて行った。

店主が1人で中華鍋を操るユニークな店で、手伝う娘はガングロが似合いそうな現代ッ子だが気立てはいい。あとはペルシャの混じったデカ猫が1匹。夜は5600円のおまかせ1本勝負。蝦夷あわびの煮たのと帆立のマリネ、揚げた海老パン、鳥レバーと黄ニラの炒め、真鯛の蒸しもの、海胆入りオムレツ、マスカット入り酢豚などみな独創的。最後はランチタイムの一番人気・チャーシューネギラーメンで締めるのだ。

すし処目羅
（すしどころめら）すし

中央区京橋2-6-15
03-5250-5566
日祝休　地図D

かつおに添える香味野菜

惜しくも二百選もれ。1人1万円に届かぬ良心的な価格は評価。開店して1年足らずだが、もともと近所の「初音寿司」とのこと。これは知らなかった。狭いカウンターでチェーン・スモーキングにいそしむ愚かな社用族多し。夏の終わりのつまみは＊こち・子持ち昆布・いくら・＊北寄貝・＊かつお。かつおはにんにくを使わぬ替わり、ニラ・みょうが・アーリーレッド（紫玉ねぎ）を添えて、これが成功している。生はまぐりを頼むと、ウチでは出さないとの返事。そりゃ、出し方が判らんだけでしょう？

山茂登

（やまもと）そば

中央区京橋2-2-14
03-3281-0009
土日祝休　地図Ｄ

おいなりさんの御利益

二百選入りにあと一歩。ちまちまと小さなテーブルが並ぶおそば屋さんの多い中、ゆったりと落ち着ける店内はさすがに老舗の余裕だが、粉わさびは老舗の名を汚す。仕方なく七色を振ったもり（４７０円）はつゆにトンガリが残るものの、細打ちそばの喉越しがいい。天とじ（８４０円）の海老の質には目をつぶろう、値段が値段だ。そばはすぐにヘタってしまうが、つゆはなかなか。隠れた名品が小太りのおいなりさん（1個１００円）。白胡麻入りの酢めしは薄味に煮た油揚げとピッタンコ。

瑠雨庵

（るうあん）そば

中央区京橋1-19-2
03-3567-8080
土日祝休　地図Ｄ

モダンではあるけれど

店内はモダンだがシックではない。要するにセンスがないのだ。三千盛や〆張鶴でつまみを楽しみ、最後にそばという客が多い。酒肴三種盛りは、鳥わさ・煮あさりと玉子焼き・そばの実とろろ。刺し盛りは、真鯛・赤身・すみいか・たこ。質の高いサカナたちに粉わさびは悲しすぎる。地鶏塩焼きは秀逸だった。灰褐色のそばもなかなかで、もりづゆは下町らしさのないサラリとしたタイプ。冬場のかき天もりは、かきの天ぷらがコッテリと重々しく、締めに食べるものではない。１人８０００円くらいはスグにいく。

伊勢定本店
（いせさだほんてん）うなぎ

中央区日本橋室町1-5-7
03-3241-0039　日休　月曜祝日で連休の場合は日曜営業　月曜休
地図G

地の利だけでは進歩なし

日本橋から神田にかけては、うなぎの名店が目白押し。当然レベルが高いから、競争も激しい。その中にあって高島屋脇の「美国屋」と三越前のこの店はやや劣勢、あと一息の健闘をうながしたい。うな重の松（１８９０円）の蓋を開けると、立ち上る香りは爽快、焼き色もよく丁寧な焼き上がりだ。新香も肝吸い（２１０円）もキッチリしている。ごはんが柔らかいのが難で、肝焼き（2本７３５円）は焼きすぎの上、素材の質にも疑問符。全体的に印象が薄いのが残念。１階よりも2階席が小ギレイで落ち着く。

らいん
カレー

中央区日本橋室町1-11-2
03-3279-5084
土日祝休　日曜は昼のカレーのみ営業だが不定休　地図G

辛口ビーフはサラサラタイプ

いい汗をかきたいときに寄る。辛口のビーフカレー（８４０円）、甘口のポークカレー（７８０円）の2種類のうち、小麦粉を使わずサラサラのビーフを推す。この界隈にはカレー専門店が、休業中の「印度風カリーライス」（通称「蔦カレー」）、「上野精養軒」のカレースタンド、クミンの香る「フジヤ」、女性スタッフの「ひよ子」と数あれど、ここがイチバン好き。もっとごはんが硬めに炊かれ、大根醤油漬けだけの薬味が改善されれば、二百選入りどころか一ツ星も狙えるレベルだ。夜は酒と地魚が楽しめる。

宇田川

（うだがわ）とんかつ

中央区日本橋本町1-4-15
03-3241-4574
日祝休　土曜昼のみ営業　地図G

オシャベリは頭上を越えて

ランチのとんかつ定食（1200円）は千切りキャベツの脇のコールスローが嬉しい。それにしじみの味噌汁、卓上のきゅうりのキューちゃん。ごはんと味噌汁は標準以上。ただし、肝腎のとんかつがイマイチ。かつ丼（1400円）も試して、印象は同じだった。おいしい。だけど、もっとおいしくなるハズだ。オススメは特製カツサンド（1700円）。これには納得。手が空くと、料理人とウエイトレスの他愛ない日常会話が始まる。オシャベリは勝手だが、客の頭越しはカンベンしてもらいたい。

亀鶴庵

（きかくあん）そば

中央区日本橋茅場町1-6-17
03-3666-6810
土日祝休　地図E

昼どきはダメなのか？

すぐ目の前に兜町の証券取引所。前場の引ける11時には証券マンが駆け込むので、10時半オープンと態勢は万全。4年前、夜に出掛け、鮎一夜干し、かき豆腐鍋で白鹿の燗をやり、いかと玉ねぎのかき揚げせいろで締めた。更科タイプのコシのあるそばに本わさびが効果的で好印象、二百選入りのレベルだ。再度チェックのため、昼にもり（500円）を。食券を買わされ着席すると、間もなく登場。だしの効いた辛つゆは以前のままだがニセわさになり、ねぎのきざみ方も乱暴だ。因ってワンランク・ダウン。

キッチン柳

（きっちんやなぎ）洋食

中央区日本橋茅場町2-6-9
柳商事ビル B-1
03-3666-3860　土日祝休　地図 E

カツとフライで攻めるべし

昔ながらの洋食屋さん。時の流れを実感させるクッキング・スタイル。数年前までは銀座8丁目並木通りに支店があった。メニューの主流は揚げもので、さすがに得意種目は強い。生パン粉を使用して、カリッ、サクッの揚げ上がり。かき・海老・ミックスのフライはオール1100円。年初めのミックスは海老とカニクリームコロッケが1つずつにわかさぎが3尾、やや重いタルタルと軽いコールスローともどもおいしかった。ポークソテーは火の通しすぎ。いまどき虹ますのバター焼きは極めて珍しい。

むとう

そば

中央区日本橋室町1-13-1
03-3231-7181
日祝休　土曜は昼のみ営業　地図 G

非道に邪道と言われたぜ

初回は開店して間もない01年11月。鴨南蛮の鴨肉の旨さに瞠目した。種ものには田舎そばを使用している。追加のせいろはコシじゅうぶんで、甘辛のバランスのとれたつゆもいい。惜しむらくはニセわさび。ふと思って店の女の子に「変わりそばはやらないの？」――と訊ねると、職人さんと言葉を交わして戻った彼女曰く、「社長のポリシーで、そういうのは邪道だそうです」――開いた口がふさがらない。変わりそばが邪道ならニセわさびは非道だぜ。今も変わらずニセを貫いてるが、こうなると極道かもネ。

ビストロ周

（びすとろしゅう）フランス

中央区日本橋堀留町1-6-9　B-1
03-3664-4439
日祝休　地図 I

再訪したが肩透かし

会社の部下が絶賛するので腰を上げた。ランチタイムにぴょんぴょんオムライス。トマトソースが添えられて、ケチャップとはひと味違うこういうのもアリかな？　という感じ。コンソメ・小サラダ・ガーリックトーストが付いて850円。N谷さんという女性料理人が印象に残った。愛想がよくて丁寧で客に優しい。ランチでは真価が判らぬとディナー。百合根のムース、ピッツァ・マルゲリータ、手長海老のリングイネ、若鶏のグリルなどを試して二百選にあと一歩。お目当ての彼女は昼のみとのこと、残念！

横山町
大勝軒

（よこやまちょうたいしょうけん）中国

中央区日本橋横山町8-12
03-3661-7068
日祝休　地図 H

酢豚にごはんがほしいよう！

奇人変人ならぬ奇店変店の代表格。大正13年創業で、用のない人は足を踏み入れることのない繊維問屋街に風格の店構えを見せる。客はみなやきめし（780円）か蟹炒飯（1130円）、それに生姜風味の肉片湯（320円）を注文。どちらも味はなかなか。五目そば（850円）、中華丼（780円）も試したが、具に乏しく味もイマイチ。酢豚とライスを頼んだときにキレかかった。白飯のライスはあっても出さないと言う。こうなるとこだわりではなく意地悪だ。ゆがんだ店主の性格が浮き彫りになった。

なかや蒲焼店

（なかやかばやきてん）うなぎ

台東区浅草橋2-10-2
03-3851-0946
火祝休　地図M

うなぎは並に限ります

フリの客は望めない寂しい一郭に白いのれんを掲げている。ぬか漬けと白菜に野沢菜の上新香（500円）でキリンのラガーを飲みながら肝焼き（600円）が焼けるのを待つ。10分ほどで現れた肝は2本ぶんが串を抜かれて皿盛り、この出し方は珍しい。うな重の並（1400円）は小ぶりのうなぎが繊細な旨さ、肝吸い（200円）も忘れずに注文。添えられる新香は野沢菜が奈良漬けに取って代わった。神保町のすずらん通りに姉妹店があるが、浅草橋店のほうが清潔にして居心地もよし。

天婦羅みやこし

（てんぷらみやこし）天ぷら

台東区三筋2-5-10
03-3864-7374
水休　日祝夜のみ営業　地図L

春の銀宝秋のはぜ

ランチがお値打ち。品書きには書かれていない天ぷら定食（950円）は、海老2・もんごいか・きす・穴子・はす・なす。たとえ小柄なめそっこの半身だとしても、この値段で穴子が入るのだから良心的。しじみ赤だし・新香・ごはんがちょっと弱く残念。天丼は1260円、天ぷら定食の松が1890円、竹は2730円。夜は刺身も充実して、めじ（2415円）・赤貝（1680円）・小柱（1575円）が揃う。季節の天種は、はぜ（10～12月）、白魚（1～3月）、銀宝（4～6月）と、心憎いばかりだ。

ビストロ Katori

（ビストロカトリ）フランス

台東区西浅草1-8-9
03-3843-5256
水休　地図Q

パンのせいでスベリ落ち

1人で再訪。ハーフボトルのワインリストを手渡されたがカリフォルニア中心で飲みたいものがない。ビールも以前サッポロだったのにモルツの生だという。仕方なしにその夜はペルノーの水割りでいく。才巻き海老のシーザーサラダ（1680円）がいい。塩豚バラ肉のブレゼはハーフポーション（1700円）でお願い。メインが出てもパンが来ないので訊ねると、これから温めるので5分待てとのこと。これではレストラン失格、しかも登場したバゲットはパッサパサ。はかなく二百選からスベリ落ちた。

明華

（めいか）ラーメン

台東区松が谷4-27-18
03-3841-4384
木休　地図Q

あとひと味のレバニラ炒め

久々に訪れると、改装されてカウンターが消えている。1階12席、2階14席のテーブル席のみとなった。清潔な店内と親切なスタッフは以前のまま。人気の半チャーハンセットが780円と20円の値下げ。半カレー丼セット（750円）は新発売。やはりラーメンと合わせるセットがオススメだ。皮が厚めの餃子（350円）は破裂しているのもあった。レバニラ炒め（530円）はもやしが多すぎる。豚レバーも薄く（最近は火をじゅうぶんに通さなければならなくなった）醍醐味に欠け、二百選には力不足。

元祖恵比寿ラーメン

（がんそえびすらーめん）ラーメン

台東区千束1-15-8
03-3875-0141
日祝休　地図Q

待たれる復刻版

ここ2、3年で味が変わったように思う。福田製麺のしなやかな細打ち麺の変わらぬシコシコ感は何とも言えない。問題はスープだ。懐かしいあの支那そば特有の匂いとコクが薄まった。その代わりに塩気にトンガリを感じるようになって、表面に浮かぶ油も増えた。若者好みと言うか、肉体労働者向けになったと言うか、明らかにそんな変化が見られる。ももチャーシューはいいデキだが海苔が油を吸ってしまい、シナチクはあんなにたくさん入れなくとも。マジ、復刻版が食べたいッス。

鰻禅

（うなぜん）うなぎ

墨田区吾妻橋1-19-12
03-3624-0475
月休　地図R

キレイになれば二百選

雷門前のビルの5階にあるバー「U」のマスターにすすめられて訪れた。ランチのうな丼（840円）はうなぎの下半身だけだが食べてビックリ。外はほっくり中しっとり、ごはんも硬めのお好みで、もともと付いてる吸いものを、替えてもらった肝吸い（150円）が、これまた旨くいことづくめ。うな丼とはいうものの丸い朱塗りのお重に入り、都内随一の安さを誇る。「あたしゃ、うなぎはちょっとでいいの」――こういうオバアちゃんには絶対のオススメ。玄関・店内・戸棚、整頓されたら二百選入り。

生駒軒

（いこまけん）ラーメン

墨田区東向島5-27-4
03-3611-0430
日休　地図Ｔ

いろいろあるがやはりラーメン

下町ではあちこちで同名の看板を見かけるがまったくの独立営業、東向島に３軒もあるのだから驚きだ。「興華楼」のようにここもアイスコーヒーをサービス。庶民的なラーメン店のワリにカバーするメニューの範囲はとても広い。サンマー麺、カニクリームコロッケ、ポーク生姜焼き（オール６８０円）、ナポリタン（７３０円）、ハンバーグ（７８０円）。１皿５２５０円でパーティー料理やおせちも請負う。イチ推しはラーメン（５３０円）。中太平打ちちぢれ麺に懐かしい匂いの醤油スープがマッチする。

パディントン

イタリア

墨田区東向島5-11-1　2F
03-3613-4441　火休（祝日の場合は翌水休）　第2・4水休　地図Ｔ

パスタよりもシーフード

あら、こんなところにイタリアン？　その存在に虚を突かれる。ピッツァとパスタの人気が高いが魚介類がオススメ。北海道産たらば蟹のサラダ仕立て（８５０円）は蟹肉もふんだんにトマト・水菜・ルッコラを合わせてスッキリとおいしい。青森産やりいかのグリル（６５０円）、神津島産むつのカルトッチョ（１２５０円）もいいデキながら、売れスジのピッツァはもっとクリスピーに仕上げてほしい。ミートソースにはキレ味が足りない。チーズ5品盛合わせ（９８０円）は価格破壊、注文しない手はない。

下町

二百選にもれた有名店

浅草・西浅草・吾妻橋の各エリアにも、この章に該当する店舗が数軒ありますが、前著『浅草を食べる』と重複することにもなり、さらなる糾弾を差し控えるためにも、再録していません。ただし、前著で二百選入りしていながら、今回もれることになった店（「並木藪」「ラ・シェーブル」など）は取り上げました。

まんぷく苑

（まんぷくえん）焼肉

中央区勝どき1-7-1　勝どきサンスクウェア2F
03-3531-2989　第3月休　地図A

化調よりもレモンをおくれ

ここの名物は、タン塩と塩カルビ（各１１００円）。でもなんだかなぁ。肉の味をそのままストレートに味わうためにレモンを出さないって言うじゃな〜い。ところがペースト状のきざみねぎは化学調味料まみれ。胡椒を効かせてくれるのは大賛成なんだけれど、これでは波田陽区じゃないが「残念！」。ハラミのタレも化調の使いすぎ。極細麺使用の冷麺も細いぶんコシがそこそこどまり、醍醐味を味わえない。立て混む店とはいえ、客を順番に詰め込むのも、ぞんざいに扱われているようでイヤなんだ。

味泉

（あじせん）居酒屋

中央区月島1-18-10
03-3531-2570
日月祝休　夜のみ営業　地図A

放し飼いのデストロイヤー

外観からは居酒屋を想像できない。創作系とも見えがちだが、どうしてどうして正統派、酒肴の品揃えも立派なものだ。それでは何ゆえの二百選オチだろうか？　ビールはエビスのみ、これは許しがたいが許す。香吟のささやき（麦）、天使の誘惑（芋）、焼酎も悪くない。知る人ぞ知る銀座は西川屋の冷奴、こち・生とり貝・甘鯛・のどぐろというサカナたちのラインナップ、文句はない。すべてをブチ壊したのは女将かどうかは知らぬがサービスのオバさん、トゲトゲしいのを店の中で放し飼いにしてほしくないいね。

月島スペインクラブ

（つきしまスペインクラブ）スペイン

中央区月島1-14-7
03-3533-5381
無休　地図A

いわしと海老は真っ当だ

倉庫を改装した店内は快適だ。雰囲気もいい。しかし巨大な箱のおかげで集客に苦労、それを取り戻そうと、あざとい商法が目につく。ワインも料理も高めの価格設定。たこのガリシア風（945円）、スペイン産からすみ盛合わせ（1260円）などイマイチで、ひしこいわしを酢に漬けたボケロネス（790円）、海老のガーリックオイル煮のガンバス・アル・アヒーヨ（945円）は真っ当。店を仕切るオーナーはスペイン女性。銀座と六本木にスペインバルを展開していて、そちらのほうが使いやすい。

龍寿司

（りゅうずし）すし

中央区築地5-2-1　1号館
03-3541-9517　日祝休　水曜不定休
6:30〜14:00　地図C-2

抜けがらの本わさび

「大和寿司」、「寿司大」ほどではないにせよ、場内ではそれなりの人気と評価を得ているのではないか。でも1度試しただけで、再び訪れる気になれない。食べたものは、小肌・春子（真鯛の幼魚）・車海老・つぶ貝のにぎり4カンのみ。あとは漬けしょうがだけ。早々に店をあとにして、場外の「きつねや」に駆け込み、肉豆腐でビールをやった記憶がある。すし全体が水っぽい。素材の旨みが漏れている。酢めしも優柔不断ならば、せっかくの本わさびもおろし置きするから、香気も辛味もすでに抜け去っているのだ。

豊ちゃん

（とよちゃん）洋食

中央区築地5-2-1　1号館
03-3541-9062　日祝休　水曜不定休
6:00〜14:00　地図 C-2

アタマライスは裏切らない

初回はまったくの期待ハズレ。あじフライ（990円）、海老フライ（1170円）など、揚げものにダマができてしまう。カレー（510円）、ハヤシ（610円）の値段は評価できるが、いかにもデキ合いの貧弱な味だ。きゅうりとかぶの新香は漬かりすぎて酸っぱく、わかめの味噌汁はしょっぱい。後日、名物のアタマライス（970円）を試す。いわゆるカツ煮定食だが、厚めのコロモが甘辛い丼つゆを吸って、おかずの役目を果たしていた。ライスもおいしく炊けていて、さすがに人気メニューではあった。

中榮

（なかえい）カレー

中央区築地5-2-1　1号館
03-3541-8749　日祝休　水曜不定休
6:00〜13:30　地図 C-2

キャベツ入りの合いがけ

印度カレー（400円）・ビーフカレー（500円）・ハヤシライス（500円）の3種類のうち2種類を一緒盛りにしてくれる合いがけ（600円）をトライ。選んだのは印度とハヤシ。皿には千切りキャベツも盛られて、これがこの店のトレードマーク。玉子入りの豆腐味噌汁（100円）も頼んでみた。別段どうということもないカレーで、印象は薄い。ハヤシもトマトの酸味がアクセントになるものの、肉に乏しい。まぁ値段が値段だから無理は言えないが、二百選にはほど遠い。

太老樹

（たろうき）すし

中央区築地2-15-19
03-3541-0022
無休　地図B

廉価とは言いがたし

3年前になるが日本テレビの「1万人が選んだ本当においしいお寿司屋さん」で第3位にランクされた。事実だが冗談みたいなハナシ。「築地玉寿司」の経営で、かなり大衆的なレベルだが1人7000円は決して安くはない。同じ金額を払うなら、日本橋の「吉野鮨本店」のほうが格段に上だ。ひらめ・きびなご・とり貝・赤貝をつまんで、にぎりは小肌・まぐろ皮四川風・あぶり紅とろ・ばふんうに・〆めさば・穴子・中とろ。ばふんが唯一おいしく、さばは匂った。本わさびを置かないすし屋は何年ぶりだろう。

つきじ天辰本店

（つきじてんたつほんてん）天ぷら

中央区築地7-11-12
03-3545-3404
無休　地図C

名物はのっけ定食

天ぷら定食のごはんの上にかき揚げが乗ってるのっけ定食が名物、並で950円、上は1370円。あまりおいしいとも思えなかったが、夜に再訪。突き出しの青柳のぬたに続いてすずきの刺身、そして天ぷらをお好みで。車海老・めごち・しやこ・穴子・はまぐり・小玉ねぎ・みつば・たらの芽。油の匂いが好みでなく、揚げ切りもサックリ感に欠けた。穴子は旨みが凝縮されていたが、下ごしらえを施したはまぐりは、成功しているとは思えない。八丁堀の支店は健在、銀座店は数年前に閉店した。

G.ROUGE
（ジー・ルージュ）ワインバー

中央区築地1-10-7 築地西山ビル B-1
03-5565-8681
日休　夜のみ営業　地図 B

首を捻った割高感

料理の水準は高い。オーナーとおぼしき男性も気が利くし、アシスタントの女性も可愛い。ただ、お値段があまりにも高すぎる。2人で出掛けてシャンボル・ミュジニーとポマールの、確かに赤2本は空けた。でもこれが2万1000円。あとは、まぐろ赤身刺し（本わさびタップリは立派）、穴子の煮凍り、帆立とジロール茸の温製サラダ、黒豚のソテーに、突き出しが2品とエビスの生中を1杯ずつ。これでトータル4万円にはビックリだ。明細書はもらい忘れたが、翌日思い起こして首を捻ってしまった。

穴子家
（あなごや）すし

中央区八重洲1-5-3 不二ビル B-2
03-3276-0580
日祝休　地図 D

写真と実物のギャップ

確か数年前のグルメムック「東京いま評判のうまい店550軒」（成美堂出版）だったと記憶するが、おまぜと称するにぎり1人前のカラー写真がとてもおいしそう。名代の穴子は見るからに美しい。何年かのちに、そのおまぜ（1050円）を。いか・たこ・海老・赤身・ししゃもっ子・穴子・玉子・穴きゅう巻きに、びんちょうだろうか、皮目をあぶった不味いサカナがもう1カン。何よりも穴子が写真と似ても似つかぬ貧弱なもの。酢めしもベチャリと柔らかい。あまりのヒドさに言葉を失い、のけぞった。

泰興楼

（たいこうろう） 中国

中央区八重洲1-9-7
03-3271-9351
日祝休　地図 D

癒される オヤジたち

昼も夜もかなりの人気。特にオジさんの多いのには驚く。でもなんでこんなに流行るのだろう。自慢の焼ギョーザは6個で1080円。評判通りにジューシーではあるが、デカすぎて食べにくく、レディが食べるものではない。タンタンメン（800円）はスゴいボリューム、もやしタップリの異観は他店のものとは別物だ。ランチを頼めば、いきなり中国茶と一緒に杏仁豆腐を持って来ちゃうし、デリカシーの欠如に目を覆うばかり。逆にこんなところが世のオヤジたちを癒すのかもしれない。

京橋 ドンピエール

（きょうばしドンピエール）
洋食・フランス

中央区京橋2-3-4
03-3242-0141
日休　地図　地図 D

悪魔のような 仔羊一本

銀座のフレンチ「ペリニィヨン」の姉妹店。優秀な姉に比べてデキの悪い妹と言っては言いすぎか。前著『銀座を食べる』で触れたから、しつこくは言わぬが、骨付き仔羊の料理、しかも主菜（2940円）でありながら1本ポッキリってのは、見識を疑われても弁明できることではない。後日、ビーフカレーと鴨カレー（各1575円）を試したが、肉の量はともかく、ソースとライスが少なすぎ。付いてきたトマトのサラダは小鳥のエサほどもなく「ナメとんのか！」って感じ。

レストラン・サカキ

洋食・フランス

中央区京橋2-12-12
03-3561-9676
日祝休　地図 D

サービスマンはないない尽くし

昼間いっぱい、夜はガラガラ。料理は決して悪くはない。それよりもサービスが最悪。あのレベルで馘首されないのだからオーナーか、その血縁者か、とにかくホールに立たないほうがいい。言葉は足りない、気が利かない、誠意もないでは、救いもない。それでも数回通った自分に腹が立つ。ある夜、まぐろ中とろのマリネと魚介類のパスティア（パイ包み焼）の2皿のオードヴルが20分の時間差で出てきた。厨房にはオトコが3人もいて、何てこったい！　お願いしますよ、ホントに。

雲楼

（うんろう）中国

中央区京橋2-7-9
03-3561-6390
日祝休　地図 D

早い！不味い！高い！

ホリエモンのlivedoor グルメ、この店に対する投稿コメントを読むと、世間の人は実に様々だと感心する。絶大なる人気を誇るのは各種焼きそば。ほう、そんなに旨いんなら、ひとつヤッツケたろうと出掛け、五目肉焼きそば（１２００円）を注文すると、30秒で出てきた。鳥の胸肉・皮・砂肝に小海老やら野菜やら入ったあんかけを、炒めた麺に掛けるタイプ。早いワケだよ麺も具も作り置き、それをカレーや牛丼みたいにブッカケるだけだもの。油しつこく生ぬるく、半分も食べれんかった。ヒドし。

やぶ久

（やぶきゅう）そば

中央区日本橋2-1-19
03-3271-0829
日祝休　地図Ｅ

そばよりも天丼を！

悪い店ではないんだが、残念ながら二百選もれ。3回訪れ、偶然にもすべて8月。初回は帳場に居座る店主のススメに従い田舎そば（840円）。日本そばの冷やし中華といったふうで、見るからにごちゃ混ぜ、ニセわさともども魅力に薄い。懲りずに再訪したすだちそば（880円）は冷やかけに一面のすだちスライスだ。奇をてらっても、そばがモソッとしてイマイチ。むしろ一緒に頼んだ小天丼（650円）がグレープシードオイルのいい香り。3度目はウェイトレスが注文を通し忘れて30分も待たされた。やれやれ。

日本橋ゆかり

（にほんばしゆかり）和食

中央区日本橋3-2-14
03-3271-3436
日祝休　地図Ｅ

日本橋ではしのげても

日本橋の人気和食店、殊に女性客の評判がいいようだ。でもボクは不満。昼にゆかり御膳（3675円）をいただいたが、再訪する気になれない。刺盛り・はも落とし・天ぷら・豚角煮・さんま付け焼き・出汁巻き玉子など、ここに書ききれないほどの料理が少しずつ供されたが、それぞれに個性とインパクトがない。炊き立てのごはんも赤だしも舌を刺激しないのだ。これは料理人の腕ではなく、舌の問題と言うほかはなく、日本橋ではしのげても銀座では通用しないだろう。キビシいけれど、それが現実。

八重洲大飯店

（やえすだいはんてん）中国

中央区日本橋3-3-2
03-3273-8921
日祝休　地図Ｅ

スープの旨い鶏煮込みそば

東京駅八重洲北口からほど近く「八重洲大飯店」を名乗るが地番は日本橋。おだやかなおいしさをたたえた料理の数々は二百選の水準に迫って、当落スレスレの線上だ。ネックとなったのは割高感。担々麺・五目炒飯・ランチセットがすべて1500円前後。二日酔いのときに利用するミニランチ（1260円）は名物の鶏煮込みそばや帆立そばなど麺類のスモールサイズに、焼売、ふかひれ餃子、あるいは小炒飯をチョイスできる。麺が柔らかく、胸肉はパサパサの鶏煮込みそばだが、スープだけは絶品。

ぎをんもち玉

（ぎをん もちだま）和食

中央区日本橋1-4-1コレド日本橋4Ｆ
03-6202-0505
無休　地図Ｅ

女性をそそるおばんざい

京都の高台寺から到来した。客の9割がたは女性だ。京のおばんざいというふれこみがいかにも女心をそそる。出汁巻き玉子定食（1260円）は大きな出汁巻き、里芋の炊いたんに小松菜のじゃこ和え、明太子と昆布佃煮、油揚げと水菜の味噌椀、たくあん・しば漬けにごはん。穴子入り出汁巻きだと1575円にアップ。ごはんと味噌椀はお替り自由。まっ、男にはあまりおいしいものではない。最初からデザートのわらび餅が同じお膳に。しかも黒もじは添えられていない。食事した箸で食べるのは抵抗あるなぁ。

吉田

(よしだ) そば

中央区日本橋室町1-5-1
03-3241-3629
月休　地図G

冷・温ともに試したが

三越本店の真ん前にあって絶好のロケーション。月曜休みは百貨店に追随した名残りだろう。小海老かき揚げの天せいろ（1500円）を注文。そばは更科系を思わせる。つゆにキリッとしたところなくコク味にも欠けた。この値段で粉わさびも寂しい。温ものも試そうと再訪。シンプルなかけのつもりが、ふと玉子の黄色が恋しくなって玉子とじ（800円）。そばは前回と同じで、かけつゆも凡庸だ。みつば・海苔・ナルト入り。糸みつばを高価な切りみつばに切り替えろとは言わぬが、魅かれるものがない。

高嶋家

(たかしまや) うなぎ

中央区日本橋小舟町11-5
03-3661-5909
土日祝休　地図I

店先にご用心

「日本橋の逸品」なる雑誌には美しい鰻重箱の写真が載っている。明治8年に神楽坂で創業、同30年代にはこの小舟町に移転とある。重箱の竹（2100円）と肝吸い（260円）をいただいて、うなぎとアッサリとしたたれはOK、肝吸いも悪くない。問題はテーブルの間隔が狭苦しくて居心地悪く、小上がりも使い勝手が悪いから客が上がらない。そして玄関先だ。植木に隠してはいるがポリバケツは撤去すべき。オマケに向かいがゴミの集積所でひどいときには13時を過ぎても未回収。お店のせいじゃないけれど。

㐂代川

（きよかわ）うなぎ

中央区日本橋小網町10-5
03-3666-3197
土日祝休　地図Ｉ

没落した老舗

明治7年創業。仕舞屋風の2階建ても哀しいかな、玄関回りがゴチャゴチャして風格に欠ける。お運びの女性もみな初老に差しかかったオバちゃん、丁寧なようで気が利かなかったり、慇懃無礼だったり。お値段だけはさすがに老舗だ。テーブル席のうな重は2700円より。座敷に上がればコースのみ、昼は7000円、夜は1万3000円からだ。7000円のコースは突き出しや炊きものがむやみに仰々しく、うなぎもイマイチ、ごはんにダマまでできていた。同じ老舗でも明神下の「神田川」とは雲泥の差だ。

ネスパ

洋食

中央区日本橋人形町1-1-22
03-5640-1011
日休　地図Ｉ

名前負けするコロペット

本店は大阪の梅田。コロペットなるクリームコロッケが看板商品だ。盛合わせコロペットランチ（1300円）というのをお願いすると、ベーコンと野菜のスープのあとに、海老と牛肉のコロペットが1つずつとライス。それぞれの具材をベシャメルソースで包み揚げしただけのコロッケはなんの変哲もなく、ドレッシングのタップリ掛かったサラダと一緒に盛られてベシャッとしている。卓上にソースの備えもない。みんなハヤシライスにオムレツとメンチが乗ったヤツを食べていて、そっちのほうがおいしそう。

よし梅

（よしうめ）和食

中央区日本橋人形町1-18-3
03-3668-4069　土日祝休　12～2月は土曜夜のみ営業　地図Ⅰ

ねぎまのあとの雑炊を

まぐろとねぎをサッと煮るねぎま鍋が名物。1人前4500円で2人前から。まぐろの質はあまり良いとは言えない。胡椒を振って相性ピタリだが、大塚は「なべ家」のねぎまを知るものにはその違いが歴然だ。もっとも値段もずいぶん違うけど。それよりも旨みがあふれ出たスープがイケる。鍋のあとで、にら玉雑炊にするのだ。鍋の前の刺身盛合わせ（2800円）は、ひらめ・赤身・たこ・帆立のニセわさび。ランチの金目鯛の西京漬け（900円）が大味で、かきの天ぷら（1000円）にすりゃよかった。

笹新

（ささしん）居酒屋

中央区日本橋人形町2-20-3
03-3668-2456　日祝休　第3土曜休　夜のみ営業　地図Ⅰ

ある夜のたらの芽

人形町ではもっとも人気の高い居酒屋だろう。17時開店だが1時間そこそこで満席となってしまう。カウンターに並ぶ大皿、板場から出る料理も含めて、つまみはおおよそ350円から800円といったところ。サッポロの黒ラベルで、いつも最初にポテトサラダ。下町らしく濃い味付けのいわしの煮付けは鮮度が高い。ある夜、たらの芽の天ぷらを口に運んだときに、油の匂いがムッときた。以来天ぷらを避けるようになり、つかみどころのない店内の雰囲気も合わせて、ちょっと引き気味。

芳味亭

（ほうみてい）洋食

中央区日本橋人形町2-9-4
03-3666-5687
日休　地図Ｉ

老舗の名前が泣いている

人形町を代表する洋食の老舗、遠方から訪れる客も多い。昼夜を問わず、２階座敷の大テーブルで相席になるのは毎度のこと、もう慣れっこになった。料理も昼夜まったく同じ、予約を受けてもらうには最低でも４１００円のコース料理を注文しないといけない。このあたり店のあざとさが透けて見える。コキールやグラタンなど伊勢海老料理（３５００円）も調理に時間がかかるからと予約をすすめるが、これは口実。高価な食材を仕入れてムダにしたくないのが本音だ。伊勢海老の調理に時間をかけたら、身がパサパサになっちゃうよ。あざとさが丸見えになった。

久々に１人で出掛けて１階のテーブル席。これは初体験。洋食弁当（上）の内容はビーフシチュー・一口ヒレカツ・ローストポーク・ポテサラ・野菜スティック。これが２３５０円。まず弁当としてバランスが悪すぎる。すべて肉では飽きがくる。１本の海老フライで景色がガラリと変わるのに残念。シチューのソースが重箱の中で流れまくるのも論外。液状のモノを弁当箱に入れる料理人の良識とセンスが疑われる。

トドメは上がり框《かまち》に乱れる客の靴・くつ・クツ。下駄箱がない、下足番も置かないでは、落花狼藉ここに極まるのも当たり前。オマケに靴を触ったオバちゃんが手を洗いもせずにおひやや料理を運んで来るのだから、客にとってはたまったものではない。老舗の名が泣いている。

べねぜら

カレー

中央区日本橋人形町2-3-8
03-3664-5301　日祝休　土曜は昼のみ営業　19：30閉店　地図Ⅰ

望まれる整理整頓

カレーパンがヒット商品。森下の「カトレア」よりずっと上。チキンカレーライス（750円）はチキンを煮込まずにあとから加えるタイプ、これはこれでいい。ダブル味のカレーライス（850円）は、なす・トマトなど夏野菜のカレーとハヤシの組合せだった。懐かしさの中にコク味が加わったハヤシが一種独特のおいしさ。付合わせの福神漬けも乾燥させたユニークなもの。4人掛けテーブルが7卓の店内は雑然として、壁際のソファの下にはいろんなモノが詰め込まれ、汚らしいことはなはだしい。

吉星

（きちせい）ふぐ・はも

中央区日本橋人形町2-22-11
03-3666-9779
日祝休　夜のみ営業　地図Ⅰ

小ぶりの白子に舌鼓

天然とらふぐのコース（1万5750円）は、前菜（煮凍り・焼きふぐ・白子豆腐）・刺し・ちり・雑炊・デザート。煮凍りがかなりしょっぱい。ふぐ刺しには珍しく、かすかなサカナ臭さを感じた。ちりにももの足りなさを覚える。追加で頼んだ唐揚げは身が少なすぎ。1週間前、錦糸町「ひょうたん」で見事な唐揚げに出会ったあとだけになおさらだ。これも追加の白子焼きには大満足。まだ小ぶりの白子は繊細なおいしさ、すだちを搾って、ひれ酒とのアンサンブルを堪能した。夏場にははも料理が登場する。

松浪

（まつなみ）お好み焼き

中央区日本橋人形町2-25-6
03-3666-7773　日曜不定休　土日は夜のみ営業　地図Ⅰ

キャベツロールに拍子抜け

人形町のお好み焼きでは「どれ味」と人気を分け合う。雰囲気ではこちらに軍配なのだが、期待しすぎると浅草の「染太郎」同様に裏切られる。タイトルロールの松浪焼き（８００円）は玉子を入れずに、あさりがいっぱい、あとはねぎのみ。小柱・かまぼこ・みつばに玉子の入った浪花焼き（８００円）は、みつばがとても印象的。どちらもレベルは高いがキャベツボール（７５０円）で拍子抜け。刻んだキャベツに牛挽きをバラまいただけではね。焼き魚・煮もの・揚げものに、きのこごはんのランチは１０００円。

花長

（はなちょう）天ぷら

中央区日本橋浜町2-17-8　花長ビル10F　03-3666-6271
日祝休　地図Ⅰ

チャップリンの御用達

何かと話題を提供してくれる巨人軍・清原クンのお気に入りの店。店内には喜劇王チャップリンが１９６１年を皮切りに70年代まで、この店を訪れた際のスナップ。揚げ場は１つだがパーティションで２つに仕切り、回り舞台のような設い。花コース（１万５００円）に刺身（ひらめ・真鯛・赤身・巻き海老）を追加すると、惜しくもニセわさび。天ぷらのきすと穴子はいいが帆立のスジと新いかの水っぽさが気になった。いかにもビル経営の片手間に営業しているようで、揚げ手も食べ手も気合いが入らない。

近三

（きんさん）うなぎ

中央区日本橋小伝馬町15-16
03-3661-6367
日祝休　地図H

たこ10枚の噛み応え

サッカー解説でおなじみのM木氏のご実家。もっとも彼は解説者というより応援団長になってるけど。酢のもの（1000円）を頼んでビックリした。小海老2匹に、たこが10枚も。これじゃうなぎ食う前にあごがクタビレちゃうよ。一体何考えてんだか。うな重の梅（2500円）はまずまず。ちょっとたれをかけすぎかな。残念なのは新香（きゅうり・白菜）と肝吸いで、やたら化調をブチ込んでいる。これがこの店最大の欠点。一応、江戸通りに面してはいるものの、うなぎの寝床のような路地を入って到達する。

燕慶園

（えんけいえん）中国

中央区日本橋浜町2-24-2
03-3666-3873
土休　第3日曜休　地図I

田うなぎの姿見えず

初回で失望。中国産田うなぎ入荷の貼り紙にツラレたのだが、その醤油煮込みは、なすと赤ピーマンばかりで、うなぎの姿はほとんど見えない。小籠包子もスープが不足気味。芝海老クリーム煮はトロみが重い。やりいかとセロリの炒め、中華風カレー丼にビールと紹興酒も飲み、2人で1万円。フロアはオバちゃんがほぼ1人で仕切り、立て混むとサービスが手薄になってしまう。このオバちゃん、かなりクセのある人だが、こちらもないほうではないから文句は言えない。まっ、行って来いというところか。

伊勢重
(いせじゅう) すき焼き

中央区日本橋小伝馬町14-9
03-3663-7841
日祝休　地図H

何のことやらあをり焼き

明治2年創業、国内有数のすき焼きの老舗。しゃぶしゃぶタイプのすうぷ煮、焼肉スタイルのあをり焼きなどヘンテコなネイミングの献立も見える。オフィスから近距離にあって忘年会やら歓送迎会やらでお世話になっているが、ごくフツーのすき焼きパーティーになってしまい、心に残るものがない。その証しとして、社内のスタッフに会場名を告げると、誰もうれしそうな顔をしないのだ。若者にはやはり焼肉なのかしら。3000円近いランチは価格設定がいかにも中途半端。

中じ満
(なかじま) 洋食

江東区富岡1-1-17
03-3641-2088
日祝休　地図K

料理のミニチュア版

料亭風の小粋な洋食屋は深川ならでは。和風の店構えに反して1階のテーブル席はケーキ屋さんといった印象で2階には座敷あり。店の裏手は大横川、無粋なコンクリートの堤防を花壇が巧みに隠して可愛らしい。1200円の三色弁当をいただいてみる。いわゆる二段弁当は上がおかず、下はごはんだ。ハンバーグ・ヒレカツ・海老フライの三色のおかずはみな小さめと言うよりチッコい。おいしいごはんの盛りがいいだけに、おかず不足は必定。隣りの客のミニッツステーキも見るからにチャチだった。

六衛門

(ろくえもん) 深川めし

江東区富岡1-12-2
03-3641-2594　水休　1,15,28日の縁日にぶつかると翌日休　地図 K

お不動さまは見ているよ

あまりのヒドさに言葉を失った。近所の「浅七」で軽く飲んだあと、2人で深川丼とあさり御飯のセットを注文、ともに1000円だ。丼はさいの目に切った厚揚げとねぎとあさりを濃い目の味噌で煮てあるが、いかにも作り置き。御飯のほうはあさりの炊き込みにきざみ海苔。どちらも料理としての水準に達していない。小鉢の山くらげはともかく、しらすおろしのしらすは粗悪品。深川不動の参道でホトケをも恐れぬアコギな商売、タタリがあっても知らないからね。改心するなら今のウチ。

たまキャアノ

イタリア

江東区深川2-18-12
03-3641-1542
日祝休　夜のみ営業　地図 K

いかわたの鮮度オチ

女主人と娘さんの2人で切盛り。深川の裏町にあってアシ廻りはよろしくないのに、口コミで噂が拡がり、予約なしでの席の確保は難しい。安くておいしいが二百選には届かない。シチリア産白ワインのラ・セグレタ'01年（2800円）で、ぼらのカルパッチョ（800円）、自家製ソーセージのグリル（800円）、いかわたとガーリックのスパゲッティ（1100円）、牛フィレのステーキ（1000円）などを。ソーセージに添えたココナッツ入りのポテサラがユニーク。生臭さの残ったいかわたが選にもれた一因。

パッソ・ア・パッソ

イタリア

江東区深川2-6-1
03-5245-8645
水休　金土は夜のみ営業　地図K

安藤美姫の尻もち1つ

山本益博氏が強く推奨するお店。確かにおいしい料理の数々に出会えた。ではなぜ二百選からもれたのか？

04年7月某日、夕食に訪れた。コース料理はA（1890円）、B（2940円）、C（3990円）と3種類あるが値段はあまり意味を持たない。ほとんどの料理にスップレメント（追加料金）が課せられるから。パスタとリゾットでは全6皿のうち5皿まで105円から315円のスップレが。アラカルト1本に絞ったほうがスッキリするくらい。食べた料理を列挙すると、＊ずわい蟹と玉子のサラダ・×常磐産こちのカルパッチョ・鮎の燻製とアンディーヴのリングイネ・仏産鴨のラグーのパッパルデッレ・＊津南豚骨付きロースのステーキ・羊のカツレツ仕立て・自家製プリン・苺のスープ仕立て・エスプレッソ。＊が優で×は劣。ドリンクはエビスの小瓶にグラスのピノ・グリージョ、バルベーラ・ダルバとピノ・ネロをボトルで1本ずつ。これで1万6000円だからCPは高い。

結局、この夜は×印のカルパッチョがすべてであった。手をつける前からイヤな匂いが鼻をつく。築地とはいえ、仕入れは3日前と訊いてのけぞった。たまたまのアクシデントと信じたいが、繊細な白身魚の扱いを間違えたのも事実。他がどんなに優れていてもこれで台無し、塚原直也の鉄棒落下、あるいは安藤美姫の尻もち1つに相当して、二百選からスベリ落ちた。

日吉屋
（ひよしや）そば

江東区白河2-3-14
03-3642-0085　不定休
基本的に夕方までの営業　地図J

本わさびがホンにサビし

大正6年創業の老舗も終焉を迎えようとしている。いや、すでに終わっているかもしれない。取りとめのない店内がだらしない。ビールのつまみの鴨つくね（600円）はそこそこなれど、季節の野菜天ぷら（600円）がヒドかった。むかご・くわい・高麗人参などの食材はいい。しかし揚げムラがあんまりで、素人でももっと上手に揚げるだろう。深川鍋に小さなもりとごはんの深川丼定食（1500円）も鍋が貧相。二八のそばは香りはあってもボッソボソ。評価できるのが本わさびだけでは寂しすぎる。

深川宿
（ふかがわやど）深川めし

江東区三好1-6-7
03-3642-7878　月休
第3火休　夕方までの営業　地図J

深川迷物欲深めし

目の前が深川江戸資料館という絶好の立地条件にアグラをかいてアコギな商売を続けている。それも善良なお年寄りを相手に。「素朴な味が食欲をそそる！　これぞ本物の深川めし！」――店のキャッチだがボクなりに変えてみた。「法外な値段に食欲も失せる！　これぞ本物の欲深めし！」――どんぶりめしも炊き込みめしも1800円、あまりと言えばあまりで、適正価格は600円がいいところ。1800円払えば、さぞ旨かろうと思われようが、さにあらず。うなぎ屋に直行するほうがずっと賢い。

水新菜館

（みずしんさいかん）中国

台東区浅草橋2-1-1
03-3861-0577
日休　第2・4土休　地図 M

ごはんモノには手を出すな！

とかく旨いもの屋の少ない浅草橋の超人気店。近所に別館もあるが、横浜中華街にありそうな店構えの本館（といっても館はオーバー）にアシを運ぶ客が多いようだ。11時半の開店に合わせて行列ができ始める。一番人気は広東メン（840円）、お次は同じ具のあんかけ焼きそば（840円）。確かに麺類は悪くないがシンプルなラーメン（570円）などは以前ほどの冴えがない。ヒドかったのは酢豚定食（890円）。質の良くない豚肉片が4ツほどに野菜も乏しく、ごはんはマズい。

並木藪

（なみきやぶ）そば

台東区雷門2-11-9
03-3841-1340
木休　地図 O

とうとう見送るとき来たる

『浅草を食べる』では辛うじて百選に名をとどめたが今回は見送り。最終チェックにほぼ1年ぶりで訪れた。言問通りの「正直ビヤホール」でサッポロの生を、かんのん通りの「志ぶや」では小肌酢で五代目利助のロックをやったあとなので、いきなり菊正の燗。ざるそばは相変わらずの辛つゆ、わさび芋に垂らしてちょうどいい。酒も芋もそばも偶然みな650円で勘定は1950円。やはり燗酒がよく、ざるには不満が残った。7時半にはのれんを引っ込め、客にはラストも聞かずに閉店では、あまりに味気ない。

ラ・シェーブル

フランス

台東区西浅草1-1-12
03-3845-1336
水休　地図Q

驕れる平家は久しからず

この経営者では没落の日もそう遠くはなかろう。訪れるたびに不愉快な思いをさせられるが、さすがに今回ばかりは堪忍袋の緒がプッツン。

最近料理に精彩を欠いている。予約なしで訪れ、本はたのヴァプール・アルベール、バスク豚のアロゼと砂肝入りソーセージを選んだ。どうでもいいが、これは本はたではなく真はた。真鯛・真さばと同じ。本まぐろと呼ぶのは、真まぐろではサマにならないからなのよ。

注文後、ウェイターが舞い戻り、ソーセージが売り切れでバスク豚が出せないと言う。肉料理はほかには牛頬肉と蝦夷鹿のみ。赤身肉の牛や鹿に興味なく、同値（3150円）で構わぬからバスク豚だけでもとお願いすると、またもやヒー・ケイム・バック。シェフが申すに、豚と砂肝は2つ並んだ鶴と亀、片方だけは断固出せないの一点張り。おいおい、これってカツカレーを頼んだらカツがないってんで、同じ値段でカレーライスをお願いしてるのに、ハヤシかオムライスにしろ！　と言うのと同じだよ。第一なんで片方だけ切れちゃうの？「掛け合ってきます！」――ウェイター君は板ばさみになりながらも、客の気持ちを理解してくれたようだ。しかし結果はまたしてもNo！　客の譲歩をあざ笑うがごとくの傲慢さ。機転も利かなきゃ性格も最悪、まったく○○につけるクスリはないッス。食べさせてもらいに行く人を止めはしないが、食べに行く人は断じて行ってはいけない。

萬鳥

（ばんちょう）焼き鳥

台東区西浅草2-2-13
03-3845-4430
水休　夜のみ営業　地図Q

カレーライスは必食なれど

その「ラ・シェーブル」の姉妹店。性格の悪いオーナーはあちらに出張っているぶん、こちらのほうが居心地がいいが、開店当初と比べて確実に劣化している。それでも客足が途絶えることはない。バルバリー鴨やうずらなどフランスからの輸入モノに素材の弾力を感じなくなった。鳥わさ、ささみ焼きに本わさびはうれしい。カレーライスが抜群で、サラサラのソースが極めて香り高い。一ツ星にも相当してこれは必食。ワインを取り、調子に乗っていろいろ頼むとケッコウな金額になってしまうのでご用心。

家康

（いえやす）うどん

台東区入谷1-23-2
03-3874-8789
無休　地図Q

うどんは日本のパスタだが

パスタマシーンで作る中太のうどんが粉々感を感じさせる。妙な甘さの残るつゆは嫌いだ。揚げ油のせいかイヤな匂いの揚げ玉もごめんこうむりたい。浅草寺境内（すでに閉店）や吾妻橋の支店にはおジャマしたが、本店はつい最近の訪問、かに玉うどん（１８００円）のブ厚くデカいかに玉に往生した。サービスのうずら玉子食べ放題は笑わせてくれるが割高感も否めない。テーブルのレイアウトが悪いために居心地も悪い。どうせ相席にするなら、開店直後の空《す》いてる時間はそんなに詰め込まないでほしいなぁ。

天亀八
(てんかめはち) 天ぷら

墨田区亀沢1-7-1
03-3622-7351
月休　第2火休　地図 S

2枚のイエローカード

行ったのは1度きり。それもランチタイム。2人で出掛けて天丼と天ぷら定食(ともに1100円)を注文し、ビールに新香盛合わせ(200円)で出来上がりを待つ。硬めのごはんはおいしく、丼つゆも好きなタイプだ。内容はどちらも海老・白身・なす・かぼちゃ・小海老といかの耳&ゲソのかき揚げ。はて、切り身魚は使わぬハズだが――白身をかじってピンときた。もしやと思い、店主に訊ねると案の定、北海のサカナ・おひょうであった。江戸前天ぷらを名乗りながら禁じ手をダブルで使うとは情けなや。

巨牛荘本店
(きょぎゅうそうほんてん) 焼肉

墨田区石原2-12-6
03-3622-6990
無休　夜のみ営業　地図 S

あなたの舌のバロメーター

六本木に三番町、はては西葛西にも支店のある人気焼肉店。でもヒドい。舌の敏感な人は行ってはいけない。後悔すること必至だ。なんとかこなせたのはキムチとレバーだけ。ほとんどが豆もやしのナムルはぜんまいの味付けが甘すぎのしょっぱすぎ、しかも全体に化学調味料まみれだ。上カルビの付けだれも不要、下味が濃い上、ここにも化調がドッサリ。名物のプルコギは本場韓国同様のジュクジュク・スタイル。みんなが舌なめずりするうどんなど、クッタクタで最悪。2人で9000円は高くないけれど。

吉良亭

（きらてい）洋食

墨田区本所4-1-13
03-3623-2289
日祝休　地図 R

やっぱり吉良は敵役《かたき》

吉良邸のあった本所ゆえに店名もそこから由来しているのだろう。創業した1964年のNHK大河ドラマが「赤穂浪士」というのも偶然ではなかろう。レトロというより、品のない南欧料理屋風の店内に踏み込むと、さっそく仕切り屋の女将から「スタミナ？」と訊かれる。ほかのモノは頼んじゃイケナいのかい？　そのスタミナ鉄板焼き（750円）は豆板醤やら片栗粉やらでグチャグチャにした野菜炒めの成れの果て、中身もほとんど白菜のみで原価100円がいいところ。下町人情などあったものではない。

下町

こんなときにはこの一軒

はし田

（はしだ）すし

中央区勝どき3-8-11
03-3533-0341　日祝休　夜は完全予約制　土曜は昼のみ営業　地図A

全てがダイナミック

富田靖子のファンである。彼女が主演したドラマ「ヘイ！あがり一丁」のモデルとして実名で登場したすし店だ。ランチは３０００円ほどで食べられるが夜は１人２万５０００円は覚悟。何でもかんでももの特大サイズに、初回から度肝を抜かれた。とにかくいいサカナをガッツリ食いたい、そのためには大枚はたいても悔いはない、そんな人向きの１軒だ。年明けに訪れたときにはまぐろの嵐に混じって、ふぐたたきの芽ねぎ巻き、ふぐ白子入り茶碗蒸し、はぜの子のからすみなど繊細なものも出してきた。

月よし食堂

（つきよししょくどう）食堂

中央区勝どき4-11-9
03-3532-2314
土日祝休　早朝より営業　地図A

運ちゃんの御用達

安い！　早い！　それほど旨くはないけど。２軒並びの店舗は築地場内の「大和寿司」のようだ。清澄通りの向かいには似た感じの「のむら食堂」がある。午前４時前には開店するタクシー運転手御用達の店。暑い夏の日の朝食は、さんま開き（２００円）・谷中生姜（２００円）・納豆（１００円）・豆腐味噌汁（１００円）・ごはん（１９０円）の計７９０円。ごはんこそ普通のサイズだが、ほかはみなドデカい。納豆など他店の倍はあろうし、味噌汁も大きい椀に並々だ。こんなに食ったら運転中に眠くなりそう。

マックモア

軽食・喫茶

中央区築地4-9-5 2F
03-3541-9093　日休　水不定休
9:00～23:00　地図C

隠れ家はリバーシブル

築地市場場外の穴場にして隠れ家。商店の間の狭い階段を昇ると意外にもオープンテラス、その奥にかなりの広さ。買出しに疲れて一服もよし、ボリューム満点の食事で腹ごしらえもよし。日替わり・肉野菜炒め・さんま開きなどの定食（オール890円）から生姜焼きを選ぶと、豚ロースにトマト・きゅうり・レタス・キャベツの生野菜が皿いっぱい。大根とその菜っ葉の味噌汁、ぶり抜きのぶり大根、たくあん、そして大盛りのごはん。なかおち丼・かまとろ丼・いくら丼（オール950円）も人気が高い。

深大寺そばまるよ

（じんだいじそば　まるよ）そば

中央区築地4-9-11
03-3542-1777　日祝休　水不定休
5:00～13:30　地図C

立ち食いそばはここ一軒

市場のそば屋さんは場内に1店、場外に3店。中でも立ち食いはここだけ。カウンターに数席あるが、ここのそばは立って食ったほうが旨い。桜海老のかき揚げにわかめの浮かぶかき揚げそば（600円）を受け取ると、ドンブリのあまりの熱さにヤケドしそうになった。あずき色のそばは香りじゅうぶん、もうちょいコシがほしいが喉越しは悪くない。甘辛のつゆも下世話な旨さをたたえている。海老天そばのみ700円で、あじ・きす・春菊などほかの天そばが600円、山菜・たぬきは500円だ。

きつねや

もつ煮込み

中央区築地4-9-12
03-3545-3902　日祝休　水不定休
7:00〜13:00　地図C

ホルモンに絞るべし

ドンブリものは、牛もつ煮込みのホルモン丼（650円）とオーソドックスな牛丼（500円）の2本立て。ごはんとセパレートで食べたい向きや、ビールのつまみにするなら、ホルモン皿か肉豆腐（ともに450円）。要するに牛の小腸を食うか、バラ肉を食うかなのだが、ここでは断然ホルモンがいい。八丁味噌が優勢な秘伝の味噌だれでコックリと煮込まれている。ビールで半分やっつけて、残りでメシ（200円）にする。夏場はきゅうり、寒くなったら白菜の新香（100円）も忘れてはならない。

虎杖

（いたどり）うどん居酒屋

中央区築地4-9-7
03-3541-1192
無休　地図C

「監獄ロック」にゃ及ばない

京都の京料理屋さんが営むうどん居酒屋。早くも人気を博して近所に別館までこしらえた。さすがにうどんはイケる。特製カレーうどん（800円）はモチモチのうどんにクリーミーなつゆが絶妙にからみ、これだけで訪れる価値あり。そのぶん素人料理の域を出ない酒肴が冴えない。穴子の薄造り（1200円）も京風だし巻き玉子（600円）もパッとしない。本まぐろの炙り焼き（900円）など素材がヒドすぎる。熱燗を氷に注ぐ燗ロック（500円）はエルヴィスの「監獄ロック」に遠く及ばない。

井上

（いのうえ）ラーメン

中央区築地4-9-16
03-3542-0620　日祝休　水不定休
5:00〜13:30　地図C

薄いピンクのももが好き

場内の「大和寿司」、場外の「井上」、築地市場の2大人気店といってよい。当然、行列は必至ながら、回転は早いから「大和寿司」のように長時間待たされることはない。1杯600円のラーメン1点勝負。食べてみておいしいことはおいしいが、スープの化調がいかんせん気になり、後味も悪い。中細ややちぢれ薄黄色の麺にはもっとコシがほしいし、すぐノビる。このラーメンの魅力は5〜6枚並んだ薄いピンクのもも肉チャーシュー。これをつまみにビールを飲んだら、どんなにか旨かろうに。

中華築地 ふぢの

（ちゅうかつきじふぢの）ラーメン

中央区築地3-3-9
03-3541-6989
日祝休　地図B

金曜日は市場に出掛け

場内にも同名店があって、あちらはこの女主人の兄さん（故人）の店。血は争えないもので味もよく似ている。いつまで続くか保証の限りではないが毎週金曜日のスペシャルバーゲンには驚いた。ラーメン（600円）・ワンタンメン（700円）・麻婆メン・冷やし中華・冷やし担々メン（800円）・炒飯（730円）がすべて500円均一。高い商品が売れそうなものだが、そこはキップのいい下町ッ子、細かい計算抜きでラーメンを注文する客が多い。ボクはシコシコの冷やし中華をいただきやしたが。

ふくべ

酒亭

中央区八重洲1-4-5
03-3271-6065　日祝休　第2土休
夜のみ営業　地図D

日本酒党全員集合！

日本酒党垂涎の１軒。品揃え豊富な上に安い。豊の秋、桃川、西の関を常温で、最後に櫻正宗の燗をやった。桃川の突き抜けた旨さが格別。ほとんどの酒は５００円に消費税のようだ。酒肴では木綿豆腐に大葉を散らした冷奴、サッとあぶってミディアムレアの焼きたらこが特筆。脂の乗ったかますの開きも良く、さつま揚げとまぐろ中落ちは普通、天豆のみ茹ですぎていた。入って左手のカウンターが上席、右手のテーブル席は狭苦しい。焼酎は置かないので、日本酒が苦手の向きには魅力が半減してしまうのが残念。

萬金

（まんきん）ラーメン・定食

中央区入船3-4-2
03-3551-0181
土日祝休　地図B

ブレークはしたけれど

山口智子とキムタクの「ロングバケーション」のロケで有名になったというが、再び無名に戻ったのではないか。昭和30年代を偲ばせるこんな外観と内装にはめっぽう弱く、初めて通りかかったときも近所の「キッチン・トキワ」で食べたあとなのに入店、ハムサラダ（５５０円）でビールを飲んだ。2度目は中華そば（４５０円）と串カツ（３５０円）。中細平打ちちぢれ麺が旨い。いかフライ・あじフライはライス一緒盛りで４８０円という安さ。貧しかったあの頃を思い出しながらバカスカ食べたいときにどうぞ。

仙台あべちゃんの店

（せんだいあべちゃんのみせ）居酒屋

中央区日本橋室町4-6-9
03-3231-7555
土日祝休　地図F

店主自ら築地通い

仙台出身のユニークなキャラクターの店主が仕切る、気のおけない居酒屋。スタッフのほんどはミャンマーの出身だ。牛タンやずんだ餅など郷土色を感じさせる品書きも混じるが、本命は毎朝築地から仕入れる新鮮な魚介類。まぐろの中とろ、〆めさばあたりで、まずハズすことはない。いつぞやは博多産白魚《しろうお》のオドリが出てきて驚いた。２階はカウンターとテーブル席、３階は小宴会向きのテーブル席が主体だ。１人３～４０００円でじゅうぶんに楽しめる。ランチタイムのカレーライスもいい味を出していた。

BROZERS'

（ブラザース）ハンバーガー

中央区日本橋人形町2-28-5
03-3639-5201
月休　日祝は昼のみ営業　地図Ｉ

バーガー食うには技術が必要

下町には珍しいハンバーガー専門店。40種類ほど揃うバーガーにはすべてフレンチフライが付いてくる。ほかには各種ホットドッグ・スープ・サラダにフライドチキンとオニオンリング。チーズバーガー（１０００円）がかなり立体的に現れた。若い女性が紙にくるんだまま上手に食べているが、こちらにそんな芸当は無理。第一、紙に包まれたままのパンや蓋を半分開けただけの弁当は食べた気がしないもの。ロメインレタスのシーザーサラダ（４００円）とアイスティー（１５０円）で納得のランチではあった。

スコット

フランス

中央区日本橋浜町1-9-1
03-3851-5481
無休　地図 H

記念日にはうってつけ

仕舞屋風の和風建築でフランス料理を食べさせる。ロンドンにある同名店をモデルに昭和14年の創業。料理は1万円からのコースのみで予約は必須、支払いはキャッシュのみだ。2人でフレデリック・マニャンのシャルム・シャンベルタン'01年（2万5000円）に1万5000円のコースで会計は6万5000円。冷製・温製に分かれたオードヴルにはキレがないものの、毛蟹のコンソメ、和牛フィレ肉に添えられた温野菜、コンビネーションサラダなど、しみじみと心に残った。誕生日・結婚記念日などには最適。

コンフォルターブル

フランス&イタリア

台東区柳橋1-32-8
03-3861-0159
日祝休　地図 M

店は見かけによらぬもの

オーナーは室町の「あべちゃんの店」に匹敵するほどの個性の持ち主、1度2人を引き合わせたいほどのもの。実家は有名な「水新菜館」で、別館を任されていたが、故あって本館を仕切る長兄とは袂を分かつこととなった。間口の小さな2階建て、小料理屋だったのをそのまま居抜きで使用しているから、店構えも内装も欧風にはほど遠い。しかし、鴨のコンフィやうずらのローストなど、中華の料理人だったことを感じさせないほどに正統派フレンチで押してくる。昼どきのパスタは近隣のOLさんに大人気。

大勝館

（たいしょうかん）食堂

台東区浅草2-10-1
03-3843-6084
無休　24時間営業　地図 N

ブクロのあとは肥後だとサ

不思議な店である。もともとは洋画の封切り館、今は大衆演劇の殿堂だ。劇場にはそれなりの歴史があるのは当たり前、フシギなのは館内のこの食堂。池袋の「大勝軒」の名物・つけ麺（650円）が1日限定50食で食べられるかと思ったら、またまた新製品が登場。今度ははるか九州は熊本の有名店「黒亭」の熊本ラーメン（600円）が限定60食だとサ。一体全体どこでどうしてワタリをつけてくるんだろうか。地方巡業に出掛けた花形役者がラーメン屋の女将を籠絡しちまうんだろうか？

豚八

（とんぱち）洋食

台東区西浅草2-27-10
03-3842-1018
無休　24時間営業　地図 Q

たそがれどきにチーズハムカツ

「大勝館」と同じく浅草では貴重な24時間営業。国際通りを挟んでほぼ対峙するのも何かの因縁だろうか。夜を徹して飲み歩いたあとの夜明けのナポリタン（840円）がイチ推しなのだが、徹夜飲みは体に負担がかかりすぎ、最近はランチ時に食べている。夕食の前座のビールを「正直ビヤホール」で飲むことが多く、雪印チーズでサッポロの生中をやるのだが、この店ではつまみ1品にスーパードライの中瓶1本。串かつ（630円）もいいけれど、最近ハマッているのがチーズハムカツ（525円）。懐かしの1皿だ。

おかめ

小料理

台東区浅草3-20-8
03-3875-6925
日祝休　夜のみ営業　地図N

つみれの花咲く頃

銀座と比べて浅草というところは、すし・うなぎ・洋食あたりなら遜色ないものの、天ぷらとおでんがどうもイケナい。殊におでんでは大きく水を空けられた。世に知られた「大多福」、「丸太ごうし」は名前だけが先走っているようだ。山形出身の女将とその娘さんが2人で営むこの小料理屋のおでんが捨てがたい。何の変哲もないごくフツーのおでんに素朴な旨さが宿っている。自家製というワケではないが、いわしのつみれは必食だ。頬張ると口中に花が咲く。こればかりは銀座の「やす幸」にもヒケを取らない。

立花

（たちばな）お好み焼き

台東区浅草3-35-12
03-3874-5056
月休　夜のみ営業　地図N

貝で始めて水焼で締める

誰が何と言おうと水焼（600円）が大好物。ヨソで、もんじゃと呼ばれているものだが、パリパリに焦げた粉モノの醍醐味を味わうことができる。このモッチリ感はおそらく片栗粉のなせる技だろう。他店のそれとは一線を画して実に印象的だ。前回はビールの友にはまぐりのバター焼きをいただいた。今回はかきのシーズン真っ只中、かきバターでいく。形の整った大粒のが7、8粒はあろうか。かなりの量のキャベツともやしが添えられて、野菜不足も補ってくれる。階下には行きつけのスナック「N」がある。

もゝんじや

猪肉

墨田区両国1-10-2
03-3631-5596　日休　12月無休
相撲開催中無休　夜のみ営業
地図 S

相撲のあとでけだものを

猪鍋、略してしし鍋、またの名をぼたん鍋。ホトケ様に気兼ねして、肉食をダイレクトに表現できないための符丁だ。ちなみに鹿はもみじ、馬肉はさくら、兎は月夜という。こんにゃくを山ふぐと呼ぶがごときに、猪のことを山くじらとも。創業は享和3年、赤穂浪士の討ち入りから十数年後のことである。名代の猪鍋（4000円）はじっくり煮込んで生玉子にくぐらす。ザクはねぎ・せり・白滝・焼き豆腐。鹿や熊の鍋もあり、今年の熊はさぞかし豊猟だろう。何か珍しいものが食べたいときにはぜひ。

まるい

もつ焼き

墨田区業平3-1-1
03-3624-0205
日休　夜のみ営業　地図 R

仔牛尽くしの夜だった

牛肉好き・もつ好きならば、誰もが満足できるだろう。もともとは肉の卸業を営んでいたそうで、とにかく肉に関しては恐ろしいほどのヴァリエーション。仔牛レバ刺しのハンパでない量に当惑気味。やっとこさやっつけ、仔袋もと焼き、皮なしタン焼きの弾力を楽しみ、仔牛カルビ焼きのおとなしい脂身を堪能する。大量のきざみ玉ねぎを合わせたなんこつホイル焼きで継いで、仕上げは150gの仔牛ステーキだ。フレンチやイタリアンに登場する乳飲み仔牛のレベルには届かぬものの、それなりの満足感はあった。

らーめん やっこ

ラーメン

墨田区両国4-34-8
03-3633-6708
日祝休　地図S

レスラー好みの味噌らーめん

店内はプロレスラーの色紙だらけ。タイガー・ジェット・シン、ラッシャー木村に混じって1963年のザ・デストロイヤーまでも。9割以上の客が注文しているのが味噌らーめん（550円）。太打ち麺150gにもやしと玉ねぎの具がいっぱい。みな辣油をこれでもかと、かけてドンブリに立ち向かう。面倒見のいいオバちゃんが「麺がノビちゃうよ」、「辣油をかけるとおいしいよ」——などと取り仕切る。ぬか漬け・キムチのチョイス可能なラーメンライス（750円）も人気ながら、とても食べきれない。

索引

(料理ジャンル別)

◎名店二百選
○二百選にあと一歩の優良店
●二百選にもれた有名店
▲こんなときにはこの一軒

ステーキ・馬肉・羊肉

和食・食堂・普茶

沖縄料理

洋食・とんかつ

酒亭・居酒屋・ビアホール

ラーメン・餃子・中国料理

フランス料理

イタリア料理

各国料理・多国籍料理・無国籍料理

韓国料理

軽食・その他

2005年7月1日　第1刷発行

J.C. オカザワの
下町《したまち》を食《た》べる
下町の名店二百選

著　者　J.C. オカザワ
発行者　晶文社出版株式会社
〒113-0034　東京都文京区湯島3-1-4
電話（03）5688-6881（編集）
URL　http://www.shoub.co.jp
（2005年7月下旬開設予定）

発売所　株式会社　晶 文 社
〒101-0021　東京都千代田区外神田2-1-12
電話（03）3255-4501（営業）
URL　http://www.shobunsha.co.jp

編集：アイランズセカンド
DTP＆本文・口絵デザイン：木下 弥
装丁：藤田知子
印刷：ダイトー　　製本：三高堂